はじめに　―大学を取り巻く厳しい環境―

1.　大学を取り巻く厳しい環境

(1) 18歳人口急減と大学数の微増

周知のとおり2022年度の18歳人口は、ピーク時（1992年）の205万人から2024年には99万人減少し106万人です。また、2023年度の出生数は過去最少の前年度よりさらに減少し、77万759人となりました。18年後の2040年には18歳人口は77万人となり、現在より約30万人も減少します（厚生労働省 人口動態統計特殊報告 令和5年度）。

少子化が加速しているにもかかわらず、大学数は微増しています。下表のとおり4年制の大学数は3校増加し、2019年に創設された専門職大学も専門職大学院も、2023年度に各1校が新設されました。

少子化やコロナ禍の中でも2022年度の大学(学部)進学率（過年度卒を含む）は57.7%で過去最高となりました。しかし、少子化によって大学進学者数の母体数は減少しているので、定員割れを起こしている私立大学は過去最高の47.5％と全体の約半数を占めています（→P99）。

すでに日本では入学を希望すれば誰でも大学に入れる「大学全入時代」となっており、私立大学はもちろん、定員割れの懸念は殆どない国公立大学でも、従来の水準の学生確

文部科学省「令和4（2022）年度　学校基本調査※0」大学数等

区分　（ ）前年度増減	計	学校数（校）			
		国立	公立	私立	株式立
大学	807（4）	86（-）	101（3）※4	620（1）	
短期大学	309（-6）	0（-）	14（-）	295（-6）	
専門職大学※1	18（1）	0	2（-）	16（1）	
専門職短期大学※2	3（-）	0	1（-）	2（-）	
専門職大学院大学※3	118（1）	60	8（1）	47	3

※0「学校基本調査」…学校教育行政上の基礎資料として文科省が毎年行う調査
※1,2…文科省のHP「専門職大学一覧」からの統計
※3…文科省のHP「専門職大学院一覧（令和4年5月現在）」
※4…公立大学数101は、大阪府立大学と大阪市立大学をそれぞれカウントしているため

文部科学省「令和５（2023）年度　学校基本調査」大学等進学率

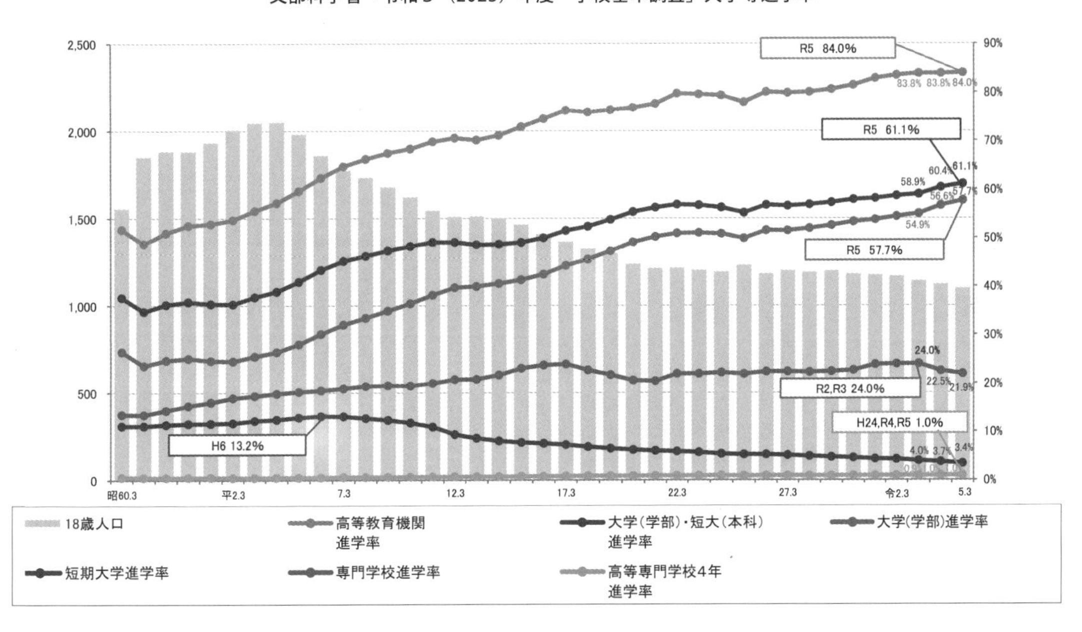

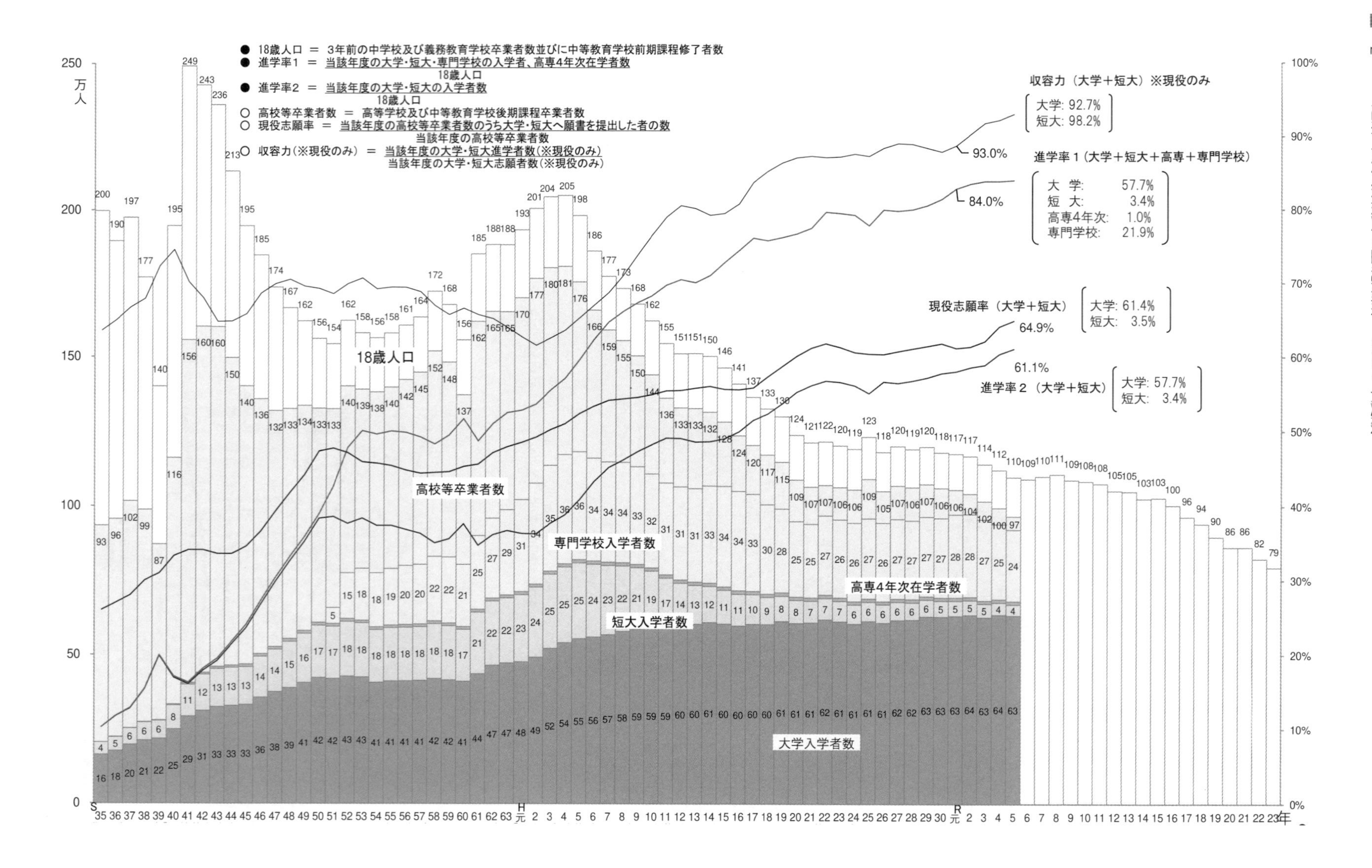
● 18歳人口 ＝ 3年前の中学校及び義務教育学校卒業者数並びに中等教育学校前期課程修了者数
● 進学率1 ＝ 当該年度の大学・短大・専門学校の入学者、高専4年次在学者数 / 18歳人口
● 進学率2 ＝ 当該年度の大学・短大の入学者数 / 18歳人口
○ 高校等卒業者数 ＝ 高等学校及び中等教育学校後期課程卒業者数
○ 現役志願率 ＝ 当該年度の高校等卒業者数のうち大学・短大へ願書を提出した者の数 / 当該年度の高校等卒業者数
○ 収容力（※現役のみ） ＝ 当該年度の大学・短大進学者数（※現役のみ） / 当該年度の大学・短大志願者数（※現役のみ）
万人
18歳人口
高校等卒業者数
専門学校入学者数
短大入学者数
高専4年次在学者数
大学入学者数
収容力（大学＋短大）※現役のみ
大学: 92.7%
短大: 98.2%
93.0%
進学率1（大学＋短大＋高専＋専門学校）
大学: 57.7%
短大: 3.4%
高専4年次: 1.0%
専門学校: 21.9%
84.0%
現役志願率（大学＋短大）
大学: 61.4%
短大: 3.5%
64.9%
61.1%
進学率2（大学＋短大）
大学: 57.7%
短大: 3.4%
年

保は難しくなっています。入学定員総数が進学者総数を上回り、学生が多様化することから、新入生への初年次教育 (→P101) やリメディアル教育 (→P124) の実施、学修の可視化をはじめとする教学マネジメントの確立が求められるなど、学びの質の保証が問われています。

(2) 逼迫する国家財政と大学財政

18歳人口減に加えて、国は巨大な財政赤字を抱えることから、高等教育に関する予算は減少の一途にあり、その影響を受けて大学経営が逼迫しています。2023年秋より募集停止を決定という報道が相次ぎ、それは伝統校も例外ではありません。

国立大学においても財政基盤となる運営費交付金が毎年減額され、私立大学でも経常費等補助金等の率は年々縮小し、競争的資金の獲得にシフトしています。入学者数を増やせば学費収入は増加しますが、国公立大は定員数に上限が定められ、私立大でも定員数を越える学生を収容した大学には補助金の減額や新増設の禁止等厳しい罰則が科せられます (→P69)。

学納金についても、標準額が定められた国立大と違って、私立大は学費を値上げして財政基盤を強化することは可能ですが、他大学との競合に加えてコロナ禍で社会経済が弱体化した今、安易に学費の負担増を学生に求めることはできません。家計の急変やインフレにより、学生たちは一段と難しい状況下にあり、経済的理由による中途退学や休学者が増加は、大学経営を圧迫します。

国は、こうした厳しい状況にある学生の学修継続を図るため、授業料等減免・給付型奨学金など修学支援新制度を拡充しました (→P71)。大学も、独自の学生の授業料減免や修学支援策を講じておりますが、こうした支出に加え、コロナ禍で急ピッチで進んだ遠隔授業をはじめとする教育のデジタル化等に伴う情報通信コスト、設備増設費用、円安により電気料金高騰などの経費が増加して、財政は益々難しい対応を迫られています。加えてロシアによるウクライナ侵攻、中東の国際紛争やコロナ禍に端を発する世界経済の不安定、日本では円安が進むなど、今後も厳しい状況が続きます。

(3) 大学ガバナンス強化の必要性

企業に株主への情報開示が義務化されたのと同様に、国民の税金が投入されている大学に対しても厳しい目が向けられています。社会やステークホルダーに説明する責任「アカウンタビリティ(Accountability (→P119))」や、法令順守や情報公開・社会貢献など社会的説明責任「ＵＳＲ(University Social Responsibility (→P127))」が強く求められ、その遂行のために大学にはガバナンス体制の強化が求められています。ガバナンス強化を図るため、私立学校法は、2019(令和元)年の大改正に続き、私学の不祥事が発覚したことから、令和5年も役員のあり方を中心に大幅に改正され、令和7年に施行されます。

大学ガバナンスの強化は、今起きている大きな社会変革を乗り切るためにも必要です。大学はテクノロジーの急激な進化により将来の予測が困難な状況、VUCA(ブーカ)の時代の中にあり、強い大学ガバナンスによる迅速な対応が不可避だからです。たとえば2022年11月に米国のオープンAI(人口知能研究所)から公開されたチャットGPT(AIを活用した対話型サービス、→P122)は、公開５日間で100万人、2023年１月31日の時点で1億2300人がユーザーとなるなど、瞬く間に世界に広まり今現在も急速な発展を遂げています。猛烈な勢いで進むデジタル化の波は、大学教育や仕事の在り方など社会に大きな影響を与えるものと考えられ、政府も大学も新時代への対応が早急に迫られており、文部科学省は、中央教育審議会（→P42）に、2040年以降を念頭においた高等教育の適正規模を視野に入れながら、高等教育へのアクセス確保のあり方や再編・統合の促進、高等教育機関間の連携強化、学部構成や教育課程の見直しなどについて、理由を添えてを諮問（意見を求めること）しました。

2. これからの大学に求められるもの　—大学教職員一人ひとりの意識改革が大事—

今や情報社会となり、大学設置基準も私立学校法も電子化による保存を認めるなど改正しました。初等中等教育では、すでに1人1台の端末とするGIGAスクール構想や、STEMS教育（→P127）や総合的な探究の時間」などが行われています。新しい教育を受けた子どもたちが大学に進学するのも間近となり、大学も変わらなければなりません。

変わりゆく大学を支えるには、大学教職員の力量が肝要です。すべての教員と事務職員は、必要に応じて教育研究実施組織を編制し、相互の適切な役割分担の下での協働や連携体制を確保すること、大学教職員の能力を開発するSD・FDも一本化することなどが2022年10月に改正された大学設置基準に盛り込まれたように、危機の時代には、その危機を直視し、大学の構成員が一体となり、勇気を持って未来に向かって踏み込んでいくことが必要なのです。

本書は、年々複雑化する高等教育の知識や最新の情報を分かりやすくまとめたものであり、新人教職員のみならず、中堅職員や教員、さらには新任理事や新任の学部長の方々にも便なるものと自負しております。大学における一連の業務は相互に連結されており、大学の一員として、大学の発展を心がけ、日々の業務に当たることが望まれます。学生一人ひとりを大切に教育し、また社会からの信頼を得ることが、明日へとつながっていきます。

本書が少しでもその一助となれば望外の喜びです。

2024年4月25日

「速解　大学教職員の基礎知識」委員会

委員長　　上杉　道世

＜本書を読むにあたって＞

①本版の文中に関連する記述があるページを（→P××）で表しました。そのページを開いていただければ、より理解が深まるよう工夫しました。

②用語解説は本書の索引として使えるほか、中教審等で公表されている用語集も盛り込み、辞書としても活用できます。

③各章ごとにポイントがつかめるような問題集を作成しましたので、ご活用ください。

④小文字で掲載した法令の条文や出典などはエビデンスとして掲載しており、読み飛ばしてい　ただいて結構です。

⑤2024年版も全面的に情報を更新しております。特に追加、加筆した項目は以下のとおり。

- 新型コロナウイルス感染症の基本方針転換　・私立学校法令和5年改正　.・高等教育の無償化の機関要件
- 中教審と高等教育政策の流れ　・大学のガバナンス改革　・大学・短期大学の入学者数の動向
- 学生への経済的支援　・AIと著作権　・定員の厳格化　・大学DX推進政策
- 総合振興パッケージ　・図書館　・令和6年就活ルール　・インターンシップルール

■ もくじ ■

Ⅰ．学校教育制度の歴史

1．大学の起源

(1) 中世期、欧州の大学の誕生　Universityの語源

大学の起源は、11世紀にイスラム圏に残っていた古代ギリシャ・ローマの知識を学ぶイタリアのギルド（組合）であったボローニャ大学（法学）、サレルノ大学（医学）、ノートルダム大聖堂付属学校から発展したパリ大学（神学と哲学）とされています。それ以前にもプラトンのアカデミィ（紀元前4世紀）、イスラム圏のアズハル大学（10世紀）、日本では天智天皇の時代の大学寮（670年　官僚育成機関）などの教育機関がありましたが、中世歴史研究家ラシュドールは、「大学」を以下の３つに定義し、大学とそれらの旧教育機関とを区別しました（『大学の起源』（1968年）。

①特定の国・地域に限らず（＝建物を持たず自由に移動する）学究するもの（学生、教師）のギルド（同業組合）である。（ボローニャ大学の学生のギルド、パリ大学の教師のギルド）

②神学・法学・医学を教える機関であること。教養として7自由学科（リベラル・アーツ）を修得後、神学・法学・医学を学ぶ。後に哲学が加わる。（工学は中世では職人の分野と考えられていた。）

③修了した証（知識の到達の証）として「学位（＝教授免許）」を付与することができる機関。

この学位を与える組合（ギルド）を「ウニベルシタス（universitas）」といい、Universityの語源となっています（注　日本ではUniversityを複数の学部をもつ総合大学、Collegeを単科大学と訳していますが、世界各国によって捉え方に違いがあります）。

当初、「学位（教授免許）」修得者は、その学位を付与したギルドが管理する大学でしか教えることはできませんでした。しかし、1233年、ローマ教皇グレゴリウス9世が、教皇が認めたところであればどこでも教えることができる「学位（万国教授資格）」を付与するとしたため、欧州の国王や領主たちはこぞって教皇の勅許を得、自らの領地に大学を設立しました（特にドイツ）。領内に大学をつくれば、パリ大学など他国に子孫や領内の貴族の子弟を留学させる必要はなくなり、安全圏内で教育ができる上、他の領土からの学生が集れば領土が経済的にも発展するからです。こうして中世期の欧州では、カトリック教会と、国家もしくは領主とが結びついた大学が多く設立され、大学は自由に往来するものではなくなり、国または教会の人材育成機関となっていきました。

一方、1167年にヘンリー2世はパリ大学で英国教員が教えることを禁じオックスフォードに集めます。その後パリ大学での諍いから英国に逃れた学生たちがこの地に集まり大学となりました。しかしここでも諍いが起こりケンブリッジに逃れた集団が大学を作る、こうして英国最古の2大学が創基されました。当初この2大学はローマ教皇下にありましたが、1563年ヘンリー８世は、自らの離婚問題からローマ教皇庁から独立して英国国教会を立て自ら首長になるともに、英国における学位授与権も国王が掌握します。国王・国教会・大学双方の利害が一致し、この２大学は600年もの間、国王と国教会に庇護され、他の大学の新設を許しませんでした。

(2)「大学の自治」はどうして生まれたのか

大学が生まれた背景には、当時行われた農業改革（麦の作付）により人口が爆発的に増加し、都市が誕生して知識層が発生したことも一因です。当時の大学は教師と学生の集団「ギルド」として存

在し、校舎をもたず都市の間を自由に移動しており、大学集団が滞在すれば、知識と経済的メリットをもたらすので、市や教会は教師や学生を保護し、市民としての義務を免れる特権を与えました。それに不満をもった一部の市民との対立が起こります。そこで、ギルドとして強い結束がある教師や学生達が、学問的活動の自由を守るため、自分たち大学の権利を主張したことが大学自治の発端です。

(3) ドイツにおける近代の大学の誕生

19世紀初頭、ナポレオンに大敗したプロイセン国王は、古い伝統に敗戦の原因があると認め、ヴィルヘルム・フォン・フンボルト教育長官に教育改革を命じます。そこでフンボルトは、これまで大学を縛っていた宗派や国家から独立した「自由な学問」を謳い、研究を進める過程を通じて教育をする、いわゆる「研究と教育が一体化」した大学を1810年に設立しました。これまでのような学問研究の場として講義だけなく、ゼミナールや実験室も備え「教授と学生がともに研究に取り組む」仕組みを取り入れました。また学問分野も「法学・神学・医学」だけでなく、自然科学を含む全ての学問分野を網羅する画期的な大学でした。特に自然科学はこれまで職人領域であるとして、アカデミックとはみなされていなかったのです。国家が設立しても大学の自治は守られました。

ベルリン大学は近代大学の祖として各国の大学のモデルとなり、明治の日本もドイツの大学モデルを手本にして帝国大学を設立しました。

(4)アメリカの大学、大学院の誕生

16世紀に入ると英国国教会による弾圧を逃れて清教徒達のアメリカ移住が始まり、彼らは新たな土地に自らの宗教の牧師育成と富裕層の子弟教育を目的とする私塾、ハーバード大学を1636年に設立しました。1776年のアメリカの独立宣言に遡ること140年前のことです。清教徒派の牧師ジョン・ハーバードの個人寄付を基に、アメリカ国家の形成前に設立されたこのカレッジは、カトリックの影響下にない本国、ケンブリッジ大学の伝統を受けて、宗派や国家ではなく、大学に寄付した者が理事会に大学運営を委託する設置形態をとりました。これがアメリカにおける私立大学の制度的枠組みとなり、日本の私立大学制度へとつながります。（金子元久「第9章 大学の設置形態 － 歴史的背景・類型・課題」『大学の設置形態に関する調査研究』2010年国立大学財務・経営センター研究部　所収）

このように、アメリカの大学はまず牧師、次いでリーダーを育てること（リベラルアーツ）から始まりました。19世紀に入って向学心ある学生たちは英国留学を望みましたが、「英国国教徒が条件」であるため、多くは学費も安く新しい「自由な学問」を求めてベルリン大学に留学します。彼らが帰国後、「研究を通じての教育」「実験とゼミ（演習）」というフンボルト理念を大学に導入し、アメリカの大学の教育水準を引き上げるとともに、1876年にジョンズ・ホプキンズ大学で世界初の「大学院」を設置しました。大学院の設立によって教育と研究は分離され、研究に重きを置いた「研究大学」や実用的応用的大学、大学院大学など新しい大学が創設されたり、カリキュラムを選択自由制にするなどの大学改革が行われ、教育研究面においても欧州の伝統的大学とは違ったアメリカ型大学が形成されていきました（潮木守一『アメリカの大学』講談社学術文庫1993）。

2．戦前の学校制度の概要（日本の大学の誕生）

(1) 日本の近代的学校制度の確立

我が国の近代学校制度は、1872（明治5）年に発布された「学制」に始まります。この法令において、文部省により全国の教育行政を統括することが明示され、1886（明治19）年に「帝国大学令」「師範学校令」「小学校令」「中学校令」、1894（明治27）年に「高等学校令」、そして1903（明治36）年に「専門学校令」が制定され、わが国の近代的学校制度が確立しました。

(2) 日本における大学の誕生

「帝国大学令」は、帝国大学の基本的な事項を規定していた勅令であり、帝国大学以外の官公私立による大学の設置を認めていませんでした。

「帝国大学令」により設立された最初の大学は、1886（明治19）年の帝国大学（1897年に東京帝国大学と改称）です。その後、1897（明治30）年に京都帝国大学、1907（明治40）年に東北帝国大学、1911（明治44）年に九州帝国大学、1918（大正7）年に北海道帝国大学、1931（昭和6）年に大阪帝国大学、1939（昭和14）年に名古屋帝国大学が設立されました。この一群は、国立法人化された今でも「旧七帝大（きゅうななていだい）」と通称されています。

帝国大学以外の、法律・医学・文学・宗教などを専門に学ぶ高等教育機関は専門学校と称され、官公私立共に統一された法的制度がないまま、必要に応じて個々に設置認可されてきました。しかし中等教育が発達し進学希望者が増加したことから、私学を中心に専門学校の設立申請が相次いだため整備する必要が生じ、「専門学校令」が制定されました。その中でも1年半程度の予科をもつ専門学校に対して、政府は「大学」という名称を認可したので、有力な私立の専門学校(早稲田、明治等)は次々に大学と改称しました。しかし、依然として帝国大学以外は学位授与権は与えられませんでした。また私学に対しては1899（明治32）年制定の「私立学校令」により、国の統制はより強固となりました。

当時の大学進学率は数％という極めてエリート色の強いものでしたが、旧制高等学校の発達によって多くの卒業生の受入れ先が必要となり、1918（大正7）年に「大学令」が発布され、地方公共団体や民間にも大学設立が認可されると共に、既に大学の名称をもつ私立専門学校、官公立の医学専門学校の全てと、東京工業大学や東京商科大学（現一橋大学）などの官公立の実業専門学校の一部が、学位授与できる大学に昇格しました。

(3) 戦前の大学の特徴

「大学令」において、第1条「大学ハ国家ニ須要（すよう）ナル学術ノ理論及応用ヲ教授シ並其ノ蘊奥（うんのう）ヲ攻究スルヲ以テ目的トシ」と定められ、国公私立を問わず、大学は強力な国家統制下のありました。私学には更に、第6条「私立大学ハ財団法人タルコト」として、潤沢な基本金と供託金が求められる厳しい設置条件が課されていました。（私学が定款を「寄附行為」と称する由縁はここにあります。なお、現在、専修学校の高等課程を専門学校と称していますが、当時の専門学校とは全く別の学制です。）

また、旧制の学校制度は、大学、高等学校、専門学校及び高等師範学校、女子高等師範学校、師範学校、青年師範学校など複数の高等教育機関と、旧制中学校、高等女学校、実業学校と分かれる初等中等教育からなる複線型の学校制度でした。

3．戦後の学校制度の概要

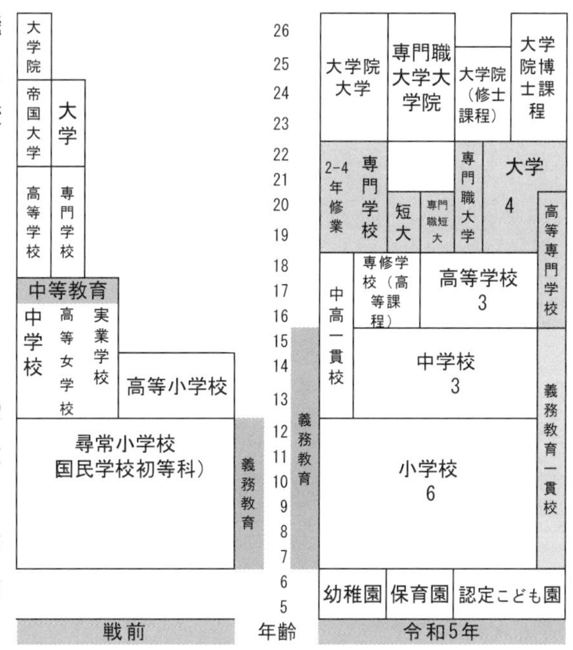

戦前（複線型）と戦後の学制

(1) 学校教育制度は単線型6･3･3･4制へ移行

戦後は、GHQの指導・監督（正確にはGHQ特別参謀部民間情報教育局：CIE）と内閣総理大臣所轄の審議機関「教育刷新委員会」により、日本国憲法の①国民の教育を受ける権利（第26条）、②保護者の教育を受けさせる義務（第26条）、③学問の自由（第23条）に基づいて、1947（昭和22）年に教育基本法及び学校教育法が制定され、それまでの複線型に代わり、アメリカ型の単線型6・3・3・4制の学校教育制度が発足し、小学校・中学校が義務教育に規定されました。

(2) 現行の学校制度の誕生

新制高等学校は、1948（昭和23）年に全日制・定時制の2課程で発足し、1961（昭和36）年に通信制課程が制度化されました。

新制大学は、学校教育法により、1948（昭和23）年に発足しました。特に国立大学については、1949（昭和24）年施行の国立学校設置法に基づいて設置され、国立70校、公立17校、私立81校が設立されました（一部は1948（昭和23）年より発足）。

それまでの大学・師範学校・旧専門学校・医学専門学校などが一括して新制大学として発足したため、教育環境にばらつきがあるのは否めませんでした。当時よりアメリカでは大学が自主的に団体を創り、そこで定めた基準を満たしているか相互評価する（これをピアレビューという→P124）機関（アクレディテーション）で教育水準を担保しており、これをモデルに、当時の国公私立大学46校が発起校となって、自律的な大学団体「**大学基準協会**」が1947（昭和22）年に設立されました（1956年に財団化）。1951年より、希望する加盟大学に対し、正会員として適格か「適格判定」を行う適格判定制度」を実施しています。

一方、国では大学として必要最低限の基準を定めた「**大学設置基準**」を1956（昭和31）年に制定し、基準を満たした大学のみ設置を認可することで質の維持を図りました。その後、更なる質保証のために学校教育法を2002年に改正し、認証評価制度を制定しました。その際、大学基準協会は2004年にわが国初の大学の認証評価機関となり、現在に至っています。

4年制を基準とする大学設置基準に満たない高等教育機関については、2年制または3年制の大学として1950（昭和25）年に暫定的に設置を認められました（当時、149校（公立17校、私立132校））。その後、社会における役割の重要性から、1964（昭和39）年に学制を改正し、**短期大学**として認められました。

大学院は戦前まで帝国大学でしか設置できず、帝国大学以外の大学では研究科として設置されました。戦後、新制大学になって大学院の設置が可能になりました。また戦前のような学部と繋がって存在するのではなく、大学院独自の目的と地位が制度的に認められるようになり、学部をもたない大学院大学もできるようになりました。

高等専門学校は、科学技術の進展と産業の高度化によって、技術者養成に対する要望が強くなり、工業教育を主体とする中学卒業後5年の一貫教育を行う学校として、1962（昭和37）年に発足しました。

以上掲げた、大学、短期大学、大学院、高専（高等専門学校）の他、学校教育法第1条には、小学校、中学校、高等学校、幼稚園、特別支援学校が定められ、これらは「一条校」と通称されています。

第１条以外に、第125条で修業年限など国の定める基準を満たし、職業技術や実際生活に即した教育を行う**専修学校**と**各種学校**が学制として定められています。専修学校には①中卒対象の高校課程、②学歴不問の一般課程、③高卒対象の専門課程があり、③は**専門学校**と呼称されます。

更に学校教育法では、1999（平成11）年度から**中高一貫教育制度**が、2016（平成28）年度から**小中一貫制度**が創設され、2003（平成15）年に法科大学院など高度専門職業人の養成に目的を特化した**専門職大学院**が、2019年度に**専門職大学**、**専門職短期大学**が制度化されています。

4．大学の大衆化の変遷

(1) 大学・短期大学数の激増の変遷

これまで大学・短期大学数の増減には、大きく分けて3度の急増期がありました。一度目は、1948（昭和23）年の**学制改革**によりこれまでの高等教育機関が大学に認可され、12校から178校となりました。

二度目の急増期は、**高度経済成長による需要と進学率の高まり**に応え、1961（昭和36）年の250校から僅か6年間で119校が認可され、369校になりました。

三度目は、1984（昭和59）年に文部省大学設置審議会より「昭和61年度以降の高等教育の計画的整備について」報告され、1992（平成4）年に18歳人口がピークの205万人に達することから、臨時的定員（**臨定**）の増加を認める高等教育の規模の拡大が図られたこと、1991（平成3）年に**大学設置基準の大綱化**で、大学に対する規制が緩和され、大学が設置しやすくなり、特に短期大学が4年制化する改組転換も増え、2008（平成20）年まで毎年平均約13校増加し、765校と倍増しました。

現在も、18歳人口の急減にかかわらず、高等教育機関は数も設置形態も微増しています（→P1）。その一方で、入学定員に満たない大学・短大や募集停止の大学は増加傾向にあります。

(2) 学生数の増減の変遷

学生数は、第1次、第2次ベビーブームの人口増に加え、社会の需要による進学率の上昇もあいまって、1992年に激増のピークを迎えます。特に高度経済成長期（昭和30年代から40年代半ばまで）の学生数急増に大学側は教員や施設などの対応が間に合わず、定員超過による教育環境の劣化を招き、多くの学生に不満が募りました。加えて日米安全保障条約改定に反対する安保闘争も絡み、一部の学生活動家のみならず一般学生をも巻き込み、全国で学生運動・大学紛争の嵐が吹き荒れ、1969（昭和44）

年東大安田講堂事件や東大入試中止などを引き起こしました。

そのため政府は1971（昭和46）年に高等教育計画を量から質へ転換（いわゆる「46答申」→P45）し、私立大学等に対し学生実数に応じた**経常費補助金**が交付され、次第に大学紛争も鎮静化しました。

それから50年以上を経た今、18歳人口は減少の一途ですが、その減少分は女子の進学率上昇によって補填されました。2023年度の大学全体の在学者数は294.5万人（前年度比1万5千人増）、学部学生に占める女子学生の割合は，6千人増で45.7％（131.4万人）です。しかし、学生数は増加しても、全国の私立大学入学者定員の総数が、実際に入学する学生総数を上回っていること。学生は都市部の大学に集中する傾向があることから、政府は、2018年からの都市部の私立の大規模大学の定員増員抑制や入学定員超過率の厳格化（→P69）を図りましたが、入学定員充足率が100％未満の私立大学は全体の53.3％（37校増加の320校）と過去最悪となりました。（→P99）。

また、2023年の出生数は過去最少の79.5万人となり（厚生労働省「人口動態統計特殊報告」2024年3月）、前年度より4万人減少し、今後のさらに厳しい状況に直面します。

(3) 大学進学率の増加と高等教育の質的変容（トロウ・モデル）

大学進学率と大学の質は相関関係にあると提唱したのが、アメリカの教育社会学者マーチン・トロウ（カリフォルニア大学バークレー校教授、1926 - 2007年）です。

トロウは、1973年、同じ年齢人口の大学の在籍率が15％までをエリート段階、50％未満をマス段階、50％以上をユニバーサル・アクセス（またはユニバーサル）段階と区分けし、高等教育の目的観、教育課程、入試等はそれぞれの段階で変容することを図式化しました。これをトロウ・モデルと呼び、その後の世界各国において、高等教育研究や政策に大きく寄与しました。

日本の大学進学率は今や50％を超えてトロウ・モデルのユニバーサル段階にあり、学生は多様化し、大学教育の質の問題を抱えています。そのため大学の水準向上・質保証を目的として、認証評価の義務化や初年次教育、リメディアル教育（補習教育→P125）の実施など、様々な大学改革が進められています。

マーチン・トロウによる分類の例

	エリート型	マス型	ユニバーサル型
同年齢人口に占める大学在学比率	15%まで	15～50%まで	50%以上
高等教育の機会	少数者の特権	相対的多数者の権利	万人の義務
大学進学の要件	制約的(家柄や才能)	準制約的(一定の制度化された資格)	開放的(個人の選択の意思)
高等教育の主要機能	エリート･支配階級の精神や性格の形成	専門分化したエリートの要請+社会の指導者層の形成	産業社会に適応しうる全国民の育成
高等教育機関の特色	同質性(共通の高い基準をもった大学と専門分化した専門学校)	多様性(多様なレベルの水準を持つ高等教育機関、総合科教育機関の増加)	種類の多様性(共通の一定水準の喪失、スタンダードそのものの考え方が疑問視される)
大学の管理者	アマチュアの大学人の兼任	船員かした大学人+巨大な官僚スタッフ	管理専門職

天野郁夫・喜多村和之（1976）『高学歴社会の大学ーエリートからマスへ』（東京大学出版会）

5．国公私立大学の変遷

(1) 国立大学の変遷

戦前の国の高等教育機関については前述したとおり、帝国大学、官立大学、高等師範学校等がありました。戦後になって1947（昭和22）年の教育基本法、学校教育法の制定により、それらは新制大学として位置付けられました（しかし旧七帝大（→P8）は依然として強い影響力を持っています）。

1949（昭和24）年の「国立学校設置法」によって、既存の帝国大学等並びに師範学校・専門学校・医学専門学校は、地域間格差を是正するため「一県一大学」を原則に、各地に併合または新設されました。戦前の師範学校は、リベラル・アーツ教育（教養教育）を教員養成とともに行うことを原則として、教員養成大学または教育学部、学芸学部として新制大学に昇格しました。

その後、社会の要請に応じて、先端科学技術大学院大学や政策大学院大学などの9つの大学院大学が設置されるなど、国立大学法人化直前の2003（平成15）年4月には100校まで増加しました。

2003（平成15）年10月、大学の自主性を高め、新しい取組みの可能性を広げるため、「国立大学法人法」が施行され、2004（平成16）年に全ての国立大学は国立大学法人が設置する大学へと移行しました（**国立大学法人化**）。この法人化と共に統合が進められ、現在の法人数は86です。

2017年度に、文部科学大臣が世界最高水準の教育研究活動の展開が見込まれる国立大学法人を**指定国立大学法人**（→P73）とする制度が創設されました。、イノベーション創出のけん引役となる国立大を育てるのが目的で、出資できる企業の対象が広がる、余裕資金の運用がしやすくなるなど、一般の国立大に比べると経営裁量が広がるメリットがあります。

さらに改正国立大学法人法が2019年5月可決され、学長のリーダーシップが強化され、大学等連携法人（→P125）が可能となったことから、2020年4月に名古屋大と岐阜大が国立大学法人 東海国立大学機構を設立、2022年4月には小樽商科大学、帯広畜産大学、北見工業大学の3大学が国立大学法人 北海道国立大学機構、奈良女子大学と奈良教育大学が統合した国立大学法人 奈良国立大学機構が設立されました。ただしこれらは連携法人であり、1連携法人複数国立大学法人です。

2024年10月には、東工大と東京医科歯科大学が1国立大学法人1国立大学として統合されます。

2023年12月には、特定国立大学法人に運営方針会議の設置等を盛り込んだ「国立大学法人法の一部を改正する法律」が参議院で可決、成立し、大学の自治を縛るものと波紋を広げています。

（2）公立大学の変遷

公立大学は、1948（昭和23）年に神戸商科大学が全国初の公立新制大学として発足し、1949（昭和24）年の学制改革で、既設の旧制高等教育機関から切り替えられたもの（京都府立医科大学、大阪商科大学の後身大阪市立大学）や、地域の要望に応えて新設された大学など、17校が公立の新制大学として発足しました。大学を設置・管理する法人の主体は県あるいは市などの自治体が主ですが、地域の組合立もあり、その地域における高等教育機会の提供と知識・文化の中心的役割を担っています。特に地域医療の需要の高まりから、看護師を養成する大学が設置数を伸ばしています。また、東京都立大学（2020年4月より首都大学東京を元の名称に改名）、大阪公立大学（府大と市大が2022年4月に合併）、横浜市立大、国際教養大学など、全国から学生が集まる公立大学もあります。

1989（平成元）年までに39大学であった公立大学は、平成に入ると93大学に数を伸ばし、令和に入ってからも大学数を増やしています。その設立の経緯はいくつかのパターンに分類されます（中田晃著『可能性としての公立大学』2021）。

その一つ、地方自治体の主導で設立（第三セクター方式→P122）された学校法人（公設民営）が公立大学法人化するケースが近年増えています。経営の厳しくなった公設民営でない私学であっても、自治体が自分たちの地域にその大学の存在が必要と認め公立化するケースもあります。しかし、全ての申請が通るわけではありません。2022年までに12校が公立大学に転換されましたが、審議の結果、自治体から公立化を却下されたり、審議開始が延長された私立大学もありました。

公立大学においても国立大学法人同様に、地方独立行政法人法が2003（平成15）年7月に成立し、「公立大学法人制度」が創設されました。国立大学と違い一律に法人化されるのではなく、各自治体の意向により逐次法人化が行われることや、法人化直後から一つの公立大学法人内に複数の大学が設置されている法人もあるなど多様な形態であることなどが特徴です。再編統合も平成16年度から令和5年度までに、8組21校行われています。2024年4月現在、公立大学法人は84法人で、設置大学数は101校です（101校のうち、法人化していない大学は10校『公立大学便覧令和5年度』公立大学協会）。

こうした状況を踏まえ、2023年9月、文部科学省は公立大学の新設を、学生を確実に集められる場合のみ認可するよう審査を厳格化し、抑制する方針を打ちだしました（→69）。2025年度以降に開設予定の大学、学部・学科に適用し、教育の質の向上につなげます。

(3) 私立大学の変遷

私立大学は、福澤諭吉（慶應義塾）、新島讓（同志社）、大隈重信（早稲田大学）らが開設した明治初期の私塾を起源に、1899（明治32）年に公布された「私立学校令」と「専門学校令」により国の学制に組み込まれ、一定条件を満たせば「大学」と称することが許されました。しかし、依然、学位授与権をもたない専門学校（現在の専門学校ではありません）の位置付けでした。

帝国大学以外の高等教育機関が「大学」として名実ともに法的に認められたのは1918（大正7）年の「大学令」からです。しかし当時の大学として昇格する条件は厳しく、特に私学には、財団法人の設立と供託金が義務化され、私学であっても教員採用は文部大臣の認可が必要でした。

戦後、大学令、私立学校令は廃止され、「教育基本法」（1947（昭和22）年）、「学校教育法」「私立学校法」（1949（昭和24）年）により、私立の11大学が学校法人が設立する大学として新制大学に昇格しました（→P24）。また戦後の社会の発展による学生数激増と物価・人件費の急高騰から、私学の施設・設備の充実を図るため、必要な資金の貸付をする機関として「私立学校振興会法」（後の日本私学振興財団法）が1952（昭和27）年に制定されました。

1970（昭和45）年には、私立大学等経常費補助金が創設され、私立大学等の教育研究に係る経常的経費（人件費を含む）の補助が交付されると共に、公的補助を受けるために学校法人会計基準が定められました（→P39）。私学への国の補助金の法的担保するため、1975（昭和50）年7月「私立学校振興助成法」が議員立法で制定されました。

このように私学の充実が図られ、大学数は増加し2023年度は622校となり、日本全体の約80％を占めています（「学校基本調査」令和5年度）。しかし18歳人口は急減期に突入し、需給バランスは崩れて私学経営は悪化傾向です。一方で、不適切な経営をする私学も散見されることから、管理運営の改善等を図るため、私立学校法は平成16年と令和元年、令和5年に大幅改正され大学ガバナンス強化が図られ、令和7年より施行されます（経過措置あり、→P28　私学法改正）。

Ⅱ．教育関係法令

1．法令等に関する一般的知識

法令と法律は似ていますが違います。法令とは一般には「法律」（国会が制定する法規範）と「命令」（国の行政機関が制定する法規範）も含む広範囲を指します。

(1) 国の法令

国の法令には、下記のような種類があり、ピラミッド型に位置付けられています。

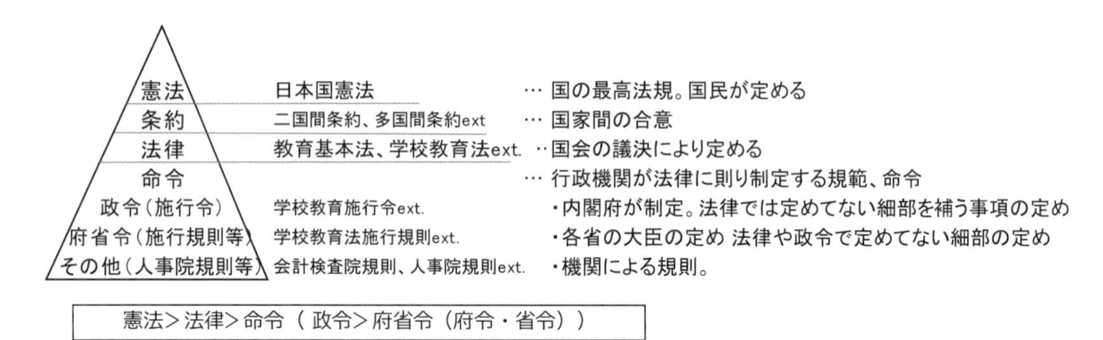

また以下の規範は法令のようにみえても法令ではありません。

・通達…これは国民に向けられたものではなく、行政機関から下部の機関に出す命令や指示。法の解釈や運用する際の方針や留意点が示されていて、文部科学省等から大学等宛にも通知としてだされます。

・告示…国民にとって大事な事項を知らしめる場合「告示」として、「○○省告示第○号」などとして官報（日本国の機関紙）に掲載されます。令和の元号や学習指導要領も告示です。

・ガイドライン/基準…ある事柄の判断・評価・審査等を行う場合の尺度や方法を単純化・標準化するために設けられた具体的な指針。（…学校法人会計基準等）

・要綱…法令を執行するうえで必要なマニュアル。

・閣議決定…内閣一致の意思決定を示すもので、法律ではない。つまり首相個人ではなく政府の公式見解として意思表明したもので、法的効力は生じません。

・通知…単なる知らせるために発する文書と、一定の法律効果を生じさせるものとがあります。

・事務連絡…事務処理上の軽易な事項を、行政機関内部の者に知らせること

(2) 地方公共団体

地方公共団体では、以下の2つがあり上下関係はありません。

・条例…地方自治体の議会が制定する規範。

・地方公共団体の規則…地方自治体の首長や委員会が制定する規範。

2．国公私立大学　共通の教育関係法令―法令ごとのポイント

(1) 日本国憲法 (昭和21年11月3日公布、昭和22年5月3日施行)

日本国憲法は日本における最高法規（第98条）で、国民主権、戦争放棄、基本的人権の三原則のもと、教育に関しては以下の条文があり、これに基づき教育関係法令が制定されています。

①教育に関する主な条文

第23条	学問の自由	学問の自由（個人や大学がする学問や大学の自治）を保障する。
第26条	教育を受ける権利	誰でも等しく、教育を受ける権利の保障と教育の義務
第89条	公の財産の支出の制限	公金や公の財産は、宗教活動や公教育以外の教育などの事業に対して、支出したり、利用させたりしてはいけない。

②第89条と私学助成の関係

この89条により、公支配に属さない私への補助金交付は違憲という意見もありましたが、私立学校法並びに私立学校振興助成法の制定によって、国の監督権限が定められ、公の支配に属することが明記され、合法となりました。

(2) 教育基本法 (昭和22年3月31日法律第25号　平成18年12月22日法律第120号　改正)

教育基本法は、教育の目的を明示するなど日本の教育の原則を定めています。

①主な条文

第1条	教育の目的	人格の完成を目指し、平和で民主的な国家及び社会の形成者として必要な資質を備えた心身ともに健康な国民の育成
第4条	教育の機会均等	人種、信条、性別、社会的身分、経済的地位又は門地、障がい、経済的理由により差別されない。
第7条	大学の役割	教育と研究と社会貢献に寄与
第8条	私学の重要性	私学の公の性質及び学校教育に果たす重要な役割にかんがみ、国及び地方公共団体は、その自主性を尊重しつつ、助成その他の適当な方法によって私立学校教育の振興に努めなければならない。
第9条2項	FDの義務化	その使命と職責の重要性にかんがみ、その身分は尊重され、待遇の適正が期せられるとともに、養成と研修の充実が図られなければならない。

②60年ぶりに2006年の全面改正

2006（平成18）年12月に60年ぶりに全面改正され、私立学校の果たす役割の重要性（第8条）、教員のFDの義務化（第9条2項）、教育振興基本計画の策定（第17条第1項）などが盛り込まれました。

(3) 学校教育法 (昭和22年制定　改正 令和元年05月24日　施行日 令和2年4月1日)

学校教育法は、教育基本法の理念のもとに、幼稚園から大学まで、教育の具体（設置者、修業年限、入学資格など）を定めた法律です（大学の歴史→P9）。

①主な条文

第2条	学校の設置者	私学は学校法人、国大は国立大学法人、公大は公立大学法人または地方公共団体等
第83条2項	大学の目的	教育研究を行い、その成果を広く社会に提供することにより、社会の発展に寄与するもの
第87条	修業年限	大学の修業年限は、4年（医学、歯学、薬学（臨床）、獣医学を履修する課程については、6年）
第90条	入学資格	高校若しくは中等教育学校を卒業した者、文部科学大臣が同等以上の学力があると認められた者
第92条	組織編制	学長、教授、准教授、助教、助手及び事務職員を置かなければならない 副学長は「学長を助け、命を受けて校務をつかさどる。」
第93条	教授会	教授会を置き、学長が決定を行うに当たり意見を述べるものとする
第104条	学位授与	大卒→学士、大学院（専門職大学院を除く。）→修士又は博士、専門職大学院課程修了者→文部科学大臣の定める学位（「法務博士（専門職）」「会計修士（専門職）」など）
第113条	教育研究活動の公表	教育研究活動の状況を公表するものとする。
第109条	自己点検・評価, 認証評価制度	教育・研究、組織及び運営と施設・設備の状況について、自ら点検・評価を行い、その結果を公表する
2項		文部科学大臣の認証を受けた者(以下「認証評価機関」という。)による評価(以下「認証評価」という。)を受けるものとする
4項		大学評価基準に従つて行うものとする。

②「一条校」とは

第一条で学校の範囲を「幼稚園、小学校、中学校、義務教育学校、高等学校、中等教育学校、特別支援学校、大学及び高等専門学校」と定めており、通称「一条校」と呼ばれています。

一条校以外の教育機関として　専修学校が学校教育法第124条に定められ、高等課程（通称：高等専修学校、高校相当）、専門課程（通称:専門学校、高校卒後）、一般課程（だれでも広く受入れ）を置きます（第125条）。因みに専修学校のみを設置する学校法人は「準学校法人」と呼ばれています。（→P31）
大学院は第99条、短期大学は第108条第3項、専門職大学は第83条の2、専門職短期大学は第108条第4項、それら以外の学校教育に類する教育を行うものを各種学校（第134条）と定めています。

③ 副学長の職務（第92条第4項）の強化と、教授会の役割は審議機関と明確化（第93条第2項及び第3項）

2014（平成26）年の学校教育法の改正により、大学のガバナンス改革として学長のリーダーシップ強化のため、副学長（プロボスト→P123）の職務（第92条第4項）は、「学長の職務を助ける」から「学長を助け、命を受けて校務をつかさどる」と改められ、教授会の役割は審議機関（第93条第2項及び第3項）である旨が規定され、「最終的な決定権者は学長等である」と明確化されました。

④デジタル教科書の著作権について

2018（平成30）年学校教育法の一部改正で、小中高において「デジタル教科書」の併用が認められました（学校教育法第34条2項）。この改正で、これまでITへの活用には著作権者に許諾が必要だった著作物ついて、紙媒体同様に作者の許諾を得ずに利用できるようになりました。

これに伴い**著作権法**も2018（平成30）年に改正され、規定の補償金を文化庁長官が指定する補償金徴収分配団体に支払うことで、著作者の許諾を得ずに遠隔授業などITで送信できる「**授業目的公衆送信補償金制度**」が新設されました（著作権法第35条2項）（→P124）。この制度は、大学については学生1人あたり720円×学生数で、個々の教員や大学が支払うのではなく、設置種団体（私大連や国大協等）が加盟校から徴収して、一般社団法人 授業目的公衆送信補償金等管理協会（SARTRAS サートラス→P127）に支払い、そこから著作権者に配分されるシステムです。

この制度により著作物を掲載した教材もオンラインによる講義で配信できるようになりました。但し、非営利であることは無論ですが、誰でも見ることができるウェブサイト上に著作権に関わる内容（著作物）をアップロードしたり、学修管理システムLMS（→P126）などで講義の動画を管理したり、個々の教員や学生ではなく、大学が組織として著作物を使用して発信する際には、これまで同様、著作権の許諾が必要となります。これについては、「改正 著作権法第35条運用指針」（https://sartras.or.jp/wp-content/uploads/unyoshishin_20201221）が参考になります。

同じく第30条の4が、デジタル化・ネットワーク化の進展に対応できる柔軟な権利制限規定に改正されました。これは著作物に表現された思想又は感情の享受を目的としない利用は著作権に触れないとするもので、生成AIは感情・意思等もたないため著作権違反は生じないとされています。しかしこの数年の生成AI等の急速な発達から、著作権侵害を訴える声も大きくなってきました。文化庁では、この問題点を整理した「AI と著作権に関する考え方について」文化審議会著作権分科会法制度小委員会報告を令和６年３月15日に公表しました。今後の法的整備の進行には注意が必要です。

⑤認証評価制度

2004（平成16）年の改正で、第109条により、

①大学は、教育研究等の状況について自己点検・評価を行い公表する。

②大学は、大臣認証を受けた第三者機関（認証評価機関）による評価（認証評価）を受ける。

とする認証評価が義務化されました。しかし大学の改善が十分ではないことから、2016（平成28）年の改正で、大学評価基準に「教育研究等の状況を公表しているか」が追加され（第109条第5項関係）、認定評価機関には、適合か否か判定した結果の公表が義務化されました（→P67）。

2019（令和元）年5月の改正により、不適合の判定を受けた大学は、文部科学大臣から報告又は資料の提出を求められます（第109条第7項関係）。

(4) 学校教育法施行令（昭和28年10月31日政令第340号　平成30年12月27日第355号改正　施行：平成31年4月1日）

学校教育法に基づく政令で、23条では私大の収容定員に関して、以下のように定めています。

- ｉ）**大学全体の収容定員の総数が増加する場合**（第23条）：大学設置・学校法人審議会の諮問を経て文科大臣の認可が必要。但し、医師の養成に係るものは「大学、大学院、短期大学及び高等専門学校の設置等に係る認可の基準」（平成15年文科省告示第45号）により、認可対象から除かれます。

- ⅱ）**大学全体の収容定員の総数が増加しない場合**（第23条の2）：文科大臣へ届出が必要。但し、医師の養成に係るものは「学校教育法施行令第23条の2第1項第5号の規定による分野を定める件」（平成17年文科省告示第51号）により、届出対象から除かれます。

第23条の2では、大学が授与する学位の種類や分野の変更がなければ学部の学科の設置も届け出で

よい、収容定員の総数が増加しない収容定員の学則変更も届け出でよい、と定めています。

○学校教育法施行令（昭和28年政令第340号）
（法第4条第1項の政令で定める事項）←編者注※認可事項のこと
第23条　法第4条第1項（法第83条第2項において準用する場合を含む。）の政令で定める事項は、次のとおりとする。
1～10　略　　11 私立の学校又は私立の各種学校の収容定員に係る学則の変更

（法第4条第2項第3号の政令で定める事項）←編者注※届出事項のこと
第23条の2　法第4条第2項第3号の政令で定める事項は、次のとおりとする。
1　大学に係る次に掲げる設置又は変更であつて、当該大学が授与する学位の種類及び分野の変更を伴わないもの
　イ　私立の大学の学部の学科の設置
　ロ　専門職大学の課程の変更（前期課程及び後期課程の修業年限の区分の変更（当該区分の廃止を除く。）を伴うものを除く。）
　ハ　大学の大学院の研究科の専攻の設置又は当該専攻に係る課程の変更
4　私立の大学又は高等専門学校の収容定員（大学にあつては、通信教育及び文部科学大臣の定める分野に係るものを除く。）に係る学則の変更であつて、当該収容定員の総数の増加を伴わないもの

(5) 学校教育法施行規則（昭和22年文部省令第11号）平成30年3月公布（平成30年文部科学省令第6号）

学校教育法施行規則は、学校教育法、学校教育法施行令に基づいて定められた文部科学省の省令で、役所における具体的な手続き方法などを定めています。

2011（平成23）年の改正により､大学等の教育情報の公表の促進の強化（第172条の2）が図られ､2016（平成28）年改正で3つのポリシーの策定と公表が義務化されました。

①大学等の教育情報の公表の促進（第172条の2）

2007（平成19）年に学校教育法が改正され、大学は、教育研究成果の普及や活用の促進に資するため、教育研究活動の状況を公表するものとされています。さらに、2010（平成22）年には学校教育法施行規則の改正により、教育研究活動等の状況として公表すべき事項が具体的に示されています。

公表すべき具体的な事項は、以下のとおりです。

1. 大学の教育研究上の目的　　2. 教育研究上の基本組織　3. 教員組織、教員数、各教員の学位と業績
4. 入学者受入方針, 入学者数, 収容定員, 在学者数, 卒業又は修了者数, 進学者数, 就職者数等卒後の状況並びに進学者数及び就職者数その他進学及び就職等の状況に関すること
5. 授業科目、授業方法及び内容、年間の授業の計画　6. 学修成果に係る評価、卒業又は修了の認定基準
7. 校地、校舎等施設・設備、学生の教育研究環境　8. 大学が徴収する費用（授業料、入学料）
9. 大学が行う学生の修学、進路選択、心身の健康等に係る支援

②3つのポリシーの策定と公表の義務化（第165条の2）

教育情報の公表と高大接続改革の観点から、全ての大学等において、3つのポリシー「アドミッションポリシー（入学者の受け容れに関する方針）(AP)」、「カリキュラムポリシー（教育課程の編成及び実施に関する方針）(CP)」並びに「ディプロマポリシー（卒業の認定に関する方針）(DP)」を策定し、公表することが義務付けられました（平成28年3月31日改正、29年4月1日施行）。

○学校教育法施行規則（抄）
第165条の2　大学は、当該大学、学部又は学科若しくは課程（大学院にあっては、当該大学院、研究科又は専攻）ごとに、その教育上の目的を踏まえて、次に掲げる方針（大学院にあっては、第3号に掲げるものに限る。）を定めるものとする。
一　卒業の認定に関する方針
二　教育課程の編成及び実施に関する方針
三　入学者の受入れに関する方針
2　前項第2号に掲げる方針を定めるに当たっては、同項第一号に掲げる方針との一貫性の確保に特に意を用いなければならない。

③財務情報の公表の強化

財務情報の公表はインターネットの利用により周知する（7条第1項）と規定され、公表方法は各大学に委ねられていましたが、令和元年の私立学校法改正により、大学法人においては以上の項目に加え、2020（令和2）年4月から寄附行為、財産目録、役員の報酬の基準を事務所に備え、閲覧可能にしておくことが義務付けられました。

(6) 大学設置基準（昭和31年文部省令第28号　令和五年文部科学省令第二十四号による改正）

①大学設置基準とは

学校教育法第3条の規定に基づき、「大学を設置するのに必要最低基準」を定めた省令（大学院、専門職大学、短期大学にそれぞれに設置基準がある）。大学の設置は、この基準に照らして教育課程や教員組織、施設・設備、財務状況などの審査を経て認可されます、しかし、あくまで最低限の質保証であることから、設置後はさらに望ましい大学となるために、大学が自主的[※1]に認証評価等の結果を踏まえ教育研究活動等に、不断の見直しを行うことにより、その水準の向上を図ることに努めなければならない」と定められています。（大学設置基準　第1条　下線は令和４年基準改正時に追加されたもの）。

※1　自主としているのは、「自主性，自律性その他の大学における教育及び研究の特性を尊重（教育基本法７条第２項）」するため。

②大学設置基準と設置認可申請

公私立大学等を設置する場合には，学校教育法，私立学校法の規定により，文部科学大臣の認可が必要となります。文部科学大臣は認可を行う場合には，大学設置・学校法人審議会に諮問しなければなりません。「大学設置・学校法人審議会」では、「大学設置分科会」（教育研究に関する審査）と「学

<大学設置認可の流れ>

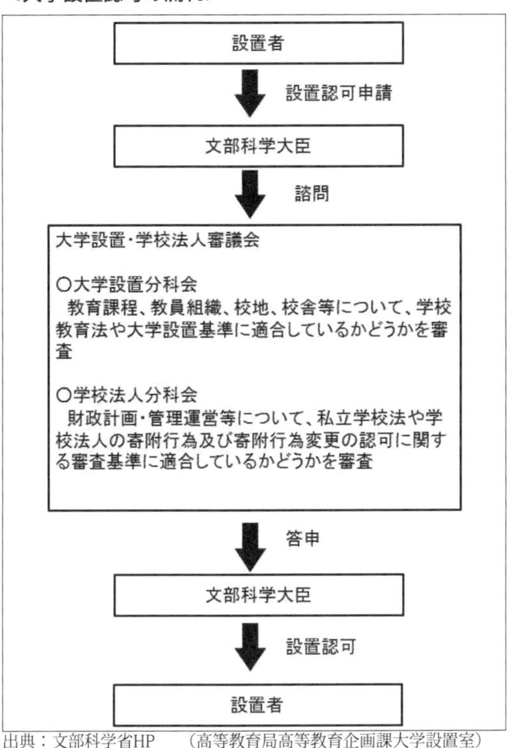

出典：文部科学省HP　（高等教育局高等教育企画課大学設置室）

<主な認可・届出事項等一覧（大学）>

	事項	公立大学	私立大学
1	大学の新設	認可	認可
2	大学の廃止	認可	認可
3	大学院大学の新設	認可	認可
4	大学院大学の廃止	認可	認可
5	学部の設置	認可	認可
6	学部の設置（授与する学位 の種類及び分野の変更を伴わないもの）	届出	届出
7	学部の廃止	届出	届出
8	学科（課程）の設置	届出	認可
9	学科（課程）の設置（授与する学位 の種類及び分野の変更を伴わないもの）		届出
10	学科（課程）の廃止	届出	届出
11	通信教育の開設	認可	認可
12	通信教育の開設（学位の種類及び分野の 変更を伴わないもの）	届出	届出
13	通信教育の廃止	届出	届出
14	専攻科，別科の設置	届出	届出
15	専攻科，別科の廃止	届出	届出
16	収容定員の総数の増加	届出	認可
17	収容定員の変更（収容定員 の総数の増加を伴わないもの）	届出	届出
18	学則の変更	届出	届出
19	大学の目的の変更		届出
20	名称の変更	届出	届出
21	位置の変更	届出	届出
22	校地・校舎の変更		届出
23	通信教育に関する規程の変更	届出	届出
24	学長の決定	報告	届出
25	学生募集の停止	報告	報告
26	設置者の変更	認可	認可

校法人分科会」(財務・管理運営体制に関する審査) があり、各分科会の下には、更に専門的な審査を行う様々な委員会等が設けられ，約400名もの専門とする大学関係者※2が教育課程や教員組織，施設・設備，財務状況などを審査します。

※2「大学が行う教育研究活動は，専門的かつ高度なものであり，自主性・自律性が尊重されることから，申請内容が大学にふさわしい水準にあるかどうかを判断する中心的な役割は，大学関係者が担う。これをピュアレヴューという (→P123)。

③「事前規制から事後チェックへ」

2002 (平成14) 年度までは，政府は原則「新しい大学は設置しない」方針で、厳しい審査により大学の数を調整していましたが (天城勲「総括と展望」『大学設置基準の研究』1977)、「多様な大学が互いに競い合うことで、特色ある教育研究を展開できる」方針に転換され、基準を満たせば大学を設置できる、認可事項の一部を届出にするなどの改正 (2003 (平成15)「基準の準則化」という) が行われました (P21表参照)。

しかし、少子化の進展で入学者数が入学定員を下回る「定員割れ」大学が増えていることから、2025年度開設予定の大学から、文科省は認可時に、認可後の学生確保の見通しを客観的なデータや分析で示すことを大学に義務づけました。

さらに、大学の質保証を担保するため「事前規制から事後チェックへ」という考え方に立って，設置後の大学の組織運営や教育研究活動などの状況を定期的に評価する認証評価制度が2004 (平成16) 年に導入されました (→P66)。さらに説明責任の観点から、2010 (平成22) 年の学校教育法施行規則の改正により、各大学等の教育情報の公表が認定基準に加わり、その判定結果の公表が認定機関に義務付けられました。

また許認可時の入口だけでなく、その後の設置計画の履行状況等についての報告を求め、その状況に応じて必要な指導・助言を行う設置計画履行状況等調査 ((通称「アフターケア (AC)」文科省「大学の設置認可制度に関するQ＆A」→P121) が実施されています (「大学の設置等の認可の申請及び届出に係る手続等に関する規則 (抄) 平成18年3月31日 文部科学省令第12号)。

このように日本の大学は、新設の規制から事後チェックを図るよう法改正が行なわれて、「大学設置基準」「設置認可」「認証評価」「情報公開」によって質保証されています。

④令和4年度の大学設置基準改正の目的・趣旨

時代の変化に対応しつつ将来を見据えた設置基準全体の改正が令和4年に行われました。

令和４年度大学設置基準等の主な改正点 (文科省HPに加筆)

①３ポリシーに基づく教育課程の編成等や自己点検・評価、認証評価の結果を踏まえた不断の見直しを行う旨、規定上明確化 (第1，2，19条)

②必要な教員及び事務職員等からなる教育研究実施組織の編制など、教員と事務職員等の関係を一体的に規定 (第7，11条)

③従前の設置認可審査における専任教員の考え方等も踏まえ「基幹教員」として定義を明確化し、必要最低教員数の算定においては、複数の大学・学部での算入も可能 (1/4まで) とすることなどを規定 (第7-10条)

④授業期間を、大学の判断により多様な期間 (８週、10週、15週を例示) が設定できること等を明確化 (第23条)

⑤１単位に必要な授業時間数について、授業方法別に基準を定めた規定を廃止

⑥スポーツ施設、講堂、寄宿舎･課外活動施設等の厚生補導施設を必要に応じ設ける施設として一般化 (第34、35条)

⑦教育研究上の機能として必要となる教室、研究室等は列記しつつ、大学は、その組織及び規模に応じ、教育研究に支障のないよう、必要な施設を備えた校舎を有するものとすることを規定等 (第36条)

詳細は次のURLを参照 https://www.mext.go.jp/a_menu/koutou/daigaku/04052801/index_00001.htm

⑤大学設置基準の全体構成の構成と改正箇所　　詳細は、「令和4年度大学設置基準等の改正について」

Ⅰ　総則関係
- §1 総則
  - 1条（趣旨）●改正
  - 2条（教育研究上の目的）
  - 2条の2（入学者選抜）●改正

Ⅱ　学内組織等
- §2 教育研究上の基本組織
  - 3条（学部）4条（学科）
  - 5条（課程）
  - 6条（学部以外の基本組織）
- §3 教育研究実施組織等
  - 7条（教育研究実施組織等）●改正
  - 8条（授業科目の担当）●改正
  - 9条（授業を担当しない教員）
  - 10条（基幹教員数）●改正
  - 11条（組織的な研修等）●改正
- §4 教員の資格（§Ⅳ大学の組織の章で説明）
  - 12条（学長の資格）
  - 13条（教授の資格）
  - 14条（准教授の資格）
  - 15条（講師の資格）
  - 16条（助教の資格）
  - 17条（助手の資格）

Ⅲ　収容定員
- §5 収容定員
  - 18条

Ⅳ　教育課程等
- §6 教育課程
  - 19条（教育課程の編成方針）●改正
  - 19条の2（連携開設科目）
  - 20条（教育課程の編成方法）
  - 21条（単位）●改正
  - 22条（1年間の授業期間）●改正
  - 23条（各授業科目の授業期間）●改正
  - 24条（授業を行う学生数）
- §7 卒業の要件等
  - 25条（授業の方法）
  - 25条の2（成績評価基準等の明示等）
  - 26条（昼夜開講制）●改正
  - 27条（単位の授与）
  - 27条の2（履修科目の登録の上限）
  - 27条の3（連携開設科目の単位の認定）
  - 28条（専門職,短期の大学での履修等）
  - 29条（大学以外の教育施設等での学修）
  - 30条（入学前の既修得単位等の認定）
  - 30条の2（長期にわたる教育課程の履修）
  - 31条（科目等履修生等）
  - 32条（卒業の要件）●改正
  - 33条（授業時間制をとる場合の特例）

Ⅴ　校地、校舎等の施設及び設備
- §8　校地,校舎等の施設及び設備等
  - 34条（校地）●改正
  - 35条（運動場等）●改正
  - 36条（校舎）●改正
  - 37条（校地の面積）
  - 37条の2（校舎の面積）
  - 38条（図書館）●改正
  - 39条（附属施設）●改正
  - 39条の2（薬学実務実習に必要な施設）
  - 40条（機械、器具等）
  - 40条の2（2以上の校地の施設及び設備）
  - 40条の3（教育研究環境の整備）
  - 40条の4（大学等の名称）

Ⅵ　学部等連係課程、専門職課程等課程等
- §9～13（共同教育課程、国際連携学科等の定め等）
  - 略

Ⅶ　教育課程等先導的取組の特例
- §14（教育課程等先導的取組の特例）●新設

⑥大学設置基準の詳細（令和4年に改正された条文は下線と★を付しました。）

Ⅰ　総則関係

1）総則・理念等

①大学設置基準は、大学を設置するのに必要な最低の基準である。（第1条1，2）

②点検・評価に基づき教育研究活動等不断の見直しを行い、より向上に努力すること。（第1条3★）

③３つのポリシーに基づき、公平妥当な入試、体系的な教育課程の編成の明確化（第2条の2★・第19条★）。

2）自己点検・評価結果や認証評価結果（法令の適合性）を踏まえ、教育研究活動等について不断の見直し（情報公開の確認）を行うことが加えられました。（1条第3項）

Ⅱ　教育研究実施組織等

1）教育研究実施組織等における教職協働による専属のシステム（第7条★）

①必要に応じて教員と事務職員等からなる教育研究実施組織を編制し、相互に適切な役割分担の下での協働や連携体制を確保しつつ、教育研究に係る責任の所在を明確にする。（第7条2★）

②課外活動、修学、進路選択、厚生補導に加え、そのために必要な業務を行うため、専属の教員又は事務職員等を置く組織を編制する。（第7条3★，4★）

注）「Organization」ではなく、「System」を指す「組織」であり、新たに設けるのではなく教員・事務職員等の役割・機能の関係性等が、学内規程等において明確であることが必要。

③キャリアガイダンスの制度化（第7条3★，4★）

2）基幹教員制度と定義

①専任教員→基幹教員　「専任教員」を「基幹教員」に改めます。専任教員から基幹教員と法令上の用語は変わりますが、それぞれの機能・役割を担う教職員を置くという従前の趣旨と変わりはありません。必要最低教員数の算定を「一の大学」に限らず複数の大学・学部での算入も可能（4

分の１まで）とすることなどを規定。これにより、教員が十分に養成されていない分野等で、民間企業からの実務家教員の登用や、複数大学等でのクロスアポイントメント（→P71）等が促進され、学内の学部を越えた教育が可能となります。

②「「主要授業科目」（→P123）は原則として基幹教員に、主要授業科目以外の授業科目についてはなるべく基幹教員に担当させるもの」」（第8条1★）となります。

③「基幹教員」の定義…下表の①と②の（A）か（B）を満たすもの（文科省解説）

①	教育課程の編成その他の学部の運営について責任を担う教員 （教授会や教務委員会など当該学部の教育課程の編成等について審議を行う会議に参画する者等）
② 右の記載のいずれか	（A）当該学部の教育課程に係る主要授業科目を担当するもの （一年につき８単位以上担当）で、月額報酬20万円以上）の者（を想定）
	（B）一の大学でフルタイム雇用

学長レベルであっても、授業を全く行っていない場合は基幹教員とはならないことに留意

出典：文部科学省ウェブサイトを一部アレンジhttps://www.mext.go.jp/content/20220930-mxt_daigakuc01-000025195_05.pdf）

②のAの「教育課程の編成等審議する会議」参加に虚偽があれば、学校教育法15条改善勧告や変更命令の対象となる。

3）基幹教員数の算定

大学における基幹教員の数は別表第一、別表第二で定められた数値を合わせた数値です（第10条★）。

別表第一	当該大学に置く学部の種類及び規模に応じ定める基幹教員の数

＋

別表第二	大学全体の収容定員に応じ定める基幹教員の数

（専門職学科については、別の表、共同学科を置く学部には46条、工学部は49条の4が適用される。）

4）基幹教員の必要最低教員数の算出について（第十条　関係別表第一、別表第二の備考★）

基幹教員の必要最低数は、上記に示したような別表第一、別表第二の備考により算出します。

備考に書いてあることをまとめたものが次頁の表です。複数算入枠は、適切な教育研究活動等が行われるよう教員のエフォート管理に注意が必要です。

エフォートとは、研究者の全仕事時間 100％に対する当該研究の実施に必要とする時間の配分割合（％）（→P119）。

エフォート（プロジェクト従事率（年間））＝ 当該プロジェクト従事時間 ÷ 年間の全仕事時間（※）

（※）裁量労働制が適用されている場合は、みなし労働時間とする。

「エフォート管理の運用統一について（令和２年３月３１日 令和２年１０月２日改正）資金配分機関及び所管関係府省申し合わせ
https://www.mext.go.jp/content/20201002-mxt_sinkou02-000007711-05.pdf

別表第一　学部の種類及び規模に応じ定める基幹教員数 第十条関係）
イ　（医学又は歯学に関する学部以外の）学部に係る基幹教員数
⑴　（専門職学科以外の）学科に係るもの

学部の種類	一学科で組織する場合の基幹教員数		二以上の学科（専門職学科を含む。）で組織する場合の一学科の収容定員並びに基幹教員数	
	収容定員	基幹教員数	収容定員	基幹教員数
文学関係	320―600	10	200―400	6
教育学・保育	320―600	10	200―400	6

備考
一. この表に定める基幹教員数の半数以上は原則として教授とすることとし、3/4以上は専ら当該大学の教育研究に従事する教員とする（⑵の表及び別表第二において同じ。）。

二　この表に定める基幹教員数には、一の基幹教員は、同一大学ごとに一の学部についてのみ算入するものとする。ただし、複数の学部（他の大学若しくは専門職大学に置かれる学部又は短期大学に置かれる学科を含む。以下この号及び次号において同じ。）において、それぞれ一年につき八単位以上の当該学部の教育課程に係る授業科目を担当する基幹教員は、当該学部について当該基幹教員数の四分の一の範囲内で算入することができる（（２）及びロの表において同じ。）

別表第二　大学全体の収容定員に応じ定める基幹教員数

大学全体の収容定員	400人	800人
基幹教員数	7	12

備考
一　この表に定める収容定員は、医学又は歯学に関する学部以外の学部の収容定員を合計した数。
二　この表に定める基幹教員数には、別表第一の基幹教員数に算入した基幹教員の数を算入しない。
三　収容定員がこの表に定める数に満たない場合の基幹教員数には、その二割の範囲内において基幹教員以外の教員（助手を除く。）を算入することができる。ただし、この表に定める基幹教員数の四分の一を超えないものとする

①教育課程の編成	②当該学部の教育課程の授業科目の担当			別表1	別表2
教育課程の編成その他の学部の運営について責任を担う	基幹教員	専ら従事する者に限る	主要授業科目を担当する教員	3／4以上の「専ら…従事する教員」の数に算入	＋ 3／4以上の「専ら…教員」に算入
		専ら従事する者	年間８単位以上の授業科目を担当		
		従事しない者	年間８単位以上の授業科目を担当	1／4以内の複数算入枠に算入。各8単位以上担当	別表一の参入教員は除く
責任を負わない	基幹教員以外の教員				

出典：法政大学常勤監事　近藤清之氏資料（2023.3.17　弊会主催セミナー「大学設置基準への対応」）に編集部加筆

5）基幹教員等に係る情報公表

①基幹教員の情報（学位、教育及び研究業績、経歴など）を常時公表し、外部からの検証を受けて質の保証を図ること。

②情報開示項目は、基幹教員数、個々の基幹教員の学位、教育・研究業績、経歴、所属、教育課程の編成、その他の学部運営の参画状況、担当科目（主要／主要以外、単位数）。

③複数の大学において基幹教員となる教員の勤務先について把握している限りにおいて公表する

④基幹教員以外の教員についても、引き続き適切に行う情報の公開が必要があること。

（「大学設置基準等の一部を改正する省令等の公布について（通知）」（文科高第963号 令和4年9月30日 文部科学省高等教育局長 通知））

6）基幹教員と労務管理（文部科学省　基準改正解説より）

基幹教員が複数の機関に雇用される場合、兼業とクロスアポイントメント制度（在籍型出向））のスキーム（目的を達成するための計画）の活用が想定されます

①兼業のスキーム

基幹教員：自身による就業時間や健康管理、職務専念義務、秘密保持義務、競業避止義務へ意識する必要があること。雇用保険等の適用がない場合がある、労災保険、雇用保険、厚生年金保険、健康保険の取扱についてなどに留意。

大学：必要な就業時間の把握・管理や健康管理への対応、職務専念義務、秘密保持義務、競業避止義務をどう確保するかを考慮。なお、労働基準法の労働時間規制、労働安全衛生法の安全衛生規制等を潜脱するような形態や、合理的な理由なく労働条件等を労働者の不利益に変更するような形態で行われる副業・兼業は、認められない。

②クロスアポイントメント制度　（→P74）

在籍型出向の制度に関して、教員・研究者が2つ以上の機関に雇用されつつ、一定のエフォート管理の下で、医療保険・年金や退職金等の面において教員・研究者に不利益が生じないような環境を整備する観点から、教員・研究者が出向元及び出向先機関の間で、それぞれと雇用契約関係を結び、各機関の責任の下で業務を行うことが可能となる仕組み。

7）指導補助者（TA等）について

当該大学の学生その他の大学が定める者に、授業を補助させることができる（第8条3★）。これにより、TA （→P122）などの授業への参画が促進され、学生へのより手厚い指導体制が確保され、より一層の教

育の質向上が期待されます。研修も義務付けられました。（第11条の3）

○（授業科目の担当）

第８条　２略

３　大学は、各授業科目について、当該授業科目を担当する教員以外の教員、学生その他の大学が定める者（以下「指導補助者」という。）に補助させることができ、また、十分な教育効果を上げることができると認められる場合は、当該授業科目を担当する教員の指導計画に基づき、指導補助者に授業の一部を分担させることができる。

8）組織的な研修等 （→P63）

①FD・SD　教職協働の促進の観点から、改正前の大学設置基準上ではFDは25条、SDは42条の3と離れて規定されていましたが、教職協働の観点から第11条に集約し、その教員及び事務職員等に能力及び資質を向上させるための研修を行うものとされています。

FD（ファカルティ・ディベロップメント）の**義務化**：大学は、当該大学の授業の内容及び方法の改善を図るために組織的な研修及び研究を実施することが義務　（旧基準第25条の3→R4基準改正　第11条第2項）

SD（スタッフ・ディベロップメント）の**義務化**：大学運営をより高度化するため、SDが義務付けられ、対象となるスタッフとは、事務職員だけではなく、教員や学長等の大学執行部、技術職員等も含まれる。「各大学等の実情に応じ、職員の研修実施方針・計画を全学的に策定するなどが期待される」と留意事項に書き込まれている（旧基準第42条の3→R4基準改正　第11条第1項）。

②質保証の観点から、TA （→P122）やSA （→P121）等の指導授業を補助させること等ができる当該大学の学生その他の大学が定める者について、研修の実施が新たに義務付けられました（第11条3*）。

○（組織的な研修等）

第11条 大学は、当該大学の教育研究活動等の適切かつ効果的な運営を図るため、その教員及び事務職員等に必要な知識及び技能を習得させ、並びにその能力及び資質を向上させるための研修（次項に規定する研修に該当するものを除く）の機会を設けることその他必要な取組を行うものとする。

２ 大学は、学生に対する教育の充実を図るため、当該大学の授業の内容及び方法を改善するための組織的な研修及び研究を行うものとする。

３ 大学は、指導補助者（教員を除く）に対し、必要な研修を行うものとする。

Ⅲ　収容定員

1）　収容定員とは

収容定員は、学科又は課程を単位とし、学部ごとに学則で定めます（第18条）。

「収容定員数とは、大学が、その教員組織や校地校舎等の施設などに照らし、受け入れることができる学生の数のことです。（略）　大学設置基準においては、大学は、教育にふさわしい環境の確保のため、収容定員（収容定員数）に基づき在学者数（在籍者数）を適正に管理することとされています。」

（私学事業団「大学ポートレート用語辞典」）

2）収容定員と在学者数・入学定員の違い

収容定員は１年次から修業年限（短大2 ～ 3年、大学は4年or6年）まで合わせたもので、その教員組織や校地校舎等の施設などに照らし、受け入れることができる学生の数です。在籍者数とは、実際に大学に在籍している学生の数。入学定員は、毎年度、その大学が決めた入学させる学生の数で、募集定員は、入試の時期(前期・後期)や選別方法(推薦・帰国子女・社会人の枠など)によって募集している入学者の人数であり、その総和が入学定員となります。

Ⅳ　教育課程等

ⅰ　教育課程

1）授業期間について

①**1年間にわたる授業期間**…1年間の授業期間（35週）定期試験が含まれる

○（一年間の授業期間）

第22条 一年間の授業を行う期間は、35週にわたることを原則とする。

②各授業科目の授業期間…各授業期間を10週又は15週を原則とするとの考え方を改め、大学の判断により多様な期間（8週、10週、15週を例示）が設定できること等を明確化しました。

○（各授業科目の授業期間）

第23条 各授業科目の授業は、十分な教育効果を上げることができるよう、8週、10週、15週その他の大学が定める適切な期間を単位として行うものとする。

2）授業の方法 （「大学・高専における遠隔教育の実施に関するガイドライン」→P104）

授業の方法については大学設置基準に改正はなく、遠隔教育については上限60時間に変わりはありません。しかし、沿革授業と面接事業と組み合わせる場合は遠隔授業に算定しないなど、「大学・高専における遠隔教育の実施に関するガイドライン 」（令和5年3月28日　文部科学省高等教育局長）に基づき遂行されます。

本ガイドラインは、遠隔教育の利点と課題を踏まえ，遠隔教育の質保証や，面接授業（27条）と遠隔授業（25条の2）を効果的に組み合わせたハイブリッド型教育の確立に資することを目的に，大学等における遠隔教育について専門的な知見者により策定されました。

「大学等における遠隔授業の取扱いについて（周知）」　　文科高第9号令和3年4月2日

1．遠隔授業の上限に関する取扱いについては、「60単位を超えないもの」（32条の5）として上限が設定されている。しかし面接授業は，主に教室等において対面で授業を行うことを想定したものなので、例えば面接授業を同時性又は即応性を持つ双方向性（対話性）を有し，面接授業に相当する教育効果を有すると認められる遠隔授業であれば、授業時数が半数を超えない範囲で行われる授業科目については，面接授業の授業科目として取り扱い，上記の上限の算定に含める必要はない。

・上記取扱いにより，例えば，海外に在住する日本人学生や自国にいる外国人留学生に対し，海外から遠隔授業による履修や日本を訪問し国内で面接授業を履修するなど，柔軟に教育手法を組み合わせて教育が行えるなど，大学での創意工夫が可能であること。

・なお，通信教育を行う大学以外の大学は，学生がキャンパスに来て学ぶことを前提とした学校であり，各大学は，学生に寄り添った対応を講じ，学生が安心し，十分納得した形で学修できる環境を確保することが重要。

○（授業の方法）

第25条　授業は、講義、演習、実験、実習若しくは実技のいずれかにより又はこれらの併用により行うものとする。

2　大学は、文部科学大臣が別に定めるところにより、前項の授業を、**多様なメディアを高度に利用して**、当該授業を行う教室等以外の場所で履修させることができる。

3　大学は、第一項の授業を、外国において履修させることができる。前項の規定により、多様なメディアを高度に利用して、当該授業を行う教室等以外の場所で履修させる場合についても、同様とする。

4　大学は、文部科学大臣が別に定めるところにより、第一項の授業の一部を、校舎及び附属施設以外の場所で行うことができる。

3）成績評価基準等の明示等

①シラバス：授業内容と成績基準、1年間の授業の計画等を学生に予め明示するもの。各回の授業に求められる予習についての具体的指示を提供する役割も期待されています（第25条の2）。（→P100）

シラバスは在学生のみならず、受験生の進学先の参考となるようインターネット等による公表が求められています。（大学等における新型コロナウイルス感染症対策の徹底と学生の学修機会の確保について（周知）令和2年12月23日）

②成績評価の厳格化（GPA制度）（第25条の2第2項）：学修評価と卒業認定に当たっては客観性及び厳格性を確保するため、学生に対して大学はその基準を予め明示し、当該基準に従って適切に行う、この厳格な成績評価を「GPA制度」といい、アメリカでは一般的に行われています。（→P100）

○（成績評価基準等の明示等）

第25条の2　大学は、学生に対して、授業の方法及び内容並びに一年間の授業の計画をあらかじめ明示するものとする。

2　大学は、学修の成果に係る評価及び卒業の認定に当たつては、客観性及び厳格性を確保するため、学生に対してその基準をあらかじめ明示するとともに、当該基準にしたがつて適切に行うものとする。

4）連携開設科目の単位（第19条の2第1項）：卒業単位124単位は、自ら開設した単位に限定されていましたが、2021年2月改正で、大学等連携推進法人や一法人複数大学法人のなかで、他の大学が当該大学と連携して開設した授業科目（連携開設科目）の単位が上限を30単位まで自ら開設した単位に認められました。

★単位互換と共同教育課程との違い

他の大学等で修得した単位や大学以外の教育施設等による学修をもって自大学の授業科目の履修とみなす「いわゆる**単位互換**」（上限60単位、第28条1項）、A大学B大学が共同してそれぞれ課程を編成する**共同教育課程**（上限それぞれ31単位、第43条1項）とは異なるので注意下さい。

ii　卒業の要件等

1）単位の計算方法…1単位の授業科目を45時間

「単位」とは、各科目の学修の必要な時間であり、1単位＝授業外学修も含め標準45時間という考え方に変更はありません。改正前の授業方法別（講義と演習、実験実習等）に基準を定めた規定を廃止し、様々な授業方法を柔軟に組み合わせた授業科目の設定も可能になりました。

ただし、医療関係職種養成所指定規則等では、１単位当たりの実験、実習及び実技の授業時間の下限が改正前と同様の30時間であることに注意が必要です。

○第21条 [略]

2 前項の単位数を定めるに当たつては、一単位の授業科目を45時間の学修を必要とする内容をもつて構成することを標準とし、第25条第1項に規定する授業の方法に応じ、当該授業による教育効果、授業時間外に必要な学修等を考慮して、おおむね15時間から45時間までの範囲で大学が定める時間の授業をもつて一単位として単位数を計算するものとする。ただし、芸術等の分野における個人指導による実技の授業については、大学が定める時間の授業をもつて一単位とすることができる。

2）単位の授与について

これまで、例外規定としていたレポート等も含めた多様な学修評価方法により、単位を与えることを明確化しました。

○（単位の授与）

第27条 大学は、一の授業科目を履修した学生に対しては、試験その他の大学が定める適切な方法により学修の成果を評価して単位を与えるものとする。

3）卒業要件の明確化…124単位

大学の卒業の要件を「124単位以上を修得する」等の単位量に係る要件のみとし、「大学に４年以上在学」する修業年限に係る要件を撤廃しました。これにより９月に海外の大学院に進学することなどスムーズになりました。ただし、学校教育法第87条の「大学の修業年限は、四年とする。」との規定は変わりありません。

○（卒業の要件）

第32条　卒業の要件は、124単位以上を修得することのほか、大学が定めることとする。

1～4　略

5　前4項又は第42条の9の規定により卒業の要件として修得すべき単位数のうち、第25条第2項の授業の方法により修得する。

V　校地、校舎等の施設及び設備について

1）校地について

校地（空地）について、教員と学生、学生同士の交流の場を有するものと規定し、運動場・体育館等のスポーツ施設、講堂、寄宿舎・課外活動施設等の厚生補導施設について、必要に応じ設ける

施設として一般化しました。

○（校地）

第34条 校地は、学生間の交流及び学生と教員等との間の交流が十分に行えるなどの教育にふさわしい環境をもち、校舎の敷地には、学生が交流、休息その他に利用するのに適当な空地を有するものとする。

○（運動場等）

第35条 大学は、学生に対する教育又は厚生補導を行う上で必要に応じ、運動場、体育館その他のスポーツ施設、講堂及び寄宿舎、課外活動施設その他の厚生補導施設を設けるものとする。

2）校舎等の施設及び設備について

教育研究上の機能として必要となる教室、研究室等必要な施設を備えた校舎を有すること、研究室は基幹教員に加え、従来の授業を担当しない専任教員も対象に必ず備えることが規定されました。

○（校舎）

第36条 大学は、その組織及び規模に応じ、教育研究に支障のないよう、教室、研究室、図書館、医務室、事務室その他必要な施設を備えた校舎を有するものとする。

2 教室は、学科又は課程に応じ、講義、演習、実験、実習又は実技を行うのに必要な種類と数を備えるものとする。

3 研究室は、基幹教員及び専ら当該大学の教育研究に従事する教員に対しては必ず備えるものとする。

3）図書館

図書館の資料に、電子ジャーナル等「電磁的方法により提供される学術情報」が加わりました。また、閲覧室、書庫、座席等に関する定めは廃止されました。

○（教育研究上必要な資料及び図書館）

第35条 大学は、教育研究を促進するため、学部の種類、規模等に応じ、図書、学術雑誌、電磁的方法（電子情報処理組織を使用する方法その他の情報通信の技術を利用する方法をいう。）により提供される学術情報その他の教育研究上必要な資料（次項において「教育研究上必要な資料」という。）を、図書館を中心に系統的に整備し、学生、教員及び事務職員等へ提供するものとする。

2 図書館は、教育研究上必要な資料の収集、整理を行うほか、その提供に当たって必要な情報の処理及び提供のシステムの整備その他の教育研究上の資料の利用を促進するために必要な環境の整備に努めるとともに、教育研究上必要な資料の提供に関し、他の大学の図書館等との協力に努めるものとする。

3 図書館には、その機能を十分に発揮させるために必要な専門的職員その他の専属の教員又は事務職員等を置くものとする。

Ⅵ　教育課程等に係る特例制度について

内部質保証等の体制が十分機能していること等を要件として、教育課程等に係る特例対象規定の一部又は全部によらないことができる特例制度が新設されました。

基準によらない大学の創意工夫に基づく先導的な取組の促進と、その効果検証を踏まえ、今後の大学設置基準の改善等につながることが期待されています。

Ⅶ　経過措置

本改正の施行期日は令和４年10月１日です。以下の経過措置を設けています。

①令和６年度に行おうとする設置等の認可の申請に係る審査や令和５年度・令和６年度に行おうとする設置等の届出については、大学等の選択により、施行前の規定を適用することも施行後の規定を適用することも可能であること。

②令和７年度に行おうとする設置等の認可の申請や届出については、施行後の規定を適用すること。

（ただし、改組を一部の組織（学部・学科等）で行う場合であっても、大学の組織全体に改正後の規定が適用されるため、改組に当たっては事前に全学的な確認・準備が必要。）

3. 大学ガバナンスコード（Governance code）策定の推奨 (→P62)

ガバナンスコード (→P60) とは、上場企業等がガバナンス体制を構築する際に守るべき行動規範を示したものです。イギリスで発祥し、後に日本の企業もガバナンスコードを取り入れるようになりました。大学にもガバナンスの強化が求められ、令和元年より導入されました。

これはガバナンス強化を図るためのルールを、法で定めるのではなく、「code」(本来、規則を意味するが、規範となる経営の指針) を所属の団体が自主的に決め、このコードを遵守しているか (コンプライ)、遵守していない場合はその理由を説明 (エクスプレイン) ことを社会に公表（これを「Comply or Explain」といいます。）することで、ステークホルダーへの社会的責任を果たす制度です。

私立大学連盟、私立大学協会、国立大学協会、公立大学協会等それぞれガバナンスコードを策定し、各大学はそれぞれの所属団体ごとのガバナンスコードの遵守に努めています。

4. 私立大学関連の法規

(1) 私立学校法 (昭和24年法律第270号　令和元年6月24日（令和元年法律第37号）改正　施行：令和2年4月1日)

私立学校法は、私立学校の設置主体である学校法人の制度と私学行政、私学助成などを定めた法律です。この法律は、「私立学校の特性 (財産を寄付し設立・運営される) に鑑み、その自主性 (建学の精神・校風) を重んじ、公共性を高めることによって」私学の健全な発展を図ることが目的です (第1条)。

令和元年に大幅な改正が行われました (→P62) が2023 (令和5年) 年4月26日に再び大改正が制定され、2025 (令和7) 年4月1日より施行されます。そのスケジュールは次頁の表のとおりです。

30頁の表は、私立学校法の現行（令和5年5月8日施行）と令和7年4月1日施行の目次の対照で、主に学校法人の管理について抜本的に改正されたのが判ります。来年の施行を踏まえて説明いたします。

私立学校法の一部を改正する法律の概要

【趣旨】

・我が国の公教育を支える私立学校が、社会の信頼を得て、一層発展していくため、社会の要請に応え得る実効性のあるガバナンス改革を推進するための制度改正を行う。

・幅広い関係者の意見の反映、逸脱した業務執行の防止を図るため、理事、監事、評議員及び会計監査人の資格、選任及び解任の手続等並びに理事会及び評議員会の職務及び運営等の学校法人の管理運営制度に関する規定や、理事等の特別背任罪等の罰則について定める。

【概要】

「執行と監視・監督の役割の明確化・分離」の考え方から、理事・理事会、監事及び評議員・評議員会の権限分配を整理し、私立学校の特性に応じた形で「建設的な協働と相互けん制」を確立

1．役員等の資格・選解任の手続等と各機関の職務・運営等の管理運営制度の見直し

①理事・理事会

・理事選任機関を寄附行為で定める。理事の選任に当たって、理事選任機関はあらかじめ評議員会の意見を聴くこととする。(第29条、第30条関係)

・理事長の選定は理事会で行う。(第37条関係)

②監事

・監事の選解任は評議員会の決議によって行い、役員近親者の就任を禁止する。(第31条、第45条、第46条、第48条関係)

③評議員・評議員会

・理事と評議員の兼職を禁止し、評議員の下限定数は、理事の定数を超える数まで引き下げる。（第18条、第31条関係）
・理事・理事会により選任される評議員の割合や、評議員の総数に占める役員近親者及び教職員等の割合に一定の上限を設ける。（第62条関係）
・評議員会は、選任機関が機能しない場合に理事の解任を選任機関に求めたり、監事が機能しない場合に理事の行為の差止請求・責任追及を監事に求めたりすることができることとする。（第33条、第67条、第140条関係）

④会計監査人
・大臣所轄学校法人等では、会計監査人による会計監査を制度化し、その選解任の手続や欠格要件等を定める。（第80条～第87条、第144条関係）

2．学校法人の意思決定の在り方の見直し

・大臣所轄学校法人等においては、学校法人の基礎的変更に係る事項（任意解散・合併）及び寄附行為の変更（軽微な変更を除く。）につき、理事会の決定に加えて評議員会の決議を要することとする。（第150条関係）

3．その他
・監事・会計監査人に子法人の調査権限を付与する。（第53条、第86条関係）
・会計、情報公開、訴訟等に関する規定を整備する。（第101条～第107条、第137条～第142条、第149条、第151条関係）
・役員等による特別背任、目的外の投機取引、贈収賄及び不正手段での認可取得についての罰則を整備する。（第157条～第162条関係）
【施行日・経過措置】　令和７年４月１日（評議員会の構成等については経過措置を設ける）

私立学校法改正に係る基本的な考え方

1．ガバナンス改革の目的
ガバナンス改革は、学校法人自らが主体性をもって行わなければならない。
ガバナンス改革は「手段」にすぎず、それ自体が「目的」ではない。
ガバナンス改革は、私学助成や基金などの他の政策手段とあいまって、私立学校の教育・研究の質を向上させるための１つの手段である。

2．理事会と評議員会の権限関係
今回の改正では、「意思決定機関」は理事会であり、評議員会は「諮問機関」であるという基本的な枠組みは維持する。
その上で、評議員会等による理事会等に対するチェック機能を高めることとしている

3．「対立」ではなく「協働」
今回の改正においては、執行（理事会）と監視・監督（評議員等）の役割を分離することを基本的な考えとしているが、理事会と評議員会が対立してしまうことは望ましくない。
理事会と評議員会が相互にけん制しあいながらも、建設的に協力し、時には議論しあい、充実した納得感のある学校法人運営を目指すものである。

4．不祥事を防止する複層的な仕組み
今回の改正では、不祥事を防止する仕組みとして、人事上の仕組みのほか、不正等の防止や緊急措置の仕組みを整備している。

「私立学校法の改正について」【令和５年12月12日更新】」文部科学省HP
https://www.mext.go.jp/content/20231218-mxt_sigakugy-000021776-1.pdf

1）設置者―学校法人と私立学校の関係（第2条、第3条　新旧変更なし）

①学校法人（→P47）

私立学校の設置主体は学校法人です（第3条）。法人とは「法人格」という「法律に基づいて団体に与えられる法律上の人格」（民法第33条）です。私立学校法で、私立学校の設置を目的とする法人格が学校法人です。学校教育法の1条校（→P16）、専門職大学・専門職大学院等、専門学校を設置します。一法人一学校だけではなく、一法人のなかに大学や短大中高など複数の学校を設立している法人も

私立学校法の現行（令和5年5月8日施行）と令和7年4月1日施行の対照

令和5年5月8日施行	令和7年4月1日施行
目次	目次
第1章　総則（第1条—第4条）	第1章　総則（第4条—第4条）
第2章　私立学校に関する教育行政（第5条—第23条）	第2章　私立学校に関する教育行政（第5条—第15条）
第3章　学校法人	第3章　学校法人
第1節　通則（第24条—第29条）	第1節　通則（第16条—第22条）
第2節　設立（第30条—第34条）	第2節　設立（第23条—第28条）
第3節　管理	第3節　機関
第1款 役員及び理事会（第35条—第40条の5）	第1款 理事会及び理事
	第1目 理事の選任及び解任等（第29条—第35条）
	第2目 理事会及び理事の職務等（第36条—第40条）
	第3目 理事会の運営（第41条—第44条）
	第2款　監事 ★新設
	第1目 選任及び解任等（第45条—第50条）
	第2目 職務等（第五十二条—第六十条）
第2款 評議員及び評議員会（第41条—第44条）	第3款　評議員会及び評議員
	第1目 評議員の選任及び解任等（第61条—第65条）
	第2目 評議員会及び評議員の職務等（第66条—第68条）
	第3目 評議員会の運営（第69条—第79条）
	第4款　会計監査人　★新設
	第1目 選任及び解任等（第80条—第85条）
	第2目 職務等（第86条・第87条）
第3款 役員の損害賠償責任等（第44条の2—第44条の5）	第5款 役員、評議員又は会計監査人の損害賠償責任等（第88条—第97条）
第5款 予算及び事業計画並びに事業に関する中期的な	第4節　予算及び事業計画等（第98条—第100条）
計画等（第45条の2—第49条）	第5節　会計並びに計算書類等及び財産目録等（第101条—第107条）★新設
第4款 寄附行為変更の認可等（第45条）	第6節　寄附行為の変更（第108条）
第4節　解散（第50条—第58条）	第7節　解散及び清算並びに合併（第109条—第131条）
第5節　助成及び監督（第59条—第63条の2）	第8節　助成及び監督（第132条—第137条）
	第9節　訴訟等　★新設
	第1款 学校法人の組織に関する訴え（第138条・第139条）
	第2款 責任追及の訴え（第140条・第141条）
	第3款 会計帳簿等の提出命令（第142条）
	第4章　大臣所轄学校法人等の特例（第143条—第151条）★新設
第4章　雑則（第64条—第65条の4）	第5章　雑則（第百五十二条—第百五十六条）
第5章　罰則（第66条・第67条）	第6章　罰則（第百五十七条—第百六十四条）
附則	附則

私立学校法改正の全体スケジュール（大臣所轄学校法人のケース）

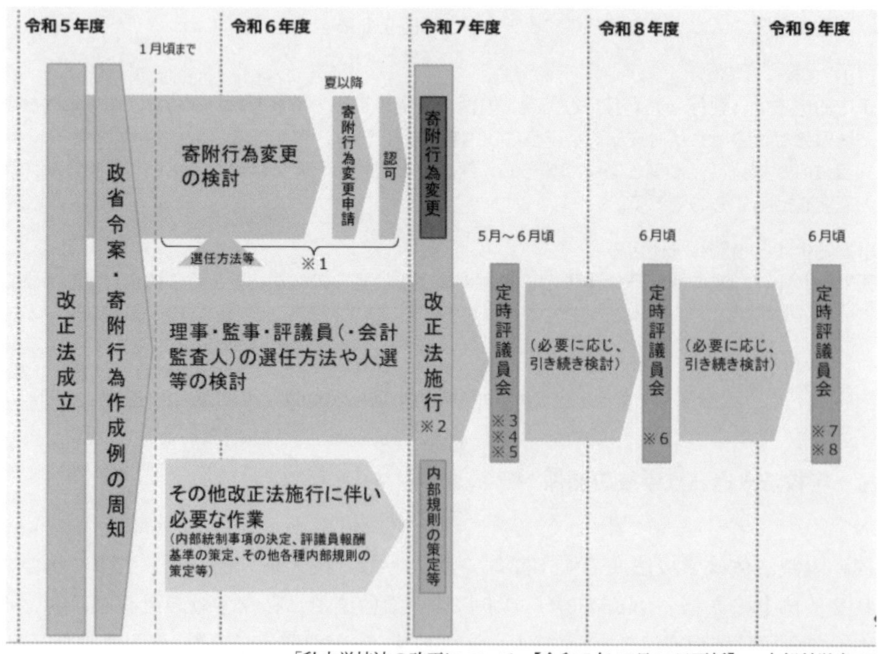

「私立学校法の改正について」【令和５年12月12日更新】」　文部科学省HP
https://www.mext.go.jp/content/20231218-mxt_sigakugy-000021776-1.pdf

多くあります。また、専門学校等のみの法人の設立が認められています（第64条第4項）。この法人は、法令上、私立学校法第64条第4項の法人といい、「準学校法人」と記す法令もあります。（私立学校法施行規則　第3条の3　松坂浩史著『逐条解説私立学校法三訂版』2020年学校経理研究会）。「学校法人」という名称は、学校法人以外の使用は禁止されていますが、この準学校法人においては使用を認められています（第65条）。

②学校法人の設置形態の通称

日本私立学校振興・共済事業団『今日の私学財政』では、大学・大学院（短大以下の学校を含む）を設置する学校法人を「大学法人」、短期大学（高校以下の学校を含む）を設置する学校法人を「短期大学法人」、高等学校（中学校以下の学校を含む）を設置する法人を「高等学校法人」と称します。

③学校法人以外の設置主体

運営に足る要件を満たし所轄庁に認可されれば、学校法人以外の法人でも学校の設立が認められています（学校教育法第127条）。平成15年の「**構造改革特別区域法**」の改正により株式会社やNPO法人が学校を設置することが可能となっています。現在、株式会社立はデジタルハリウッド大学、サイバー大学、ビジネス・ブレークスルー大学などが設置されています。

学校法人ではなく、専修学校や各種学校のみの法人も設立が認められています（→P16　私立学校法第64条第4項（改正後は152条5項））。その他、特殊法人でありながら学校法人でもある、放送大学学園（放送大学学園法）、学校法人 沖縄科学技術大学院大学学園（沖縄科学技術大学院大学学園法）があります。

＜参考　国立大学法人、公立大学法人＞

国立大学は国立大学法人法により国立大学法人、法人化された公立大学は地方独立行政法人法による公立大学法人が設置者となります。公立大学はまだ法人化していない大学もあり、設置者は、地方自治体であったり、市町村であたっり複数の自治体により設置された事務組合であったり多様です。また、私大同様に一法人複数大学もあるなど形態も多様です（中田晃著『可能性としての公立大学政策』 2021　学校経理研究会）。

2）所轄庁　（第4条）

所轄庁とは、認可などの権限を有する行政機関のことで、私立学校を設置する学校法人の所轄庁は、大学・短大・高専以上は文科大臣所轄、それ以外は知事所轄と定められています（私学法第4条）。

一方、学校教育法44条において「私立の小学校は都道府県知事の所管に属する」と規定されていることから、その規定が準用され、法人は大臣所轄であっても、設置する学校が知事所轄に該当するものであれば、その運営については知事の所管となります。例えば大学附属の高校は、管理運営については大臣所轄ですが、学則を変更するには、その高校が所在する都道府県知事に届けます。

なお、令和5年の私学法改正で、知事所轄学校法人であっても、①事業活動及び収益事業による経常的な収入が10億円以上、または負債20億円以上でかつ3以上の都道府県において学校教育活動を行っている法人は、大臣所轄学校法人等と同等の扱いをすると予定されています。

所轄庁	文部科学大臣	都道府県知事
管理面	大学、短期大学及び高等専門学校を設置する学校法人	大臣所轄以外の私立学校のみを設置する学校法人 専修学校・各種学校のみ設置する準学校法人
教務面	大学、短期大学及び高等専門学校	高校・中学校・小学校・幼稚園・専修学校・各種学校

私立学校法は私立学校の自主性を尊重するため、所轄庁の権限は国公立の学校の場合に比べて限定されている（同法第5条）とともに、所轄庁がその権限を行使する際にも、あらかじめ**大学設置・学校法人審議会**又は**私立学校審議会**の意見を聴かなければならないこととし、私立学校関係者の意見が反映されるような制度上の措置がなされています（同法第8条、第31条、第60-62条）。

3）寄附行為（第30条）

①「寄附行為」とは

寄附行為とは、学校法人の根本規則であって、法人の現在及び将来の在り方を規制するものであり、企業でいう「定款」にあたります。その目的、名称、設置する私立学校の種類、名称等所定の事項を定め、法律に定められた事項（必要的記載事項）のほか、法令の規定に違反しない限り、任意的な事項を定めることができます。

寄附行為の変更には一部の届出事項を除き、所轄庁の認可が必要となります（私学法第45条、同法施行規則第4条　→P19「主な認可・届出事項等一覧」 参照）。

令和5年の私立学校法改正では、大幅に役員等の資格・選解任の手続等と各機関の職務・運営等の管理運営制度の見直しが行われ、令和7年4月1日施行されることから、今期の理事会・評議員会等に図ったうえ、寄附行為変更申請をし、文科省の認可を受けなければなりません。また、改正法施行に伴う必要な作業も今年度中に行う必要があります。

②なぜ「寄附行為」という名称なのか？

戦前の旧民法時代から、財産を寄附することにより財団法人が設立され、その財産をどう運用するか定めた基本規則を「寄附行為」と呼んでいました。私立学校は、戦前は旧民法の財団法人として設立された経緯から、戦後「学校法人」となっても「寄附行為」の名称が受け継がれています。

③「寄附行為」に定められた必要的記載事項と届出事項

・「寄附行為」に定められた必要的記載事項（法律に定められた事項）

1）目的　2）学校法人の名称　3）設置する私立学校の名称及び当該私立学校の課程、学部、大学院、大学院の研究科、学科又は部を置く場合にはその名称または種類　4）事務所の所在地　5）役員の定数、任期、選任及び解任の方法その他役員に関する規定　6）理事会に関する規定　7）評議員会及び評議員に関する規定　8）資産及び会計に関する規定　9）収益事業を行う場合には事業の種類とその事業に関する規定　10）解散に関する規定　11）寄附行為の変更に関する規定　12）公告の方法

・文部科学大臣所轄の学校法人で所轄庁に届出が必要なもの

1）役員（理事・理事長・監事）の変更　2）資産総額の変更　3）理事長（又は代表権のある理事）の住所・氏名の変更　4）仮処分による役員の職務執行停止、その変更、取消し　5）校地・校舎等の変更

④「寄附行為」の備置き及び閲覧

寄附行為を事務所に備置くとともに請求のあった場合、閲覧可能とすることが2019（令和元）年の私立学校法改正から義務化されました。

⑤寄附行為の変更の認可申請のオンライン化

R3の改訂により、「学校法人の寄附行為及び寄附行為の変更の認可に関する審査基準」の申請手続きが原則オンライン化となりました。R5の改正により寄附行為の作成等、電子的方法による作成が認められます。

4）私学助成（第59条　改正法では、条文の順以外に規定内容に変更なし）

昭和45年に創設された私立大学経常費補助金の法的根拠となった条文です。

○第59条　国又は地方公共団体は、教育の振興上必要があると認める場合には、別に法律で定めるところにより、学校法人に対し、私立学校教育に関し必要な助成をすることができる。

5）学校法人の責務（第24条　改正による条文の順以外に規定内容に変更なし）

学校法人は、①運営のための人的体制、施設設備の充実など経営基盤を確保すること、②教育の水準向上を図ること、③自主的な意思決定に基づく運営について社会的説明責任を果たし、情報の透明性を図る責務を明確化した規定が、2019（令和元）年の改正で創設されました。

○第24条　学校法人は、自主的にその運営基盤の強化を図るとともに、その設置する私立学校の教育の質の向上及びその運営の透明性の確保を図るよう努めなければならない。

6）理事・理事会・評議員・評議会にかかる主な改正のポイント

令和元年の私学法改正から、さらに令和5年に以下の表のように大改正がありました。

この表は、「「私立学校法の改正について」【令和５年12月12日更新】」から作成したものです。

文部科学省HP　https://www.mext.go.jp/content/20231218-mxt_sigakugy-000021776-1.pdf

Ⅰ．主な改正のポイント

※括弧内の数字は、当該事項が規定されている改正後の私立学校法の条項番号

１．役員等の選解任手続き等について		
	改正前	改正後
理事の選任	寄附行為の定めによる	理事選任機関が選任する（30Ⅰ） （理事選任機関が評議員会以外の場合は、評議員会の意見聴取を必須（30Ⅱ））
理事の解任	寄附行為の定めによる	理事選任機関が解任する（33Ⅰ） （評議員会による解任の求め（33Ⅱ）、評議員による解任を請求する訴えの提起を可能とする（33Ⅲ）
理事長の選定等	寄附行為の定めによる	理事会が選定（・解職）する（37Ⅰ
監事の選任	評議員会の同意を得て理事長が選任する	評議員会の決議によって選任する（45Ⅰ） （理事による監事の選任議案の提出には、監事の過半数の同意が必要（49Ⅰ）
監事の解任	寄附行為の定めによる	評議員会の決議によって解任する（48Ⅰ） （評議員による解任を請求する訴えの提起 を可能とする（48Ⅱ））
役員等の任期	寄附行為の定めによる	寄附行為で定める期間以内に終了する最終年度に関する定時評議員会の終結の時までとする（寄附行為で定める期間は理事４年、監事・評議員６年を上限とし、理事の期間は監事・評議員の期間を超えないものとする）（32Ⅰ・Ⅱ、47Ⅰ、63Ⅰ）
２．役員等の兼職の制限等について		
兼職の制限	監事は理事・評議員・職員と兼職禁止、1名以上は評議員と兼 職している理事が必須	監事は理事・評議員・職員・子法人役員（監事、監査役等を除く）・子法人職員と兼職禁止（31Ⅲ、46Ⅱ） 理事と評議員の兼職禁止（31Ⅲ）
評議員の定数	理事の２倍を超える数が必要	理事を超える数が必要（18Ⅲ）

3．役員等の構成の要件等について		
近親者等に関する制限	各役員について近親者等が１人を超えて含まれてはならない	各役員についての制限を強化するとともに、評議員についても近親者等の制限を設ける（31Ⅵ・Ⅶ、46Ⅲ、62Ⅳ・Ⅴ③）
職員である評議員	１人以上必要	１人以上必要（62Ⅲ①）評議員の総数の１／３まで（62Ⅴ①）
理事会が選任した評議員	制限無し	評議員の総数の１／２まで（62Ⅴ②）
外部理事	1人以上必要	１人以上必要（31Ⅳ②） 大臣所轄学校法人等は、2名以上必要（146Ⅰ）
4．学校法人の意思決定について		
理事会・評議員会の運営	決議等に関する規定あり	招集、決議、議事録等について具体的に法定（詳細は18、19ページ参照）
意思決定プロ セス	重要事項等については、あらかじめ評議員会の意見聴取が必要	大臣所轄学校法人等は、寄附行為の変更（軽微なものを除く）・任意解散・合併については、評議員会の決議が必要（150）
5．監査体制の充実について		
会計監査人	規定無し	大臣所轄学校法人等は設置義務（144Ⅰ）
常勤監事	選定義務無し	特に規模の大きい大臣所轄学校法人等は選定義務（145Ⅰ）
内部統制	規定無し	大臣所轄学校法人等は内部統制システムの 整備義務（148Ⅰ）
6．その他		
子法人	規定無し	監事や会計監査人の調査対象とし、子法人の役職員の監事・評議員への就任制限を設ける（46Ⅱ、53Ⅱ、62Ⅴ③、86Ⅳ）
責任追及の訴え	規定無し	評議員会は、役員等に対する責任追及の訴えの提起を求めることが可能（140Ⅰ）
刑事罰	規定無し	役員等の特別背任、贈収賄、目的外の投機取引等について刑事罰を新設（157～162）

Ⅱ．理事・理事会の改正のポイント

		現行	改正後
理事会	位置付け	基本的に意思決定・執行機関	基本的に意思決定・執行機関
	主な職務等	①学校法人の業務等の決定 ②理事の職務の執行監督	①学校法人の業務等の決定（36Ⅱ①） ②理事の職務の執行監督（36Ⅱ②）
理事	基本的資格	なし	私立学校を経営するために必要な知識又は経験 及び学校法人の適正な運営に必要な識見並びに 社会的信望を有する者（30Ⅰ）
	定数	５人以上	５人以上（18Ⅲ）
	任期	寄附行為の定めるところ	寄附行為で定める期間以内に終了する最終年度に関する定時評議員会の終結の時までとする（寄附行為で定める期間は４年まで）（32Ⅰ）
	選解任方法	寄附行為の定めるところ	理事選任機関が選解任（選任の際あらかじめ評議員会の意見聴取が必要）（30Ⅰ・Ⅱ、33Ⅰ）
	主な構成の 要件	①設置する学校の校長を含む ②評議員を含む ③外部理事を含む ④各役員の親族は各１人ま	①設置する学校の校長を含む（31Ⅳ①） ②外部理事を含む（大臣所轄学校法人等においては２人以上）（31Ⅳ②、146Ⅰ） ③他の２人以上の理事、１人以上の監事又は２人以上の評議員と特別利害関係を有していないこと（31Ⅵ） ④他の理事と特別利害関係を有する理事の数は、理事の総数の１／３を超えないこと（31Ⅶ）
	その他		理事会において、理事長、代表業務執行理事、 業務執行理事を選定（・解職）（37Ⅰ～Ⅳ） 理事会への職務報告義務（年２回以上、大臣所 轄学校法人等は年４回以上）（39Ⅰ、146Ⅱ）

Ⅲ．監事の改正のポイント

		現行	改正後
監事	基本的資格	なし	学校運営その他の学校法人の業務又は財務管理について識見を有する者（45Ⅰ）
	主な職務	①学校法人の業務、財産の状況、理事の業務執行の状況の監査 ②監査報告の作成 ③不正行為等の理事会等への報告 ④理事会、評議員会の招集の請求 ⑤理事の不正行為等の差止め⑥理事会への出席、意見	①～⑤は現行と同様（52①、53Ⅰ、56Ⅰ・Ⅱ、57、58Ⅰ） ①学校法人の業務、財産の状況、理事の業務執行の状況の監査 ②監査報告の作成 ③不正行為等の理事会等への報告 ④理事会、評議員会の招集の請求 ⑤理事の不正行為等の差止め⑥理事会への出席、意見 新規★⑥理事会、評議員会への出席、意見（55） 新規★⑦理事が評議員会に提出しようとする議案等の調査（54） ※子法人に対する調査権を明記（53Ⅱ）
	定数	2人以上	2人以上（18Ⅲ）
	任期	寄附行為の定めるところ	寄附行為で定める期間以内に終了する最終年度に関する定時評議員会の終結の時までとする （寄附行為で定める期間は４年まで）（32Ⅰ）
	選解任方法	評議員会の同意を得て理事長が選任	評議員会の決議（45Ⅰ、48Ⅰ）
	主な構成の要件	①理事、評議員、学校法人の職員との兼職禁止 ②理事親族の就任禁止（通知事項）	①理事、評議員、学校法人の職員、子法人役員（監事、監査役等を除く）、子法人職員との兼職禁止（31Ⅲ、46Ⅱ） ②１人以上の理事、他の監事又は２人以上の評議員と特別利害関係を有していないこと（46Ⅲ）
	その他		一定の要件に該当する大臣所轄学校法人等においては、常勤監事の選定義務化（145Ⅰ）

Ⅳ．評議員･評議員会の改正のポイント

		現行	改正後
評議員会	位置付け	基本的に意思決定・執行機関	基本的に諮問機関だが、監視・牽制機能等を強化
	主な職務等	①学校法人の業務、財産の状況、役員の職務の執行状況等について、意見諮問への答	①は現行と同様（ただし、大臣所轄学校法人等における解散、合併、重要な寄附行為変更については、決議）（66Ⅱ①・②、36Ⅳ、150） ②理事選任機関に対する理事選任に関する意見（30Ⅱ） ③監事、会計監査人の選解任（45Ⅰ、48Ⅰ、80Ⅰ、83Ⅰ） ④監事に対する理事の不正行為等の差止めの求め（67Ⅰ）
評議員	基本的資格	なし	当該学校法人の設置する私立学校の教育又は研究の特性を理解し、学校法人の適正な運営に必要な識見を有する者（61Ⅰ）
	定数	理事の２倍を超える数	理事を超える数（18Ⅲ）
	任期	寄附行為の定めるところ	寄附行為で定める期間以内に終了する最終年度に関する定時評議員会の終結の時までとする （寄附行為で定める期間は6年まで）（63Ⅰ）
	理事との兼職	可能（１人以上必須）	不可（31Ⅲ）
	選解任方法	寄附行為の定めるところ	寄附行為の定めるところ（61Ⅰ、64）
	主な構成の 要件	①職員を含む ②25歳以上の卒業生を含む	①、②は現行と同様（ただし、①は評議員の総数の1/3まで）（62Ⅲ、62Ⅴ①） ③他の２人以上の評議員と特別利害関係を有していないこと（62Ⅳ） ④理事又は理事会が選任した評議員の数は、評議員の総数の1/2

			④理事又は理事会が選任した評議員の数は、評議員の総数の1/2を超えていないこと（62Ⅴ②） ⑤理事、監事、他の評議員のいずれかと特別利害関係を有する者、子法人の役職員である評議員の数は、評議員の総数の1/6超えていないこと（62Ⅴ③）

Ⅴ.. 理事会の運営について

	現行	改正後
招集権者	理事長	各理事（寄附行為又は理事会の定めにより理事会招集担当理事を定めることが可能）（41Ⅰ）
招集手続き	法令の定め無し	理事会の１週間前までに、理事・監事に通知を発出（全員の同意があるときは不要）（44Ⅰ）
招集に関 する特例等	・理事長は、寄附行為の定めるところにより、理事から理事会の招集請求があった場合は、招集義務・監事は、理事の不正報告等をするために必要があるときは、理事長に対し、招集の請求可能（招集されない場合は、自ら招集可能）	・招集権の無い理事は、理事会招集担当理事に対し、会議の目的である事項を示して招集の請求可能（招集されない場合は、自ら招集可能）（41Ⅱ・Ⅲ） ・監事は、理事の不正報告等をするために必要があるときは、理事会招集権者に対し、招集の請求可能（招集されない場合は、自ら招集可能）（57）
議長	理事長	法令の定め無し（基本的に理事長を想定）
議決要件	・理事の過半数の出席による開催・出席した理事の過半数で議決（可否同数のときは議長が決する）	議決に加わることができる理事の過半数が出席し、その過半数をもって行う（421）
議決要件 の例外	合併・解散は、理事の総数の2/3以上の同意が必要	・寄附行為の変更は、議決に加わることができる理事の2/3以上の賛成が必要（42Ⅱ①） ・合併・解散は、理事の総数の2/3以上の賛成が必要（42Ⅱ②）
参加方法の特例	法令の定め無し	寄附行為の定めるところにより、書面又は電磁的方法により議決に参加可能（76Ⅴ）※書面開催による決議は不可、オンライン開催による決議は可

参考 :理事会決定に関する評議員会の関与

<table>
<tr><th rowspan="2"></th><th rowspan="2">現行</th><th colspan="2">改正後</th></tr>
<tr><th>大臣所轄学校法人等</th><th>その他の学校法人</th></tr>
<tr><td>理事会の決議による解散</td><td rowspan="10">意見聴取</td><td rowspan="3">決議</td><td rowspan="10">意見聴取</td></tr>
<tr><td>合併</td></tr>
<tr><td>寄附行為変更（軽微なものを除く）</td></tr>
<tr><td>寄附行為変更（軽微なもの）</td><td rowspan="7">意見聴取</td></tr>
<tr><td>重要な資産の処分及び譲受け</td></tr>
<tr><td>多額の借財</td></tr>
<tr><td>予算及び事業計画の作成・変更</td></tr>
<tr><td>報酬基準の策定・変更</td></tr>
<tr><td>収益を目的とする事業に関する重要事項</td></tr>
<tr><td>事業に関する中期的な計画の作成・変更</td></tr>
</table>

Ⅵ．評議員会の運営について

	現行	改正後
招集権者	理事長	理事（70Ⅰ）
招集手続き等	法令の定め無し	・理事会において、評議員会の日時・場所・目的事項、議案概要等を定める（70Ⅱ） ・評議員会の議案は、会議の目的である事項について、理事が提出する。（70Ⅲ） ・評議員会の1週間前までに、評議員に通知を発出（全員の同意があるときは不要）（70Ⅳ、74）
招集に関する特例等	・監事は、理事の不正報告等をするために必要があるときは、理事長に対し、招集の請求可能（当該請求後、招集されない場合は、自ら招集可能） ・理事長は、1/3以上の評議員から、会議に付議すべき事項を示して招集の請求があった場合は、招集義務	・監事は、理事の不正報告等をするために必要があるときは、理事に対し、招集の請求可能（招集されない場合は、自ら招集可能）（57） ・1/3（大臣所轄学校法人等は1/10）以上の評議員は、理事に対し、会議の目的である事項及び招集の理由を示して招集の請求可能（招集されない場合は、所轄庁の許可を得て招集可能）（711、721） ・1/3（大臣所轄学校法人等は1/10以上の評議員は、理事に対し、一定の事項を会議の目的とすることを請求可能（71Ⅱ） ・1/3（大臣所轄学校法人等は1/10）以上の評議員は、会議の目的である事項につき議案を提出することが可能（75Ⅰ）
議長	議長を置く	法令の定め無し
議決要件	・評議員の過半数の出席による開催・出席した評議員の過半数で議決（可否同数のときは議長が決する）（議長は議決に加わることができない）	議決に加わることができる評議員の過半数が出席し、その過半数をもって行う（76Ⅰ）
議決要件の例外	・役員等の損害賠償責任の一部免除は、議決に加わることができる評議員の2/3以上の賛成が必要 ・役員等の損害賠償責任の全部免除は総評議員の同意が必要	・監事解任、役員等の損害賠償責任の一部免除は、議決に加わることができる評議員の2/3以上の賛成が必要（76Ⅱ） ・役員等の損害賠償責任の全部免除は総評議員の同意が必要（76Ⅲ）
参加方法の特例	法令の定め無し	寄附行為の定めるところにより、書面又は電磁的方法により議決に参加可能（76Ⅴ）※書面開催による決議は不可、オンライン開催による決議は可

7）役員の学校法人に対する賠償責任（第44条）

2019（令和元）年の改正で、学校法人と役員の関係が、以下の規定のように整備されました。

・特別の利益供与の禁止（第26条の2）

学校法人は、理事、監事、評議員、職員等の関係者に対し特別の利益を与えてはならない。

・学校法人と役員との関係の明確化（第35条の2）

「学校法人と役員との関係は、委任に関する規定に従う」と明確化されたことから、「受任者は委任の本旨に従い善良なる管理者の注意をもって委任事務を処理する義務を負う」（民法第644条）、いわゆる「**善管注意義務**」（→P121）が適用されます。学校法人の役員は、学校法人に対して、注意を持って、その業務を執行する義務を負います。

役員（理事長、理事、監事）が、その任務を怠ったときは、学校法人に対し、それによって生じた損害を賠償する責任を負います。その時は、役員は連帯責任を負います。（第44条の4）

また、損害賠償等の費用等を学校法人が補償する契約（補償契約）や損害を填補する保険契約（役員賠償責任保険契約）を結ぶことが出来ます。なお契約内容の決定には理事会の決議が必要となります（第44条の5）。（なお、私立大学協会では、団体で損害役員賠償責任保険を契約している。）

8）中期的な計画の作成（第45条の2関係）

認証評価の結果を踏まえ、評議員会の意見を聴いて、事業計画及び事業に関する中期的な計画（原則として5年以上）を作成しなければならないと定められています。なお、中期的な計画については、文部科学大臣への届出や、事務室への備置き・開示は不要です。（→P64）

9）情報公開の充実（第33条2、第47条、第63条2等関係）

学校法人の運営の透明性の向上を図るため、以下の項目が義務化されました。

・寄附行為の事務所の備置き及び閲覧（第33条2、第66条）
・役員等名簿の事務所に備置き及び閲覧（第47条、第66条）
・役員に対する報酬等の支給の基準の作成（第47条、第48条、第66条）
・寄附行為、監査報告書、財産目録等のうち文部科学省令で定める書類及び役員の報酬等の支給基準の公表（第63条2等関係）

10）破綻処理手続きの円滑化（第50条の4関係）

学校法人が消滅に向けた手続（＝清算手続）に入るにあたり、法令の規定等に違反して解散命令がでた場合の解散を除き、理事がその清算人となります（ただし、寄附行為に別段の定めがあるときは、この限りでない）。しかし、理事にも問題があり清算人に就任させることが適切ではないと判断されたときは、所轄庁は、利害関係人の申立てにより又は職権で清算人を選任することができます。

11）令和5年私立学校法改正　「私立学校法の一部を改正する法律」（2023（令和5）年4月26日成立）

主な改正内容。詳しくは「私立学校法の改正に関する説明資料」 h ttps://www.mext.go.jp/content/20231218-mxt_sigakugy-000021776-1.pdf

（2）私立学校法施行令　（昭和25年3月14日政令第31号施行日：令和2年4月1日（令和元年政令第97号による改正））

都道府県知事が処理すべき法令です。2019（令和元）年私学法改正により、第１条「特別の利益を与えてはならない学校法人関係者について」が新設され、「関係者」の範囲が以下のとおり、政令において規定されました。なお、R5改正に伴い2024年7月に改正される見込みです。

①　設立者、理事、監事、評議員、職員（第1号）
②　①に掲げる者の配偶者又は三親等内の親族（第2号）
③　①②に掲げる者と事実上婚姻関係と同様の事情にある者（第3号）
④　②③に掲げる者のほか、①に掲げる者から受ける金銭その他の財産によって生計を維持する者
⑤　学校法人の設立者が法人である場合、その法人が事業活動を支配する法人又はその法人の事業活動を支配する者として文部科学省令で定めるもの

（3）私立学校法施行規則（昭和25年3月14日文部省令第12号）施行日：令和3年3月1日
最終更新：令和3年2月3日公布（令和3年文部科学省令第4号）改正）

私立学校法を実施するための細則を定めた規程です。R5改正に伴い2024年7月に改正予定です。

主な規定は、①収益事業の種類、②寄附行為変更手続等、③登記の届出など。2019（令和元）年の改正により、責任の一部免除に係る報酬等の額の算定方法が新設されました。

2019（令和元）年12月に、会社法改正に伴う学校法人の役員に関する補償契約及び役員賠償責任保険契約に関する規定が追加されました（施行は2021（令和3）年）。私立学校法施行規則には、それに伴い、役員賠償責任保険契約に関して、適用除外となる保険契約の範囲が定められました。

(4) 私立学校振興助成法（昭和50年法律第61号　令和元年5月24日公布（令和元年法律第11号）改正施行日：令和2年4月1日）

私立学校の振興のため助成について定めた法律です。この制定以前は、私立学校への経常費補助金（昭和45年度に創設）は、私立学校法第59条を根拠としていましたが、さらなる私学助成の充実を図るため、1975（昭和50）年に議員立法（内閣ではなく議員から発議による法律）で制定されました。

これにより私立大学等経常費補助金や私立高等学校等経常費補助金が創設され、また学校法人に対する税制上の優遇措置などが図られることになりました。

主な条文は以下のとおりです。

・補助金助成は、日本私立学校振興・共済事業団法によりの定めに従い、日本私立学校振興・共済事業団を通じて補助金交付または貸付を行うことができる。（第11条）
・補助金交付を受ける学校法人は、文部科学大臣の定める基準に従い、貸借対照表、収支計算書その他の財務計算に関する書類を作成しなければならない。（第14条）
・同項の書類のほか、収支予算書を所轄庁に届け出なければならない。（第14条）
・所轄庁の指定する事項に関する公認会計士又は監査法人の監査報告書を添付しなければならない。（第14条）

なお、R5年私立学校法が改正により令和7年4月1日施行日より私立学校法に基づく会計監査となり、現行の私立学校振興助成法に基づいて会計監査を実施している会計士等は、私立学校法上の会計監査人として評議員会により選任することが必要になります。（「私立学校法の改正」Q＆A）

＜私学への助成は、憲法89条違反か＞（→P16）

建学の精神や宗教など掲げる私学への助成は、憲法第89条「公金その他の公の財産は、宗教上の組織若しくは団体（略）の事業に対し、これを支出し又はその利用に供してはならない。」に違反するという意見もありましたが、私立学校法における所轄庁の監督規定により「公の支配」に属する公共的教育事業とみなされ、適法と解されています。（小野元之『私立学校法講座』2020　学校経理研究会）

(5) 学校法人会計基準（昭和46年文部省令第18号）（→P78）

学校法人の経理については、私立学校法第47条に毎年度、財産目録、貸借対照表、及び収支計算書の作成をすべきこととされていましたが、私学助成が交付となる前までは、その形式は各大学に委ねられ、勘定科目などバラバラな状況で、助成に伴い学校法人の経理の標準化が求められていました。

1970（昭和45）年より私立大学等経常費補助金が交付されることに伴い、文部省の諮問機関「学校法人財務基準調査研究会」の審議を経て、補助金の適正な配分と効果のために、1971（昭和46）年に「学校法人会計基準」が制定されました。

制定時は、私立学校法第59条第8項を根拠にしていましたが、1976（昭和51）年 私立学校振興助成法が公布され、その第14条第1項に基づき、私学助成を受ける学校法人はすべて学校法人会計基準が適用されると定められました（三角哲生編著『学校法人会計基準詳説』 第一法規）。

学校法人会計基準は、2014（平成26）年に、大幅に改正され、事業活動ごとに収支が見える化されるなど、財務経理の透明化が図られました。2022（令和5）年の私立学校法改正により、学校法人会計基準の根拠法令は私立学校法第101条となり、補助金交付の有無にかかわらず、全ての学校法人に適用されます。（「私校法改正」Q＆A）

R5年改正私学法　第5節　会計並びに計算書類等及び財産目録等

第101条（会計の原則）　すべての学校法人は学校法人会計基準に従い。会計処理を行う。

第102条（会計帳簿）　適正な会計帳簿を作成し10年間保存

第103条（計算書類等の作成及び保存）　従来の計算書類を6/30までに作成（会計監査人　追加由）、10年保存、電子化可能。

第104条（計算書類等の監査等）　計算書類の監事監査（会計計監査人は計算書類と付属明細表の監査）、理事会の承認。

第105条（計算書類及び事業報告書並びに監査報告の評議員への提供等）　評議員会に計算書類等の提供、報告。

第106条（計算書類等及び監査報告の備置き及び閲覧等）　計算書類等の事務所据置、債権等の閲覧可。

第107条（財産目録等の作成、備置き及び閲覧等）　財産目録、役員・評議員の住所氏名。報酬を6/30までに作成3年据置。

なお、国立大学は国立大学法人会計基準が、公立大学法人は地方独立行政法人会計基準が定められています。

5. 大学と個人情報保護法（平成15年法律第57号）

(1) 個人情報保護法「個人情報の保護に関する法律」とは

個人情報の適切な取扱いに関し、基本理念および基本方針・基本事項を定め、民間の個人情報を取扱う事業者が守るべき必要最低限のルールを定めています。

この法律は、事業者が事業等の分野の実情に応じ、自律的に取組むことを重視しています。個人情報の有用性に配慮しながら、個人の権利や利益を保護することを目的とした法律です。

(2) なぜ個人情報保護法が制定されたのか

近年、高度情報化社会となり、個人情報の漏洩・悪用により個人に取り返しのつかない被害が及ぶ可能性が高まりつつあります。また、国際的にはOECD（経済協力開発機構→P126）理事会勧告において、「プライバシー保護と個人データの国際流通についてのガイドライン」（1980年）が示されており、既にOECD 加盟国の大多数が個人情報保護法制を有するに至っています。

(3) 個人情報とは

「個人情報」とは、生存する「個人に関する情報」であって、特定の個人を識別することができる全てのものをいいます。

≪学校における個人情報≫

①受験生関係（志願票、調査書、健康診断書等）、②在学生関係（学籍簿、学生証、成績原簿、履修者名簿、就職登録カード等）、③卒業生関係（卒業者名簿、同窓会名簿等）、④保証人関係（学費納付書、学校債償還案内等）⑤教職員関係（労使関係台帳、マイナンバー等）

(4) 個人情報取扱事業者とは

「個人情報取扱事業者」とは、個人情報データベース等を営利非営利を問わず事業に用いている者の内、国の機関、地方公共団体、独立行政法人等及び「地方独立行政法人を除いた者をいい、当然ながら、学校法人を含む教育機関はすべて個人情報取扱事業者となります。

(5) 個人情報保護法違反と罰則

個人情報保護法に違反する行為とは下記の事項などがあります。

①利用目的を偽り、その他不正な手段により個人情報を取得、 ②利用目的を超えて個人情報を取得、③本人の同意を得ずに第三者へ個人情報を提供、④目的外に個人情報を利用、 ⑤本人（または代理人）からの開示請求に応じない、⑥安全管理措置の怠り　等

＜違反した場合の罰則＞

違反内容	違反者	懲役刑		罰金刑	
		改正前	改正後	改正前	改正後
個人情報保護委員会からの命令への違反	行為者	6月以下	1年以下	30万円以下	100万円以下
	法人等	-	-	30万円以下	1億円以下
個人情報データベース等の不正提供等	行為者	1年以下	1年以下	50万円以下	50万円以下
	法人等	-	-	50万円以下	1億円以下
個人情報保護委員会への虚偽報告等	行為者	-	-	30万円以下	50万円以下
	法人等	-	-	30万円以下	50万円以下

(6)「個人情報保護法」ガイドライン

2017（平成29）年の改正個人情報保護法の全面施行により、それまでの分野ごとのガイドラインから、法に基づく監督権限が、個人情報保護委員会（2014（平成26）年「特定個人情報保護委員会」として設置され、2016（平成28）年に「個人情報保護委員会」に改組）に一元化され、個人情報保護委員会が定めたガイドラインを遵守しなければなりません※個人情報保護委員会（https://www.ppc.go.jp/personalinfo/）

(7) 2022年施行の個人情報保護法の改正点

令和2年に改正された以下の法律が、2022年4月1よりに完全実施となりました。

①違法又は不当な行為を助長し、又は誘発するおそれがある方法により、使用目的を提示していても、個人情報を利用してはならない。
②個人関連情報（cookie）についても、個人情報の取得と同様に、同意が必要となる。
③オプトアウトが厳格化され、これまで予め第三者への提供に対して目的を示し、本人からの停止の申し入れがあれば停止するというルールを守れば提供できていたものが、自社でオプトアウトで取得したものをそのまま他社に提供することはできない。
④罰則規定の厳格化（上記参照）

この施行により、個人情報の範囲が拡大し、データの取り扱いには一層注意が必要になりました。入学者募集に関わる個人情報の取得にも影響がでるため、大学の広報もその対応を求められます。

Ⅲ．大学を取り巻く機関

1．文部科学省

(1) 文部科学省の役割

「文部科学省」は2001（平成13）年の中央省庁の再編により、当時の文部省（1871（明治4）年設置）と科学技術庁（1956（昭和31）年設置）が統合されて誕生しました。旧文部省の教育（幼稚園から高等教育、社会人教育等教育全般、ただし保育園は厚生労働省）、学術、スポーツ（ただし障がい者スポーツは厚生労働省の管轄）、文化の振興に、科学技術庁が担ってきた科学技術の推進の役割を担っています。通称は文科省、英語表記は、Ministry of Education, Culture, Sports, Science and Technology、略称: MEXT（ﾒｸｽﾄ）です。

(2) 文部科学省の組織

文科省の組織とその役割は次頁の表のとおりです。2018（平成30）年10月に生涯学習局は総合教育政策局に改組されました。

高等教育局は、大学、短期大学、高等専門学校の設置認可や大学改革の支援等を行うとともに大学の一層の活性化などに関する事務を行っています。

私立大学は、この高等教育局のなかの私学部の私学行政課、私学助成課、参事官室が窓口となっています。私立学校の振興を重要な政策課題として位置付け、その教育研究条件の維持向上と、在学する学生生徒などの修学上の経済的負担の軽減を図るとともに、経営の健全性を高めるため、振興方策を講じ、その一層の充実に努めています。

なお、国立大学は国立大学法人支援課、公立大学は大学振興課公立大学係、専門職大学は専門教育課専門職大学係が窓口です。

(3) 中央教育審議会（通称 「中教審」）

中央教育審議会は、文部科学大臣からの諮問（見解を求めること）に対し、意見を述べる（答申）諮問機関です。諮問の内容は、学校教育法第94条において「審議会等に諮問しなければならない」と定められた事項（学校の設置、学部・学科の新設）、または教育の振興、生涯学習の推進、スポーツの振興等の重要事項を大臣が調査審議が必要と判断した事項です。文科大臣は、中教審からの答申を踏まえて法令改正や文教政策を立案しますので、文科行政の動向を推察することができます。

文部科学省組織令（平成12年政令第251号）には、文科省の審議会として、中央教育審議会、大学設置・学校法人審議会、学術・科学技術審議会の設置が定められています。

現在、中教審の下には、教育制度分科会、生涯学習分科会、初等中等教育分科会、大学分科会（高等教育関係を審議する）などの分科会が置かれ、中央教育審議会令により、委員の任命、任期（2年）、分科会の設置等が定められています。2023（令和5）年3月に第12期の委員が任命されました。

大学分科会の下には部会を置くことができ、時宜に適った専門的な調査審議を行います。したがって、期ごとに分野は変わります。

文部科学省組織図

文部科学省HP2024年4月時点　ならびに「文部科学省の概要　2021年5月をもとに」編集部作成

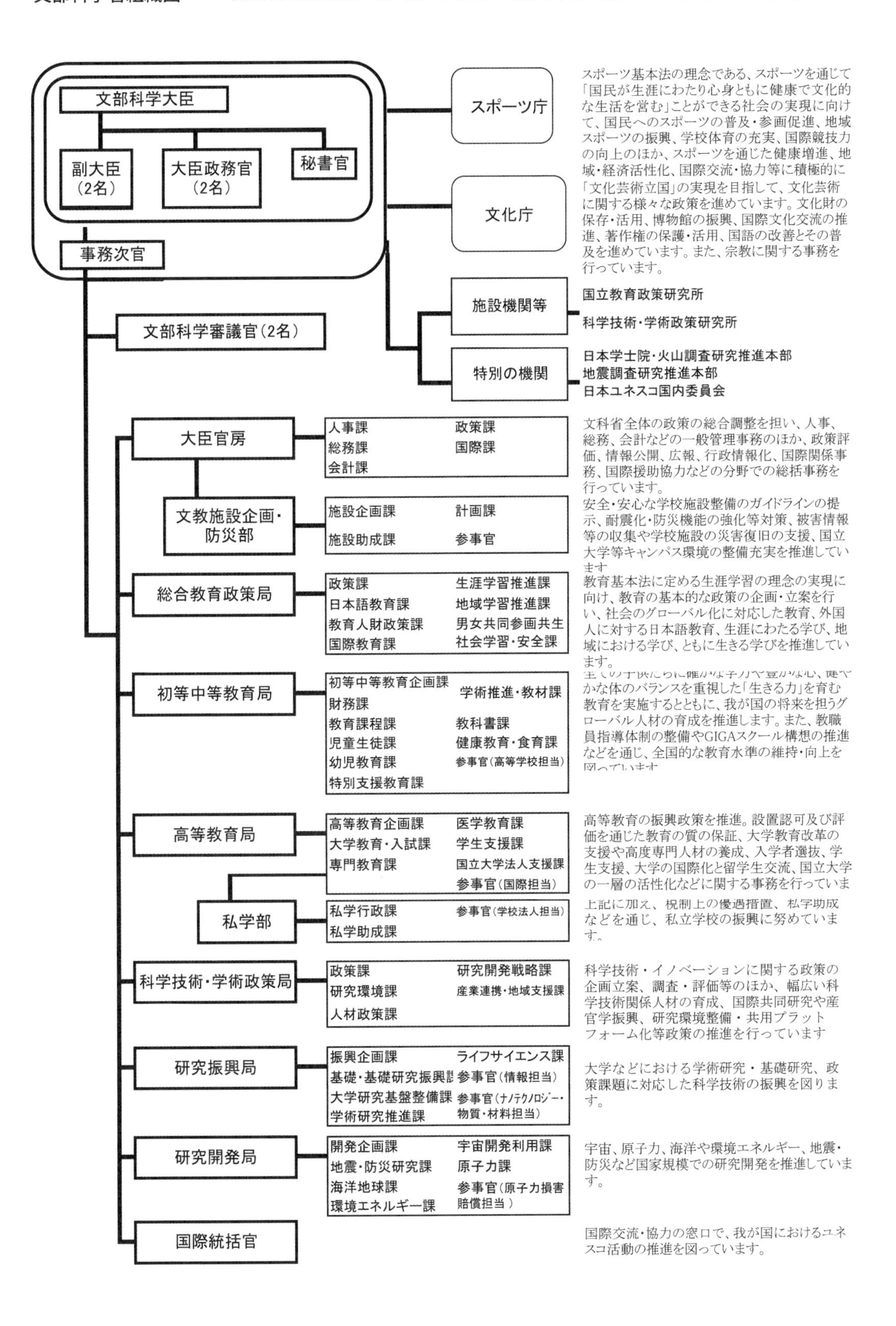

1）中教審の組織　…右図

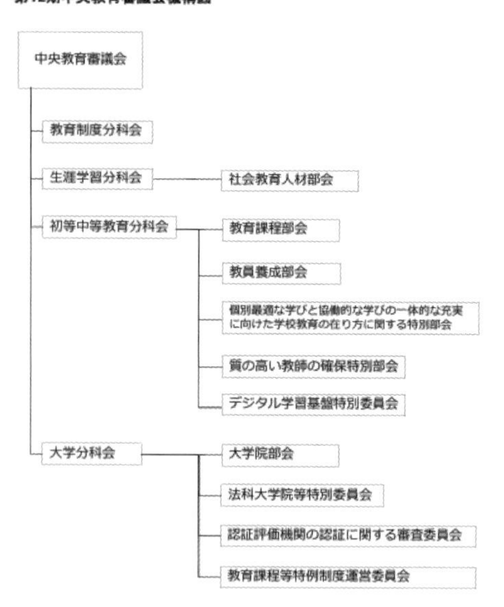

2）中教審の主な答申

中教審答申は文科省のHPでその一覧を閲覧できます。主な答申と政策の対応は、以下のとおりです。

i.「急速な少子化が進行する中での将来社会を見据えた高等教育の在り方について」(諮問) 2023（令和5）年10月

今後の高等教育全体の適正な規模を視野に、大学の統合・削減が避けられないとして、文科省は、以下について諮問しました。中教審はこれを受けて、現在、審議中で、2025年3月までに答申を得る予定です。

①2040年以降の社会を見据えた高等教育が目指すべき姿

②今後の高等教育全体の適正な規模を視野に、地域における質の高い高等教育へのアクセス確保の在り方

③国公私の設置者別等の役割分担の在り方について

④高等教育の改革を支える支援方策の在り方について

ii.「2040年に向けた高等教育のグランドデザイン」(答申) 2018（平成30）年11月

2040年の社会を展望し、予測不可能な時代を生きる人材育成、学修者本位の教育への転換

① 多様で柔軟な教育研究体制（カリキュラム、ガバナンス、教員）の確保

② 教育の質の保証と情報公表の義務付け－「学び」の質保証の再構築－

③ 18歳人口の減少を踏まえた高等教育機関の規模や地域配置の見直し

④ 多様な各高等教育機関の役割を踏まえ多様な教育の提供

⑤ コストを可視化し学生にかかる経済効果を明らかにする、財源の多様化を図る。

＜引き続き検討事項として＞

①設置基準等の質保証システム全体について抜本的に見直しを行うこと

→大学分科会質保証システム委員会の設置と審議→**令和4年大学設置基準改正**へ

②教学マネジメント指針の策定、学修成果の可視化と情報公表の在り方の検討を行うこと。

→「全国学生調査」に関する有識者会議→全国学生調査の実施

＜着手すべき施策として＞

①「地域連携プラットフォーム」の立ち上げ

②「大学等連携推進法人制度」の基準と連携を推進する国立大学の制度改正

③大学間の連携・統合（国立大の一法人複数大学制度、私大の学部単位等での事業譲渡）に必要な制度改正

④学位プログラム中心の大学制度、リカレント教育、留学生交流の推進、国際展開のために必要な制度改正

iii.「専門職大学設置基準の制定等について」(答申) 2017（平成29）年8月

専門職業人養成のための新たな高等教育機関「専門職大学」の制度化

iv.「新しい時代にふさわしい高大接続の実現に向けた高等学校教育、大学教育、大学入学者選抜の一体的改革について」(答申) 2014（平成26）年12月

高大連携で育むべき「生きる力」「確かな学力」の教育を明確化し、大学入試を改革する。

v.「大学のガバナンス改革の推進について」（審議まとめ）2014（平成26）年2月大学分科会

v.の答申を受けて、大学のガバナンス（学長リーダーシップと選考、学長補佐体制、教授会の役割）を審議。

vi.「新たな未来を築くための大学教育の質的転換に向けて」（答申）2012（平成24）年8月

高大連携、 大学制度の在り方について、ガバナンスの在り方や財政基盤の確立も含め審議。

vii.「学士課程教育の構築に向けて」（答申）2008（平成20）年8月

viii）の答申を受け、学士課程教育の充実に向けて、3つのポリシー（アドミッションポリシー、ディプロマポリシー、カリキュラムポリシー）を明確化し、公表することを審議。

viii.「我が国の高等教育の将来像」（答申）2005（平成17）年1月

高等教育の将来像を見据え、質保証、大学の機能別分化、認証評価の充実、3つのポリシー、など今日の文部行政の施策を方向づける重要な答申。高等教育の推移、諸外国の動向なども補論。

ix.「今後における学校教育の総合的な拡充整備のための基本的施策について」（答申）1971（昭和46）年

「四六答申」と呼ばれ高等教育の大衆化時代の始まりを受け「第三の教育改革」と位置付け、多様なデータ資料から、学校教育全般にわたる包括的な改革整備の施策を提言した画期的答申。

(4) 有識者会議とは

国・地方自治体等の諮問会議で、特定の議題に対して学識経験者や実務経験者等から意見聴取することを目的としています。中教審のような根拠法令はなく、機動的に議論され、報告書が提出されます。

(5) 文部科学省予算（国の予算の流れ）

国の予算は、まず国の各省庁が概算要求を財務省に提出し、財務省ではその次年度の予算方針に基づき概算要求を見直し、財務省原案として閣議決定します。

それを「政府原案」として衆議院に提出します。衆議院では、まず予算委員会で審議後、衆議院本会議で審議・可決し、次に参議院で審議し、可決されれば予算成立となります。ただし参議院が衆議院と異なる議決をし、両院協議会においても一致しなかった場合、衆議院の議決が優先されます。

2024（令和6）年度の文部科学関係予算はこのような経緯で、2024年3月28日に右図のとおり成立しました。

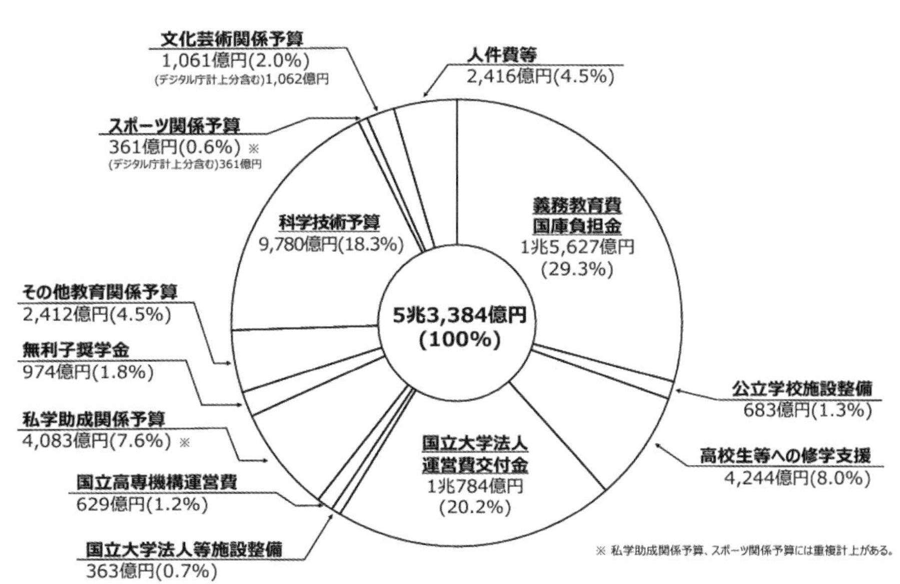

２．会計検査院

会計検査院は、国会及び裁判所、内閣から独立した憲法上の機関として、国や法律で定められた機関の会計を検査し、会計経理が正しく行われるように監督する職責を果たしています。

補助金の交付を受けている学校法人は、会計検査院によって、より適正な執行と正確性、合規性、経済性、効率性、有効性の5つの観点から厳しく検査されます（令和5年私学法改正で、補助金の授受に限らず全ての学校法人は検査対象となります）。不適切、不合理等であると判定された会計経理については、検査院より国会に報告され、その是正がなされたり、改善の処置が講じられ、同様の事態の再発防止等を図るなど、是正改善がなされます。（『会計検査院』令和5年版より）

(1) 検査の方法（毎年平均70 ～ 80の学校法人が対象となっています）

①書面検査……検査対象機関は、会計検査院が定めた計算証明規則の規定に従い、対象となる会計経理が正確、適法、妥当であることを証明するため、一定期間ごとに取扱いの実績を計算書に取りまとめ、その裏付けとなる証拠書類を添えて会計検査院に提出します。

②実地検査……証拠書類として提出されるものや、その表示には自ずから限界があり、実態の確認の必要もあるため、会計検査院では、対象機関の本部や支部、あるいは事業が実際に行われている現場に職員を派遣して実地に検査を行っています。

(2) 大学の検査対象

①私立大学等経常費補助金の適正について

私立大学等経常費補助金を受ける学校法人には、5 ～ 10年に一度の間隔で不定期に実地検査が入っています。2、3カ月前に予告があり検査には調査官が2 ～ 3日間かけて前年度、前々年度の補助金関係書類を調査します。その際に大学・短大法人においては、交付元である日本私立学校振興・共済事業団（以下、私学事業団という）の職員が立ち会います。

過大交付が認められると「不当事項」として、国会に報告され、当該年度の会計検査院「決算検査報告」に掲載され、私学事業団への補助金の返還が求められるとともに、原因・再発防止等の改善策等を文書で私学事業団に提出しなければなりません。

日本私立学校振興・共済事業団は学校法人に対し、返金額と同額を当該年度の一般補助から減額します。また特別補助が支給されない等の大きな影響がでます。マスコミ等にも公表されるなど学校法人の信用力は低下し、学生募集にも影響がでてきます。

②科学研究費補助金

科学研究費補助金（科研費）の交付を受けて研究を行った者は、研究成果を冊子体にまとめた研究成果報告書及びその概要を記した研究成果報告書概要を作成し、研究計画の最終年度の翌年度に日本学術振興協会（JSPS）等に提出することとされています。

補助金受給の対象が研究者（教員）であっても、検査対象は研究者の所属機関である大学等です。科研費については目的外利用、私的流用が大きな問題となったため、適切な執行管理体制がとられているかということも検査の大きな対象となります。

3．日本私立学校振興・共済事業団

(1) 日本私立学校振興・共済事業団とは

日本私立学校振興・共済事業団（以下、私学事業団）は、1998（平成10）年1月1日に、日本私学振興財団と私立学校教職員共済組合のそれぞれの権利義務を承継して統合され設立された特殊法人です。旧日本私学振興財団は、1975（昭和50）年に制定された私学振興助成法により私学助成が可能となりましたが、国の機関である文部省が私学に直接補助金を交付するのではなく、私学の自主性尊重と政府のコントロールのバランスをとるため、従来からあった私立学校振興会（私学への資金貸付機関）を発展解消し、私学助成を交付する機関として設立されました。1998（平成10）年に、共済事業との統合となり、設置を定めた「日本私立学校振興・共済事業団法」が新たに制定されました。通称「私学事業団」と呼ばれています。

私学事業団は、私立学校教育に対する援助に必要な業務を総合的かつ効率的に行う私学事業と、私立学校教職員共済法（昭和28年法律第245号）の規定による共済制度の運営事業を行う機関です。

(2) 事業団の主な業務

事業団の主な業務は以下のとおりです。

【私学事業本部】

①補助事業

国から私立大学等経常費補助金の交付を受け、学校法人に交付しています。

②融資事業

長期、低利・固定金利で、私立学校の経営にとって安定的な資金として私立学校の施設・設備の整備に活用されています。

③経営支援・情報提供事業

学校法人に対する経営相談を行ったり、セミナーや各種調査結果、刊行物、財務分析の資料等を通じて私学経営に資する情報を提供しています。

④寄付金事業

・受配者指定寄付金：法人又は個人から寄付金を受け入れ、これを寄付者が指定した学校法人に配付しています。

・学術研究振興資金：広く一般から受け入れる寄付金を基金（学術研究振興基金）として運用し、運用益を私立大学等の優れた学術研究に対し交付しています。

⑤助成事業

私立学校教職員の資質向上のため（財）私学研修福祉会が行う研修事業に対し助成金を交付しています。

【共済事業本部】

私立学校教職員の福利厚生を図るため、私立学校教職員共済法（昭和28年法律第245号）の規定による共済制度を運営しています。

短期給付事業　　年金等給付事業　福祉事業　保健事業・医療事業・宿泊事業

積立貯金事業・積立共済年金事業　　共済定期保険事業　　生涯生活設計の支援事業
貸付事業・その他
※詳しくは事業団のホームページをご覧ください（http://www.shigaku.go.jp/)。

4．国立研究開発法人　科学技術振興機構（JST）

国立研究開発法人　科学技術振興機構（Japan Science and Technology Agency、略称：JST）は、科学技術振興を目的として設立された文部科学省所管の国立研究開発法人で,文部科学省の競争的資金の配分機関の1つです。冠の「国立研究開発法人」とは、日本の独立行政法人のうち主に研究開発を行う法人で、独立行政法人通則法の一部を改正する法律（平成26年法律第66号）によるものです。

（『日本大百科全書(ニッポニカ)』より）

主な業務
①イノベーション政策や研究開発戦略の提案
②新技術を創出する基礎研究の支援、
③産学連携、ベンチャー企業への出資、ライセンス供与、知的財産の権利化などによる新技術の実用化
④論文、特許、研究者などのデータベース化やイノベーションを担う高度人材の求人・求職情報の提供
⑤スーパーサイエンスハイスクールの支援、国際科学技術コンテストの開催、日本科学未来館の運営など次世代を担う人材育成、⑥災害対応や地球規模の課題についての国際共同研究、など

新たな業務として､政府が策定した「10兆円ファンド」（→P74）をJSTが外部金融機関に運用委託し、その収益で大学を支援する役割が加わりました。年4.38％の運用収益を目標とされています。

5．　独立行政法人　日本学術振興会（JSPS）

昭和天皇から学術奨励のために下賜された下賜金により、昭和7年（1932年）12月に財団法人として創設され、戦後は民間を経て1967年に特殊法人となり、2003年より独立行政法人となりました。

主な事業
①科学研究費助成事業（学術研究助成基金助成金／科学研究費補助金）…全ての分野の「学術研究」（研究者の自由な発想に基づく研究）を対象とする「競争的研究費」
②人材育成事業・大学の教育研究機能の向上…特別研究員や若手研究者の海外派遣事業など
③学術国際交流事業…国際的な共同研究等の促進、若手研究者への国際的な研鑽機会の提供、諸外国の優秀な研究者の招へい

6．大学関係諸団体

上記以外の大学関連の団体は以下のとおりです。

＜私学関係団体＞

日本私立大学協会：409大学加盟（令和5年4月現在）、「教育学術新聞」週刊発行。附置 私学高等教育研究所

一般社団法人 私立大学連盟：123大学加盟（令和5年4月現在）、隔月で『大学時報』を発行

全私学連合：日本の私立学校の団体全てが加盟

日本私立大学団体連合会：日本私立大学協会と日本私立大学連盟の連合組織

日本私立短期大学協会：286短期大学加盟

私立大学通信教育協会

一般社団法人日本私立医科大学協会

日本私立看護系大学協会

公益財団法人私立大学情報教育協会（私情協）：私立大学等における情報教育の振興・充実を図る

公益財団法人私立大学退職金財団：私立学校教職員の退職金交付事業

一般財団法人私学研修福祉会：私立学校教職員の研修と福祉を図る

＜大学関係団体＞

一般社団法人国立大学協会（国大協）：国立大学法人の団体

一般社団法人公立大学協会（公大協）：公立大学法人並びに公立大学の団体

＜大学関連の認証評価機関＞

公益財団法人大学基準協会（JUAA）：国公私立大学を対象とする認証評価機関

公益財団法人 日本高等教育評価機構（JIHEE）：私立大学協会加盟校を主とする認証評価機関

一般財団法人大学教育質保証・評価センター（JAQUE）：2019年創設、公立大学の認証評価機関

一般社団法人日本技術者教育認定機構（JABEE）：大学等の国際に通用する技術者育成教育の認定

＜独立行政法人等国が設置している団体＞

大学改革支援・学位授与機構、大学入試センター、日本学術振興会（JSPS）、国際交流基金、新エネルギー・産業技術総合開発機構（NEDO）

日本学生支援機構（JASSO）、国立教育政策研究所、科学技術・学術政策研究所

理化学研究所、日本スポーツ振興センター、日本芸術文化振興会、宇宙航空研究開発機構

＜その他＞

日本学術会議：内閣総理大臣の所轄の下、政府から独立して科学に関する職務を行う特別の機関

特定非営利活動法人国際教育交流協議会（JAFSA）ジャフサ：大学のグローバル化促進を支援

公益財団法人大学コンソーシアム京都

公益社団法人 学術・文化・産業ネットワーク多摩

公益社団法人大学コンソーシアム石川　ほか全国各地に所在

「全国大学コンソーシアム協議会」：48団体加盟

Ⅳ．大学の組織を知る

1．大学の組織体制

(1) 法人と大学等のガバナンスの関係

法人格をもつ学校法人、国公立大学法人が、大学等の学校を設置します（→P29）。一法人一大学の法人もあれば、一法人複数の大学や附属高校など多岐の学校種の学校を創設する法人もあります。

以下は、令和5年4月1日施行時点の、学校法人と国公立大学法人のガバナンスの仕組み（執行機関、事務組織、教育・研究組織の組織図）です（私立大学は令和5年私学法改正により令和7年施行）。

私立大学のガバナンス体制

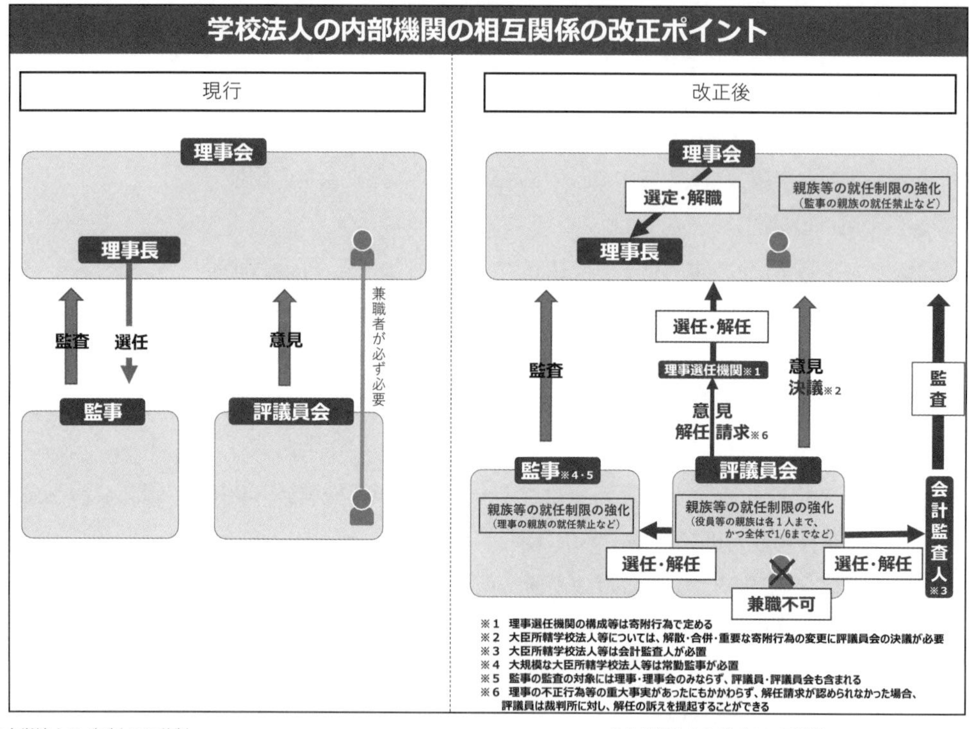

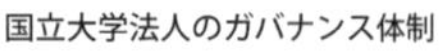
国立大学法人のガバナンス体制

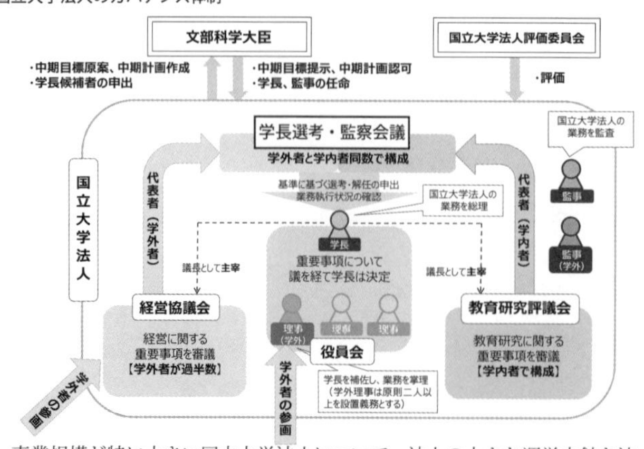

事業規模が特に大きい国立大学法人について、法人の大きな運営方針を決議する運営方針会議が設置されます。

ww.mext.go.jp/kaigisiryo/content/000150578.pdfに加筆。

公立大学法人のガバナンス体制

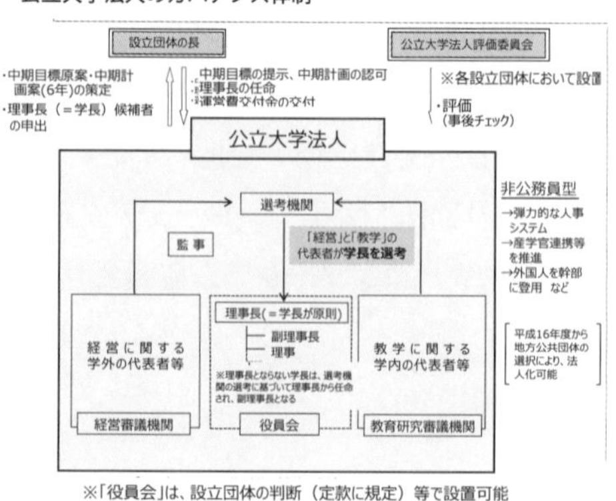

「各法人のガバナンスの仕組み」　https://www.mext.go.jp/kaigisiryo/content/000150578.pdf

(2) 大学の組織体制

大学は、主に教員が従事する教育・研究部門と、主に職員が従事する管理運営を担う法人部門があります。教育・研究部門には学部が設置され、その下に学科があり、学部ごとに事務局があります。学部ではなく、群とする組織もあります。

大学院は学部の上に設置される形になっています（学部から独立した大学院のみをもつ大学もあります）。

- 学校法人○○学園
  - ○○大学附属中学校
  - ○○大学附属高等学校
  - ○○大学
    - 付属施設
      - 図書館
      - 情報処理センター
      - ラボラトリ
    - 研究・知財戦略本部
    - 学部
      - 理工学部
        - 数学科
        - 物理学科
        - 機械工学科
        - 電気電子工学科
        - 情報科学科
      - 文学部
        - 社会学科
        - 文学科
          - 日本・専攻
          - 英米・専攻
      - 経済学部
        - 経済学科
        - 経営学科
      - 法学部
        - 法律学科
    - 法科大学院
      - 法務研究科
    - 大学院
      - 理工学研究科
        - 博士課程
        - 修士課程
      - 文学研究科
        - 博士課程
        - 修士課程
      - 経済学研究科
        - 博士課程
        - 修士課程
      - 法学研究科
        - 博士課程
        - 修士課程

- 監事 ― 理事会 ― 評議員会
  - 内部監査室
  - 募金室
  - ○○大学附属高等学校・中学校
    - 附属高等学校・中学校事務室
  - ○○大学
    - 図書館事務部
    - 入試広報部
      - 入学センター
      - 広報課
      - 校友課
    - 情報メディア部
      - 情報システム課
      - メディア企画課
    - 国際交流部
      - 国際交流課
      - 留学生センター
    - キャリア支援部
      - 就職支援課
      - 資格取得・教職学芸員センター
    - 研究推進部
      - 研究支援課
      - 知財センター
    - 教務部
      - 教務課
      - 大学院事務室
      - 法学部事務室
      - 経済学部事務室
      - 文学部事務室
      - 理工学部事務室
    - 学生部
      - 学生課
      - 学生調達室
  - IR室 ― 法人本部
    - 財務部
      - 財務課
      - 管財課
      - 調達室
    - 総務部
      - 総務課
      - 人事課
    - 経営企画室

2．大学の構成員

(1) 役員　→P33

(2) 大学教員

学校教育法第92条では、学長が大学の包括的な最終責任者としての職務と権限を有すること、学部長は学部の運営責任者であることを明確に位置付けています。

2016（平成28）年の改正で、学長が適切にリーダーシップを発揮していくために、「学長を助け、命を受けて校務をつかさどる」副学長を置くこと、教授会は審議機関としての位置付けであることが規定されました（→P16）。

また、令和4年の大学設置基準改正により、専任教員は基幹教員となりました。また教員と事務職員等相互の役割分担、協働、責任の明確化等を目的に、「教育研究実施組織を編制」するものと規定されましたが、これは新たに組織を作るのではなく、それぞれの機能・役割を担う教職員を別々に置くのではなく教職協働で行うよう、その位置付けを明確化したものです。教職協働の実質化が促進され、より一層の教育研究活動の質向上が期待されています。

教員（学長、教授、准教授、講師、助教、助手）の資格は、大学設置基準第12条から17条で定められています。

○学校教育法（抄）

第92条　大学には学長、教授、准教授、助教、助手及び事務職員を置かなければならない。ただし、教育研究上の組織編制として適切と認められる場合には、准教授、助教又は助手を置かないことができる。

2　大学には、前項のほか、副学長、学部長、講師、技術職員その他必要な職員を置くことができる。

3　学長は、校務をつかさどり、所属職員を統督する。

4　副学長は、学長を助け、命を受けて校務をつかさどる。

5　学部長は、学部に関する校務をつかさどる。

6　教授は、専攻分野について、教育上、研究上又は実務上の特に優れた知識、能力及び実績を有する者であって、学生を教授し、その研究を指導し、又は研究に従事する。

7　准教授は、専攻分野について、教育上、研究上又は実務上の優れた知識、能力及び実績を有する者であつて、学生を教授し、その研究を指導し、又は研究に従事する。
8　助教は、専攻分野について、教育上、研究上又は実務上の知識及び能力を有する者であつて、学生を教授し、その研究を指導し、又は研究に従事する。
9　助手は、その所属する組織における教育研究の円滑な実施に必要な業務に従事する。
10　講師は、教授又は准教授に準ずる職務に従事する。

(3) 大学職員

①大学（事務）職員の法的位置づけ

大学職員は，学校教育法（上記第92条第1項）や大学設置基準において大学運営を担う重要な構成員として位置づけられ、「今日の大学の事務組織の役割は、・教育研究実施組織及び厚生補導の組織の円滑かつ効果的な業務の遂行のための支援、・大学運営に係る企画立案、・大学以外の者との連携（地域連携含む)、・人事、総務、財務、広報、情報システム、施設設備整備など多岐にわたり、教育研究活動に密接に関連する」とされています（「令和４年度大学設置基準等の改正について」解説)。

○大学設置基準（昭和31年文部省令第28号）令和４年改正（抄）
（教育研究実施組織等）
第7条　大学は、その教育研究上の目的を達成するため、その規模並びに授与する学位の種類及び分野に応じ、必要な教員及び事務職員等からなる教育研究実施組織を編制するものとする。

②大学職員の構成員

大学職員も、他の業種と同じく、正職員、契約職員（派遣・有期契約)、パートタイマー、アルバイトで構成されます。非正規職員は5年の無期転換ルールが適用されます。

③SD・FDの一体化（令和4年の大学設置基準改正）

大学経営を巡る課題が高度化・複雑化する中で、個々の大学職員の質を高める必要性が一層高まっていることから、2017（平成29）年の大学設置基準の改正により、大学運営における教員・職員の役割分担と教職協働が明確化され、FDが義務化されたのと同様に教職員へのSDが義務化されました。

2022年の基準改正において、「大学の教育研究活動等の適切かつ効果的な運営を図るため、その教員及び事務職員等に必要な知識及び技能を習得させ、並びにその能力及び資質を向上させるための研修（FDを除く。）の機会を設けること、その他必要な取組を行う」（大学設置基準第11条第1項）と義務付けられました。FDについては、大学設置基準第11条第２項に義務が規定されています。

「新たな時代を見据えた質保証システムの改善・充実について（審議まとめ）」（令和4年3月18日中央教育審議会大学分科会 質保証システム部会）では、「「教職協働」の旗印の下、「学修者本位の大学教育の実現」と「社会に開かれた質保証」を実現するため、大学の経営面や教育研究活動を支える大学運営の専門職である事務職員が果たす役割は極めて大きい。」とされており、「質保証を実質的に担うのは、学内における内部質保証を担う個々の教職員であり、認証評価機関における評価者である。」と書かれおり、大学職員の活躍が期待されています。

④大学職員の自己啓発の必要性

高度専門職が増えていくなかで、総合職として雇用された職員の専門性や高度化の組織的養成について、東京大学大学経営・政策研究センターによる「第２回 全国大学事務職員調査報告書」(2021年8月）があります。調査によると、「職場・大学の人事制度について一定のキャリアモデルが示されているか」に、「そう思わない」「あまりそう思わない」と回答した者の比率が全体で 79.9％、設置者別では、公立大学 82.1％、私立 83.6％に対して、国立大学 68.7％とあり、残念ながら、キャリアパスを考えての異動や研修を行う大学は2割程度というのが現実です。

大学教職員の自己研鑽の場

大学による通年プログラム	年数回開催の研修等	学会
桜美林大学大学院（現在は通信課程のみ）	NPO法人 学生文化創造 「職員研修」「スチューデントコンサルタント認定試験」	日本高等教育学会
東京大学大学院教育学研究科総合教育科学専攻 大学経営・政策コース	四国地区大学職員能力開発 「ネットワーク SPOD」	大学行政管理学会
筑波大学履修証明ﾌﾟﾛｸﾞﾗﾑ 「大学マネジメント人材養成」	名古屋大学高等教育研究センター他 「大学教務実践研究会」	大学教育学会
千葉大ｱｶﾃﾞﾐｯｸﾘﾝｸ 「教育・学修支援専門職養成ﾌﾟﾛｸﾞﾗﾑ」	京都コンソーシアム 「SD共同研修プログラム」ほか	教育社会学会
放送大学の履修科目	NPO法人 学校経理研究会 「大学新人職員研修」「会計セミナー」ほか	日本教育学会　他多数

組織的研修が必要であるのと同時に、自ら課す自己啓発も欠かせません。学生への適切な支援、教員と協同する業務、大学運営業務などで知識や経験を積むためには、自分の職場だけに籠もるのではなく、学外の教育プログラムや研修会、教育学会、勉強会等で知識を得たり他大学職員とのネットワークを広げること、あるいは異業種の人々との交流を通じて視野を広めることなど、探せばプログラムは多彩です。

⑤大学職員の団体や団体による研修

米国や英国ではジョブ型雇用（→P121）で、大学構成員はプロであるAcademic Staff（学長・副学長、教員、大学運営の専門職であるアドミニストレータ）とNonAcademic Staffに二分され流動的人事です。アドミニストレーター（→P119）は、それぞれ高度な専門性を必要とする持ち場があり、これをポジショニングといいます。英米ではアドミニストレーターの専門職種ごとの団体（米国の学生支援の専門職団体ACUI（スチューデント・ユニオン協会）等）やアドミニストレーターが組織する職能団体（英国のAUA（Association of University Administrators）等）に所属し、自主的に相互で研鑽に努めています。日本にもプロフェッショナルとしての大学行政管理職員の確立を目指す「一般社団法人　大学行政管理学会」（当時の孫福弘慶應義塾塾監局長 、村上義紀早大副総長らにより1997年創設）や大学マネジメントを学ぶ「大学マネジメント研究会」（当時の本間政雄京大副総長、上杉道世東大理事らにより2005年創設）などの団体が活動しています。

⑥大学職員の採用方法

日本の大学職員は、米英と違いメンバーシップ型雇用（→P124）です。私大の採用は、大学ごとの一般公募が主ですが、卒業生、特に運動部から採用する場合が多い大学も見受けられます。

国立大学法人の職員人事は、地区国立大学法人等職員採用試験委員会が行う「国立大学法人等職員採用試験」によって「事務系」（事務・図書）と、「技術系」と区分して採用するほか、大学独自に採用する法人もあります。幹部は、法人化前より文科省から部課長に異動（出向）するケースもあり、「異動官職」と称されています。公立大学法人では、プロパーとして採用される非公務員型の地方独立行政法人職員と、設置主体の自治体の公務員が自治体組織内のローテーション異動で着任する職員がいます。

(4)　高度専門職員・技術職員

学長がリーダーシップを発揮し教育・研究機能を高度化するためには、学長を補佐する専門的知見を有する職員（高度専門職）の配置が必要となります。例としては、リサーチ・アドミニストレーター（ＲＡ→P127）やURA（→P108）、インスティトゥーショナル・リサーチャー（ＩRer）、産学官連携コーディネーター、アドミッション・オフィサーやカリキュラム・コーディネーター ,ファンドレーザー（→P123）等の職種で、いわば教員と従来の職員の中間に位置する新たな職種のため、多くは競争的資金を原資とした任期付きの中途採用となっていました。しかし、これからは社会的要請を踏まえた大学改革の

	管理・運営系	教学・研究支援系	学生支援系
想定される職種 ・職域の例示	経営企画・大学運営 法務 財務 広報 人材育成・研修 情報・ICT IRer	図書館司書 IRer アドミッションオフィサー カリキュラム・コーディネーター URA 産学連携コーディネーター 国際交流コーディネーター	キャリアコンサルタント 学生相談員 留学生相談員 スクールカウンセラー 健康管理

推進力として，執行部を直接支えることが期待されています。

また、教員の研究・実験等を補佐する技術職員の技術向上をめざして、東工大では、2021年「東工大オープンファシリティセンター（OFC）」を開始し、テクニカルコンダクター（TC）制度を創設しました。これは高い技術力と研究企画力を持つプロフェッショナルな技術職員の養成を目的としており、TCのネットワーク構築も期待されます。

(5) 指導補助者（TA：ティーチング・アシスタント、SA：スチューデント・アシスタント）等

令和4年の大学設置基準改正により、これまで明確化されていなかった、大学の学生その他の大学が定める者に授業を補助させることができる旨などが規定され、TA、SAなどの授業への参画が促進されます。同時に、TA（主に助手Teaching Assistant→P）やSA（主に院生Student Assistant）は基準の改正で、質保証の観点から、研修を実施することを新たに義務付けられました（大学設置基準第11条3項）。

(6) 構成員としての学生　（→P102）

日本で学生を大学構成員として最初に位置づけたのは、文部省高等教育局『大学における学生生活の充実方策について（報告）－学生の立場に立った大学づくりを目指して－』（2000（平成12）年）です。この報告の座長であった広中平祐山口大学長の提言だったことから、「広中レポート」と呼ばれています。以来、学修者本位の教育へと流れができました。

大学評価基準の「大学の目的」の項目に、「目的が大学構成員（教職員並びに学生）に周知されているか」と明記されているほか、大学の行動規範やコンプライアンスに「大学構成員」として学生が含まれているケースもあります。大学経営や授業へ参画する事例はまだ少ないのですが、学生は授業評価によって質保証に参画しているといえます。立命館アジア太平洋大学は大学改革に若い視点や推進力を求め、2024年度に高校生特命副学長1名とスタッフ若干名を募集し5月に選考、2025年3月までの活動を予定しています（立命館アジア太平洋大学　特命副学長特設サイト）。

3．大学の事務組織（各部署）について

大学は、運営基盤業務（総務、人事、財務、施設）、教務（教育）、学術（研究）、学生支援が主な業務です。これらは「多岐にわたり、教育研究活動に密接に関連する」（令和4年大学設置基準改正解説）ことから、職員のみならず教員との協働が明確化されました。体制や部署名称は大学ごとに異なります。

1) 総務系（総務部、総務課、秘書課等）

公文書類の収受、配布、発送、編集及び保存、大学の情報公開に係る連絡調整、大学の個人情報の保護に係る連絡調整、評議員会及び教授会の開催・連絡調整、入学式・卒業式などの開催運営、学則等の諸規程の制定改廃など、幅広い大学の業務を担います。理事長など役員の秘書課も含まれます。

2) 企画系（企画課、経営企画室等）

中長期計画の企画立案、学部学科の設置・廃止、また自己点検・評価の実施など、大学が今後どの

ような方向性で進んでいくのかを検討していく上で、その中核を担う部署です。

3) 人事系（人事部、人事課）

教職員の人事・労務全般を取扱う部署です。就業規則、人事制度、異動や給与・退職手当、職員の採用や研修、人事評価、また教職員の勤務条件、服務、兼業に関する業務や年金・雇用保険・労災、共済組合などの業務を行います。

4) 財務系（財務部、経理部等）

日々の金銭の出納をはじめ、決算業務、予算編成と執行管理、財務分析や財務計画の策定、さらには資金運用を行うなど、学校法人全体を資金管理面から支える重要な役割を担っています。

資産運用や寄付を専門とするファンドマネージャー、研究費をクラウドファンデングで集めるプロジェクトなど新しい動きもでています。

5) 教務系（学務部、教務部等）

カリキュラムの立案及び実施、シラバスの作成や単位互換に関する事務、学籍簿や成績原簿の作成、成績の通知、入学・退学・休学・転学などの事務処理、科目等履修生・聴講生などの対応、在学証明書、卒業証明書、成績証明書などの証明書の発行など、教員と学生の間に入った業務と言えます。また、学生の科目履修の相談、試験や追試の実施など、教育に係るサポートをします。

6) 入試系（入試課）

入試課は、入試のスケジュール、会場等、入学試験に関わる全ての業務のほか、高校や予備校を訪問し、大学を受験してもらうためのPRと社会に大学の情報を発信するパブリシティ活動を行います。また、オープンキャンパス（以下OP）の開催、大学案内パンフレットや広報誌の発刊、Webページ、SNSなどの充実により、FacebookやX（旧Twitter）、YouTubeなどのツールを使った入試広報も行うため、最近は入試課と広報課を併せた部署とする大学も増えてきました。

7) 学生系（学生課、学生支援課、奨学金課、スポーツ課等）

部活動、サークル活動の設立や運営のサポート、福利厚生施設の管理などの業務があります。学生のキャンパスライフから、教務系の業務を除いた全てを担うといわれるほど、広範囲な業務を取り扱います。下宿、アパートの紹介、さらにはアルバイトの紹介等も行っている場合も多く、学生の経済的な不安に対応するための奨学金制度の受付など、学生の様々なニーズに対応し、学生が充実した学生生活を送れるようバックアップする業務といえます。改正設置基準では「課外活動、修学、進路選択及び心身の健康に関する指導及び援助等」について教員も関わることが明確化されました。

8) 国際系（留学生課、国際交流センター等）

国際交流が盛んになっている現在では、外国の学生の受入れ、外国への学生派遣などについての専門のスタッフが必要です。留学生の受入れ手続き、パスポート、就学ビザの手続き、住居の紹介、日本の言語教育、風習、生活習慣などのサポート、在留資格の管理など、留学生がより良い教育が受けられるよう様々なサービスをしています。また派遣する学生の渡航手続き、派遣先の大学との連絡調整、交換教員の受け入れ・送り出しなども行っています。

9) 就職系（就職課、キャリアサポート室、キャリアセンター等）

キャリアセンターという名称で、就職のみならず資格取得に関するバックアップなども行われています。インターンシップを取扱うこともあります。学生に対しては就職指導、相談、模擬面接の実施、各企業などからの求人情報などをまとめて閲覧できるようにしています。企業に対しては会社訪問を繰り返し、学生の就職先の確保に努めています。(→P101、P126)

10) 研究支援系（研究支援課、知的財産課等）

教員・研究者の研究活動の円滑な遂行を支援するため、科学研究費補助金や競争的補助金など研究助成等の外部資金の受入れから執行までの業務や、研究公募に関する情報提供・支援業務を行います。また、知的財産管理や産学官連携に関する業務も取り扱います。(→P104)

11) 図書系（図書館）

図書資料の選定や購入、分類、目録の作成などの保存やレファレンス業務、図書情報システム設計や情報リテラシー教育も近年では行っています。またアクティブラーニングの一環として図書館にラーニングコモンズが設置され、その運営と学内調整業務も加わっています。一方で、図書の分類、目録作成業務など外部への委託や派遣で賄うケースも多くなっています。

また、令和4年の大学設置基準改正により、電子ジャーナル等を念頭に「電磁的方法により提供される学術情報」の整理や、デジタル図書館への対応もできる、閲覧室、書庫、座席等に関する定めがなくなるなど、未来の図書館に向かって新たな模索が始まっています。(→P112)

12) 広報系（広報室、入試広報課等）

広報に関する業務は、広報、広聴、情報公開、学内の意思疎通を図るインナーコミュニケーションの4領域があり、そのうち、広報系の部署では主に入試広報や大学のブランド向上のための全学のパブリシティ活動を含めたいわゆる広報が主業務です。特に近年、教育研究活動状況の公表が義務付けられ（学校教育法第113条）、どこまで公開するか、その公開をどのようにするか、広報の役割は重要となっています。学生募集活動とも深く関わることから、入試広報課として設置する大学もあります。

13) 施設系（用度課、管財課、施設整備課、施設管理課、ファシリティマネジメント課等）

機器備品などの物品購入をはじめ、施設の整備計画やコストや維持管理を行います。中長期の視点に立った施設計画や、学内施設の調整も行います。バリアフリーやエネルギーの削減など、環境の整備や環境安全に配慮するのもこの部署です。

土地、建物、施設の什器、そしてそれらが形成する環境（執務空間、居住空間）全てを経営管理するファシリティマネジメントを取り入れる大学もあります。

14) ダイバーシティ推進室・SOGI（ソジあるいはソギ）センター等

ダイバーシティ推進室は学生並びに教職員一人ひとりの多様な個性を活かすための組織です。

ダイバーシティ（diversity）とは、多様な人種・性別・嗜好・価値観・信仰などの人々の違った能力を認めようとする考え方で、2015年、国連の提唱するSDG s（持続可能な開発目標→P127）に「ジェンダー平等の活躍の実現」等が掲げられ、世界各国で多様性を活かすための対応のほか、セミナーやイベント開催などでダイバーシティの啓蒙も行われています。

ダイバーシティは多様性を尊重し受入れる受動的意味合いが強いですが、もう一歩踏み込み、包み込む（inclusive）、一緒に活動しようという能動的な考え方がインクルーシブです。インクルーシブ教育は、障がい者と健常者が同じ教室で一緒に学ぶという意味でよく使われていますが、広い意味では、国籍や言語などの違いも受け入れ共生していくための教育といえます。なお名詞形でインクルージョン（inclusion）とも表記されます。（講談社SDGShttps://sdgs.kodansha.co.jp/news/knowledge/42229/）

多様性の一つSOGI（Sexual Orientation & Gender Identity：性的指向・性自認の意。マイノリティを表すLGBTSから、多数派も含めたすべての人が持つ属性を表す）については、早稲田大学のGSセンター、国際基督教大学のジェンダーセンターなど専門部署で支援する大学もありますが、多くの大学では、相談しにくくなることを考慮し、一般的な学生センターなどで専門の窓口を設置し対応しています（→P111、126）。

15) IR（Institutional Research）インスティテューショナル・リサーチ系（IR室、企画評価課等）

IRとは、大学の諸活動に関するデータを一元的に集約し分析等を行い、その結果を用いて、大学自らの戦略的な経営の意思決定に寄与する機能です。日本では、教学IR、経営IRなどがあります。

私学では、2014（平成26）年にIR室の設置が補助金算定に積算されたことから、急速に設置が進みました。独立した部署であったり、学長に直結した組織だったり、専門部署はなかったり、各大学によって違います。（→P126）

16) 内部監査室

公教育を担い、国からの補助金交付や税制面での優遇措置を受けている学校法人は極めて公共性が高く、より厳正な監査が望まれていることから、監事監査のほかに内部監査室を法人とは別に学長・理事直轄でおく大学が増えています。内部監査の業務は、業務監査、会計監査、特命事項（個人情報、コンプライアンスなど）の監査です。

大学の内部から監査を行う部署なので大学からは独立する部署であり、監事監査との連携が図られています。（→P123）

17) 情報システム系（情報システム室、情報センター、セキュリティー部等）

学内には、教務系（成績管理、履修管理）、財務系（財務、会計）、人事給与系などの情報システムがあり、それらの運用・管理・保守を行う部署です。教員や学生の情報環境整備支援もここの管轄です。システムバグやトラブルへの対応や、必要なときは新たな機能を加えることもあります。

また、学内スタッフの質問への応答や、新しいシステムを導入する際、学内説明を担当することもあります。学内のシステム環境に気を配り、セキュリティ対策や学内研修などの提案を行うこともシステム管理部署の役割です。

18) 附属病院

医学部・歯学部を擁する大学に附置される大学病院です。病院収入も多く、医師以外に看護師・理学療法士など多くの職員を抱えていますが、医療事務は外部委託する法人が増えています。医学生・歯学生の臨床実習も考慮して、複数の病院を経営する大学もあります。

19) 子会社

人件費の抑制や保険、物品の共同購入により経費削減のための子会社を擁して収益事業を営む大学が多くあります。100％学校法人が株を持ち、その利潤は、寄付という形で学校法人に還元する子会社もあります。（「学校法人の出資による会社の設立等について（通知）」13高私行第5号　平成13年6月8日）

20) 保健センター・保健管理センター等

保健センター等は、学生を中心に教員・職員の健康増進を図り、学生が勉強していくうえで必要な環境や健康管理をサポートする部署です。身体的には健康診断、精神面ではメンタルヘルス、また薬物依存防止のセミナーなどを行います。

21) 博物館・美術館

芸術系の大学では、美術館を設置する大学があります。歴史博物館や服飾博物館、まんが博物館など、大学の特色によってさまざまです。入場料は収益事業として計上されます。

22) 社会連携・生涯学習支援センター

生涯学習・生涯教育の概念は、1965年にユネスコの提唱から始まり、世界的に普及しました。日本では1971年の中教審答申により、1990年に生涯学習振興法が制定され、以来、社会連携・生涯学習支援センター等名称は様々ですが、各大学において部署が設置され、地域社会の活性化やリカレント教育を行っています

23) 大学出版局・出版部

大学の基本的機能は研究と教育であり、その研究成果を発表する学術書の刊行や効果的な教育を図る教科書の刊行、学術的な書籍を中心とした著作物を出版する部署です。多くは非営利組織です。

24) カリキュラムセンター、高等教育センター、大学センター等（大学教育向上を図る部署）

教員による授業内容・方法の改善を含む、大学の組織的な教育の質的向上を図るため教育改革シンポジウムやFD研究会、各種セミナー・ワークショップ、調査・研究などを行う部署です。

名古屋大学高等教育研究センターによる「大学教務実践研究会」や、履修証明制度を活用して、大学職員等対象の履修証明プログラムが筑波大学や千葉大学で実施されています。**履修証明制度**（→P124）とは、学校教育法第105条及び学校教育法施行規則第164条の規定に基づき、大学が社会人対象の学修プログラムを開設し、修了者には大学から履修証明書を交付する制度です。この科目を履修する学生を科目履修生と称します。

Ⅴ．高等教育政策の今

1．文部科学省等の新型コロナウイルス感染症対策の廃止 （令和５年４月28日通知）

新型コロナ感染症、感染症法上５類に移行（令和５年５月８日）することに伴い、文部科学省は新型コロナウイルス感染症対策の廃止を通知しました。内閣府からは以下が周知されました。

①マスク着用の取扱いと同様、主体的な選択を尊重し、個人や事業者の判断に委ねる。

②政府として一律に求めることはなく、個人や事業者は自主的な感染対策に取り組む。

政府による基本的対処方針や新型コロナウイルス感染症対策本部は廃止されました。

（「令和５年５月８日以降の大学等における新型コロナウイルス感染症対策について（周知）」事務連絡 令和５年４月28日文科省高等教育局

●参考：令和5年5月8日以降の基本的な感染対策の考え方

「新型コロナウイルス感染症の感染症法上の位置付け変更後の基本的な感染対策の考え方について（内閣府）

（令和５年５月８日以降の取扱いに関する事前の情報提供）　厚生労働省新型コロナウイルス感染症対策推進本部2023.3.31

○感染症法上の位置付けの変更（感染症法第5種）により、新型コロナの感染対策は5月8日から、現在の「法律に基づき行政が要請・関与をしていく仕組み」から、「個人の選択を尊重し、国民の皆様の自主的な取組をベースとしたもの」に大きく変わる。

・新型コロナの感染対策の考え方→個人の選択を尊重し、国民の皆様の自主的な取組をベースとしたもの

・政府の対応→（基本的対処方針は廃止）・感染症法に基づく情報提供※専門家の提言等も踏まえ、個人や事業者の判断に資する情報の提供

・事業者→（業種別ガイドラインは廃止）・事業者の判断、自主的な取組※業界が必要と判断し独自の手引き等を作成することは妨げない

2．中央教育審議会答申と高等教育政策（ガバナンス・評価）の流れ

文科大臣は、中教審からの答申を踏まえて法令改正や文教政策を立案しますので、答申をみれば、文科行政の動向を推察することができます。以下は答申と政策の流れを図表化しました。（→P39）

西暦	H/R	主な答申等（断り書きのないのは中教審）	私立大学改革（大学ガバナンス改革）		国公大学改革
			大学ガバナンス推進のための教学面・管理運営面の改革	大学ガバナンスを支える認証評価と情報の公表	
		改革の目的	大学の目的である 教育, 研究及び社会貢献の機能を最大化するため	設立事前チェックの緩和後の大学の質を保証するためと社会的説明責任	
1991	H3 年	大学設置基準を改正、大綱化（教養部の廃止、学部の名称の自由化等）		大学設置基準を改正・自己点検評価の努力義務化	国公私大学改革共通
			大学設置基準を改正【大学院重点化】大学院の部局化、教員の大学院所属。		国公私大学改革共通
1998	10 年	「21世紀の大学像と今後の改革方策について」（大学審議会答申）→教育の内部質保証			
1999	11 年			大学設置基準を改正 →自己点検評価を義務化し、その結果を学外部の検証の努力義務化	国公私大学改革共通
2001	13 年	参考:「大学（国立大学）の構造改革の方針」遠山プラン			
2002	14 年			学校教育法を改正（H15..3改正、H15.4施行） →自己点検・評価の実施と結果の公表に係る規定を法律上明示 （施行は平成16年	国公私大学改革共通
				学校教育法を改正（H14.1改正、H15.4施行） →認証評価制度を導入を導入（平成16年度施行）→【質保証の確保】	国公私大学改革共通
2003	15 年		大学設置基準を改正（H15.3改正、H15.4施行）→設置基準の準則化を図る		国公私大学改革共通

2004	16	年		私学法改正（H16.7改正、H17.4施行）→学校法人における管理運営制度（理事会の役割・監事の職務）の改善	・財務情報の公表	国立大学法人制度、公立大学法人制度の創設
2005	17	年	「我が国の高等教育の将来像」（答申） →【機能分化】	学校教育法の改正（H17.7改正H19.4施行）→大学の教員組織の整備（准教授、助教の新設）等		国公私大学改革共通
2006	18	年		教育基本法の全面改正（H18.12改正・施行） →教育の目標、大学の役割、私学の重要性、を新設		国公私大学改革共通
2007	19	年		学校教育法の改正（H19.6改正、H19124施行） →大学の目的に「社会貢献」を追加、FD、履修証明制度の創設	教育研究に関する情報公表の義務化、	国公私大学改革共通
				大学設置基準を改正（H19.7改正、H20.4施行）→・教育研究目的の明示の義務化、シラバス・成績評価基準の明示の義務化、大学院・学士課程においてFD実施の義務化		国公私大学改革共通
2008	20	年	「学士課程教育の構築に向けて」→3つのポリシーの明確化、学士力			国公私大学改革共通
2010	22	年			学校教育法施行規則の改正（H2.62改正、H23.44施行） →大学が公表すべき教育情報の具体化・明確化	国公私大学改革共通
2012	24	年	「新たな未来を築くための大学教育の質的転換に向けて～」（答申）→学修時間の確保			
2013	25	年				国立大学改革プラン
2014	26	年	「大学のガバナンス改革の推進について」（審議まとめ）→【大学のガバナンス】 （学長のリーダーシップ、選考方法、学長補佐体制、教授会の役割）の審議	私学法改正（H26.3改正、H26.4施行）→所轄庁による必要な措置命令の規定整備、報告及び検査の整備、忠実義務規定の明確化		
				学校教育法の改正（H26.6改正、H27.4施行）「ガバナンス改革」 →・副学長・教授会等の職や組織の見直し、等		学校教育法・国立大学法人法の改正 国大学長選考の透明化
			「新しい時代にふさわしい高大接続の実現に向けた高等学校教育、大学教育、大学入学者選抜の一体的改革について」（答申）	大学設置基準を改正（H26.11改正・施行） →外国大学との国際連携課程（ジョイント・ディグリー）制度の創設		
					大学ポートレートとしてWebサイトを通じた教育情報の提供開始（私学版）	大学ポートレート提供開始（国立大版）
2015	27	年		学校教育法の改正（H27.6改正、）→高等学校専攻科修了者の大学への編入学制度の創設		国立大学経営力戦略
2016	28	年		大学設置基準を改正（H29.4施行）→職員への研修【SDの義務化】		国立大学改革プラン
2016	28	年		学校教育法施行規則の改正（H28.3改正、H29.4施行） →三つの方針（卒業の認定に関する方針、教育課程の編成・実施に関する方針、入学者の受入れに関する方針）の策定・公表の義務化		国立大学法人法の改正→指定国立大学法人の創設・資産の有効活用を図るための措置
2017	29	年	「専門職大学設置基準の制定等について」（答申）			
2018	30	年	「2040年に向けた高等教育のグランドデザイン」（答申）			科学技術・イノベーション創出の活性化に関する法律
2019	31	年	「学校法人のあり方検討」学校法人制度改善検討小委員会→理事・監事の責任 「私立大学版ガバナンス・コード」の策定の推進	「ガバナンスの強化等、学校教育法の一部改正案、私学法一部改正」（R元.5改正R2.4施行） →学校法人の責任の明確化、監事機能の強化、役員の損害賠償責任	情報公表の充実、	
				私立大学連盟、私立大学協会、私立短期大学協会、国立大学協会、公立大学協会等、団体において会員校に対する大学ガバナンス・コードの策定と公表		

2020	R2	年		大学設置基準を改正（H29.4施行）→大学連携科目の創設 中教審大学分科会「教学マネジメント指針」	
2022	R4	年		大学設置基準の大改正（H29.4施行）→基幹教員制度の創設、校舎等施設について、必置規定の改正、3つのポリシーの実装化	
2023	R5	年		私立学校法の大改正（理事、監事、評議員及び会計監査人の資格、選任及び解任の手続等並びに理事会及び評議員会の職務及び運営等の学校法人の管理運営制度に関する規定や、理事等の特別背任罪等の罰則。意思決定の在り方の見直し。	国立：運営方針会議創設
			中教審に新たな諮問「急速な少子化が進行する中での将来社会を見据えた高等教育の在り方について」 令和5年10月3日		

3．大学ガバナンス改革

(1) 大学ガバナンスの定義

大学のガバナンスとは、中教審「2040年に向けた高等教育のグランドデザイン」（答申）（平成30年11月26日）において「（教学と経営それぞれの責任と役割の方針を定め、意思決定する）高等教育機関内における組織・運営体制を示す総称」またUSR研究会では、「建学の精神に基づく教育・経営理念と中長期計画に従った意思決定プロセスを行い、ステークホルダーとの関係を明確にし、公共的な存在として期待される、理事長・学長等のトップリーダーのもと適切に実行するための仕組み」と定義されています。

(2) なぜ大学ガバナンス改革が必要なのか

社会の急速な進展に対する大学への期待は大きく、大学教育に対する全学的改革が必要となる中、大学の意思決定過程は外部から分かりにくく、役割と権限と責任が曖昧であったり、意思決定に時間がかかると苦情が寄せられていました。また、民間では「コーポレート・ガバナンス」が導入され、大学（高等教育機関）にもアカウンタビリティ（説明責任）やガバナンスが必要だという声が大きくなり、ガバナンスを強化する政策が図られました。一部の私学に不適切な運営が発覚したこともその一因です。

(3) 大学ガバナンス改革のあゆみ（国公私立大学共通）

①2012年　中教審大学分科会「大学のガバナンス改革の推進について」審議まとめ

大学の不祥事が相次ぎ、社会からの要請を受けて、中教審「新たな未来を築くための大学教育の質的転換に向けて」（2012（平成24）年8月28日）が答申されました。その内容は、「全学的な教学マネジメントの確立のためには、学長のリーダーシップによる全学的な合意形成が不可欠であり、それを可能とする実効性ある全学的なガバナンスの確立が求められる。」。そして、大学分科会において「大学のガバナンス改革の推進について」（大学分科会審議まとめ）（2014（平成26）年2月）が、以下の内容で公表されました。以後これに沿って改革が進みます。

1）学長のリーダーシップの確立　2）学長の選考・業績評価　3）学部長等については学長による任命と業績評価
4）教授会の役割（審議機関）を明確化し、審議事項の透明化を図る。設置単位の再点検
5）監事の役割の強化　6）大学評価を活用したPDCA サイクルの確立　7）FD・SD の推進

②2014年　学校教育法の一部改正（昭和22年法律第26号）

大学分科会審議まとめを受けて、「学校教育法及び国立大学法人法の一部改正が行われ（2014（平成26）年6月）、学長補佐体制と教授会の役割を明確化が下記のとおり規定されました（→p18）。

・**副学長の職務**（第92条第4項関係）
　副学長の職務を、「学長の職務を助ける」から「学長を助け、命を受けて校務をつかさどる」とし権限をもたせ、学長の補佐体制を強化する。
・**教授会の役割の明確化**（第93条関係）

教授会については、これまで「重要な事項を審議する」と規定されてきましたが、「教授会は、教育研究に関する事項について審議する機関であり、決定権者は学長である。学長へ意見を述べる関係にある。」と規定されました。

③2019年　ガバナンス・コードの策定 (→P28)

政府による自主的なガバナンス・コード策定の推奨を受け、各大学団体はそれぞれガバナンス・コードを策定しました。私立大学連盟の会員の遵守状況をHPで公表しております。私大協会では、ガバナンスコードのモデルを提示し全加盟大学が自律的なガバナンス・コードを制定します。社会的説明責任を果たすガバナンス・コードが期待されています。

④2020年以降のガバナンス改革

国立大学では、2021年5月、国立大学法人法の一部が改正され、①中期計画に「「実施状況に関する指標」を加える。②学長選考会議を「学長選考・監察会議」と名称変更し、解任要件の必要があれば、学長に職務の執行状況について報告を求めることができる。③監事の権限を強化し、常勤（最低1人）も図るなどが改正されました（2022年4月1日から施行）。また、 2023年12月には事業規模が特に大きい国立大学法人について、法人の大きな運営方針を決議する「運営方針会議」の設置が可決されました。

私立大学のガバナンス改革は、以下のセクションで説明いたします。

(5)学校法人のガバナンス改革

①令和5年私立学校法改正までの全体の流れ

学校法人のガバナンス機能の強化を図るため、以下の流れ私立学校法は改正されていきました。

平成16年改正→理事・監事・評議員会の権限・役割分担の明確化、情報公開制度の整備
平成26年改正→立入検査や措置命令、役員の解任勧告等の法的措置についての規定の整備
令和元年改正→不適切な管理運営をする学校法人が未だ散見されることから、以下②のとおり改正
＜文科省よりガバナンスコードの策定が推奨され、各大学団体より、策定・公表（→P25)。＞
令和３年5月改正→役員の賠償責任保険の契約は理事会決済が必要　等
令和3年12月改正→会社法改正による施行規則の改正
（３つの委員会の審議を経て）
令和5年改正→理事会と評議員会の権限関係、監事の権限強化　会計基準の根拠法等。（施行は令和7年）

②令和元年私立学校法の改正 （→P24～28） 令和2年4月1日より令和7年3月31日まで施行

（1）**学校法人の責務**（24条【新設】）：学校法人は自主的に運営基盤の強化,教育の質の向上、その運営の透明性の確保を図る。

（2）**役員の職務と責任の明確化等**　（2023（令和5）年4月26日改正され　令和7年4月1日より施行されます。）

1）特別の利益供与の禁止（26条の2）：理事、監事、評議員、職員等の関係者への特別の利益禁止
2）学校法人と役員との関係（35条の2）：学校法人と役員との関係は、委任（善管注意義務）。
3）理事会の議事（36条）：特別の利害関係を有する理事は、議決に加わることができない.
4）監事の職務（37条）：監事の権限を強化。
5）競業及び利益相反取引の制限（40条の5）：理事は、競業及び利益相反取引をするときは、理事会の承認を得る。。
6）理事の報告義務（40条の5）: 理事は、学校法人に著しい損害を及ぼすおそれのある事実を発見 したときは、直ちに、当該事実を監事に報告しなければならない。
7）監事による理事の行為の差止め（40条の5）：監事は、理事が学校法人の目的の範囲外の行為等をし、又はこれらの行為をするおそれがある場合において、当該行為によって学校法人に著しい損害が生ずるおそれがあるときは、当該理事に対し、当該行為をやめることを請求することができる。
8）評議員会の議事（41条）：特別の利害関係を有する評議員は、議決に加わることができない。
9）評議員会からの意見聴取（42条）：中期計画及び役員報酬等の支給の基準については、理事長においてあらかじめ評議員会の意見を聞かなければならない。

10）役員の学校法人に対する損害賠償責任（44条の2）：役員の任務を怠ったときは、学校法人に損害を賠償する。
11）役員の第三者に対する損害賠償責任（44条の3）：悪意又は重大な過失があれば生じた損害を賠償する。
12）役員の連帯責任（44条の4）：役員は学校法人等に生じた損害賠償する責任を負う場合、連帯債務者を負う。

（3）中期計画の作成（45条の2）：中期的な計画を作成することが義務付けられた。その際、認証評価の結果を踏まえるとともに、評議員会の意見を聴かなければならないこととされている。

（4）情報公開の充実（→P121）

1）寄附行為の備置き及び閲覧（33条の2）　2）財産目録等の備付け及び閲覧（47条）
3）役員に対する報酬等の支給の基準（48条）　4）情報の公表（63条の2）

（5）破綻処理手続きの円滑化（50 条の４）：学校法人が所轄庁の解散命令により解散したときは、所轄庁は、利害関係人の申立てにより又は職権で、清算人を選任する。

③2019年12月　会社法の改正に伴い、私立学校法の改正（役員の損害賠償保責任）

会社法の役員の損害賠償保責任が改正されたことにより、私立学校法においても学校法人の役員の損害賠償保険について、防御のための弁護士費用等と 損害賠償・和解による支出について、学校法人が補償契約あるいは保険契約を行うこと、それには理事会の議決が必要となりました。併せて利益相反行為に当たらないこととする旨を規定することが義務付けられました（令和元年12月11日法律第71号〔第65条〕施行日 令和3年03月1日）。

同様に、会社法改正により、一般社団・財団法人法の規定の準用には、理事会の決議が必要と定められ（私立学校法第44条の5）、併せて私立学校法施行規則第3条の5を新設し、契約のうち理事会手続きが適用除外となる範囲が定められました。

④３つのガバナンス改革会議

・2020年1月-2021年3月 「学校法人のガバナンスに関する有識者会議」による提言

自民党行革推進法部の提言、公益法人制度と社会福祉法人制度の改革等を踏まえ、公益法人としての学校法人制度について検討するため組織され、2021年3月に「学校法人のガバナンスの発揮に向けた今後の取組の基本的な方向性について」が取り纏められました。

・2021年6月-12月 「学校法人ガバナンス改革会議」による提言

「経済財政運営と改革の基本方針2021」（令和3年6月18日閣議決定）に基づき、内閣府より閣議決定された「学校法人ガバナンス改革会議」が設置され、その会議はオンラインでライブ配信されました。公益法人制度と社会福祉法人制度の改正のように、評議員会を最高議決機関にするなど、革新的な提言を盛込む報告書「学校法人ガバナンスの抜本的改革と強化の具体策」が同年12月に提出されましたが、学校法人側から大きな反発を招きました。

・2022年1月-2022年3月 「学校法人制度改革特別委員会」

文科省は、学校法人側からは大きな反対意見が出たことを踏まえ、「私立学校ガバナンス改革に関わる方針」（2021年12月21日）を公表し、「学校法人制度改革特別委員会」を設置し、2022（令和4）年1月より審議が開始されました。6回の審議を経て、2022（令和4）年3月29日、私学の要望を考慮した「学校法人制度改革特別委員会報告書」が提出されました。

⑤令和5年改正（令和7年4月1日施行）「私立学校法の一部を改正する法律」

前項1）～3）の各委員会の提言を基に、文科省では骨子案を作成しパブリックコメントを経て「私立学校法の一部を改正する法律」が2023（令和5）年4月26日に可決されました。これにより、理事・理事会、監事及び評議員・評議員会の権限分配が整理され、私立学校の特性に応じた形で「建設的な協働と相互けん制」のもとに、さらなるガバナンスの強化が図られることになります。改正内容は、本書―P33または文科省のサイトを参照してください。（「私立学校法の改正に関する説明資料」https://www.mext.go.jp/content/20231218-mxt_sigakugy-000021776-1.pdf） →P33

4．大学教職員の研修

(1)FD　ファカルティ・ディベロップメント（Faculty Development）の義務化　→P74

FDは、教員が授業内容・方法を改善・向上させるための組織的な取組みで、教員相互の授業参観の実施、授業方法についての研究会、新任教員のための研修会の開催等を行います。大学審議会答申「21世紀の大学像と今後の改革方策について ― 競争的環境の中で個性が輝く大学」（1998（平成10）年）の提言を受け、大学設置基準に努力義務化の改正（1999（平成11）年）を経て、2008（平成20）年の改正により、FDは義務化されました（旧大学設置基準　第25条の２）。

(2)SD　スタッフ・ディベロップメント（Staff Development）の義務化　→P74

大学改革を推進するためには大学教職員の能力の向上が必要なことから、中教審大学分科会の公表された「大学のガバナンス改革の推進について（審議まとめ）」（2014（平成26）年2月）の提言を受けて、大学設置基準が改正され、SDも義務化されました（平成28年）。（→P23）

＜SDの留意事項＞

SDの留意事項が「大学設置基準等の一部を改正する省令の公布について（通知）」（27文科高第1186号 平成28年3月31日）において以下のとおり明記されています。

①対象となる職員について：

「職員」には、事務職員のほか、教授等の教員や学長等の大学執行部、技術職員等も含まれる。

②「機会を設けること」について：

ア．個々の職員全てに対して一律に研修の機会を設けることを義務付ける趣旨ではなく、SDの具体的な対象や内容、形態等については、各大学等において、その特性や実態を踏まえ、各職員のキャリアパスも見据えつつ、計画的・組織的に判断されるべきこと。

イ．大学等自らの企画研修のほか、関連団体等が実施する研修に参加する機会を設ける。

(3)「教員並びに事務職員の組織的な研修等」令和４年大学設置基準改正（参照→P22-3）

令和4年改正の大学設置基準では、これからの教育研究には教職協働が重要であることから、これまで別々に規定されている教員と事務職員、およびそれぞれの組織に関する規定を一体的に再整理し、事務職員からなる教育研究実施組織を設けることを規定しました（大学設置基準第7条）。これは、新たな「組織」を設けることを求めるものではなく、教員と事務職員等の機能をまとめるもので、教職それぞれの機能・役割を担う教職員を置くという従前の趣旨と変わりはありません。

これに伴い教員及び事務職員等に必要な研修として第11条に義務付けられました。

○大学設置基準（抄）

第11条　大学は、当該大学の教育研究活動等の適切かつ効果的な運営を図るため、その教員及び事務職員等に必要な知識及び技能を習得させ、並びにその能力及び資質を向上させるための研修（次項に規定する研修に該当するものを除く。）の機会を設けることその他必要な取組を行うものとする。

2　大学は、学生に対する教育の充実を図るため、当該大学の授業の内容及び方法を改善するための組織的な研修及び研究を行うものとする。

※　厚生労働省人材開発支援助成金「人材育成支援コース」を利用して教職員の研修を行うこともできます。詳しくは各都道府県労働局にお問い合わせください。

5．中長期計画の策定　→P37

	プラス要因	マイナス要因
内部環境	強み（Strength）	弱み（Weakness）
外部環境	機会（Opportunity）	脅威（Threat）

認証評価を踏まえた中長期計画の作成が、令和元年の私学法改正により義務付けられました。
作成にあたり、あらかじめ評議員会の意見も聴くこととされています（第42条の2）。また認証評価機関の評価の結果を踏まえて作成しなければすならないとされています（第45条の2）。

中長期計画を策定するには、まず、現在の自法人がどのような状態なのか自己点検・評価をし、その結果を、内部環境・外部環境の両方から分析する必要があります。大学が置かれている環境を分析する手法として**SWOT分析**（→P127）があります。

SWOT分析とは、自校が保有する経営資源のなかで、内部環境の強み（Strength）と弱み（Weakness）を洗い出し、外部環境の機会（Opportunity）と脅威（Threat）を列挙します。そこから、「強み」と「機会」、「強み」と「脅威」、「弱み」と「機会」、「弱み」と「脅威」という象限を組み合わせて新しい経営戦略や意思決定を図る経営手法のことです。

これらの分析結果を踏まえ、大学経営上の目標を設定し、財務面、教育面、管理面（理事会・評議員会）、学生募集活動の面などあらゆる方向から多角的に、3年から10年のスパンでの中長期計画を策定していきます。

6．情報公開・公報（大学ポートレートなど）

(1) 教育情報の公開　教育研究の質の向上を目指して

教育情報の公開は、大学の教育・研究の質の維持・向上の観点から、「大学は、教育研究の成果の普及及び活用の促進に資するため、その教育研究活動の状況を公表するもの」です（学校教育法第113条）。

中教審答申『学士課程教育の構築に向けて』（2008（平成20）年12月）を受けて、2010（平成22）年に「学校教育法施行規則」の一部改正が行われ、新たに教育研究活動等の公表すべきものとして次の9項目の明確化と刊行物への掲載、インターネットの利用など積極的に公表することが規定されました。

①教育研究上の目的及び3つ（入学、教育課程、卒業）の方針
②教育研究上の基本組織
③教員組織、教員の数並びに各教員が有する学位及び業績
④入学者、収容定員及び在学生数、卒業者数、進学者数、就職者数、就職等の状況
⑤授業科目、授業の方法及び内容、年間の授業計画
⑥学修成果に係る評価、卒業認定に当たっての基準
⑦校地、校舎等の施設及び設備、学生の教育研究環境に関すること
⑧授業料、入学料その他の大学が徴収する費用に関すること
⑨大学が行う学生の修学、進路選択及び心身の健康等に係る支援

○第171条　学校教育法110条4項に規定する（認証評価の結果のこと）の公表は、刊行物への掲載、インターネットの利用その他広く周知を図ることができる方法によつて行うものとする。
○第172条　認証評価機関は変更に際し届出る事項として、大学評価基準、評価方法のほか文部科学大臣の定める事項として、①名称及び事務所の所在地②役員③評価の対象、⑤評価の実施体制⑥評価の結果の公表の方法⑦評価の周期⑧評価に係る手数料の額を届けなければならない。
○第172条の2　大学は、次に掲げる教育研究活動等の状況についての情報を公表するものとする。（上述しているので、　略）
2　専門職大学等　（略）
3　大学院（専門職大学院を除く。）を置く大学は、第一項各号に掲げる事項のほか、大学院設置基準第14条の2第2項に規定する学位論文に係る評価に当たつての基準についての情報を公表するものとする。
4　大学は、前各項に規定する事項のほか、教育上の目的に応じ学生が修得すべき知識及び能力に関する情報を積極的に公表するよう努めるものとする。
5　前各項の規定による情報の公表は、適切な体制を整えた上で、刊行物への掲載、インターネットの利用その他広く周知を図ることができる方法によつて行うものとする。

大臣所轄法人に義務付けられた計算書類等の情報公開

書類	備置き	閲覧	交付	ネット公表	電磁的記録
寄附行為	原本を主たる事務所、写しを従たる事務所に備え置く	請求者	評議員、債権者	請求者	可能
会計帳簿	帳簿閉鎖の日から5年間主たる事務所に備置く（保存は10年）	評議員、会計監査人のみ	評議員、債権者		可能
計算書類（BS,PL,CF）	定時評議員会の日の一週間前から原本を主たる事務所に5年間備置く（従たる事務所には写しを3年間）…保存は10年	請求者	評議員、債権者	請求者	可能
事業報告書		請求者	評議員、債権者	請求者	可能
附属明細書		請求者	評議員、債権者	請求者	可能
監査報告		請求者	評議員、債権者	請求者	可能
会計監査報告		請求者	評議員、債権者	請求者	可能
財産目録	定時評議員会の日から5年間、原本を主たる事務所に備置く（従たる事務所には写しを3年間）	請求者	評議員のみ	請求者	可能
役員・評議員名簿		請求者	評議員のみ	請求者	可能
報酬等の支給基準（注1）		請求者	評議員のみ	請求者	可能
理事会の議事録（注2）	理事会の日または評議員会の日から10年間、主たる事務所に備置く	評議員、役員の責任を追及するための裁判所の許可を得た債権者	評議員、債権者		可能
評議員会の議事録		評議員、債権者	評議員、債権者		可能

(2) 財務情報等の公開 —学校法人の透明性を高め、適切な管理運営のために— (→P121)

学校法人の不適切な管理運営がみられたことから、財務情報等の公開が「私立学校法の一部を改正する法律（平成16年法律第42号）」により義務付けられました。第47条において、①財産目録、②貸借対照表、③収支計算書、④事業報告書及び⑤監事による監査報告書を、各事務所に備えて置くとともに関係者への閲覧に供すること、また、この改正を怠った理事等には罰則として20万円以下の罰金が科されることになりました。さらに学校法人の運営の透明性の向上を図るため、2019（令和元）年の私学法改正により以下の項目が新たに義務化されました。

・寄附行為・役員等名簿の事務所の備置き及び一般閲覧（第33条の2、第47条）
・財務書類等及び役員報酬等基準の作成並びに一般閲覧及び公表（第47条、第48条）

令和5年私学法改正では、学校法人会計基準や帳簿、計算書類も規定され、それらの情報公開を整理すると、上の表のようになります。

(3) 大学ポートレートの活用 (→P122)

大学の教育情報の活用・公表のためには、データベースを用いた共通的なプラットフォームの構築が必要になり、大学ポートレート（仮称）準備委員会を設置し、各設置者代表等が審議した結果、国公立、私立の団体ごとに、各大学の教育情報一覧を掲載する「大学ポートレート」が2014（平成26）年に設置され、2015（平成27）年より運営されました。

＜参考＞国公立の大学ポートレートの実施については、独）大学改革支援・学位授与機構において、私学版大学ポートレートは、私学事業団が担当しています。受験生や保護者の検索、最近では各大学のIR担当者の分析にも利用され、国際発信やモバイル化など、さらなる便宜が図られています。

7. 自己点検・評価と認証評価

(1) 自己点検・評価とは

自己点検・評価とは「大学が教育研究水準の向上や活性化に努めるとともに、その社会的責任を果たしていくため、その理念・目標に照らして自らの教育研究活動等の状況について自己点検し、現状を正確に把握・認識した上で、その結果を踏まえ、優れている点や改善を要する点など自己評価を行うこと」です（「自己点検・評価と認証評価制度について」中教審　文科省資料2018.4.より）。

なお、昭和63年の大学審議会答申を受け、大学院に努力義務として最初に導入された。

(2) 認証評価制度とは

日本では、大学や学部の新設には、大学設置基準によって厳しい審査があり、設置した後は、大学基準協会加盟校では、自主的なピアレビュー（仲間同士で評価すること）により質を担保していました。

1991（平成3）年、国の方針が変わり設置基準を大綱化（基準要件の緩和）し、大学自ら自己点検・評価を行うよう努力義務を規定し、教育の質保証を図りましたが、大学の質の低下が問題になってきたこともあり、1999（平成11）年に大学設置基準を改正し、自己点検・評価の実施と結果の公表を義務化するとともに、第三者によって検証することを努力義務化しました。しかし、自己点検・評価は外部に冊子やHPで公表はされたものの、第三者による評価を受けるまでは至りませんでした。

2002（平成14）年に学校教育法を改正し、**自己点検・評価の実施と結果の公表を義務化し**（施行は2004（平成16）年度）、併せて文部科学大臣の認証を受けた**認証評価機関による7年ごとの評価が義務付け**られました。評価結果は文科大臣に報告後、公表されます。

この法令違反状態の大学に対しては、①改善勧告、②変更命令、③特定組織のみを対象とした認可取り消し等の措置、④大学の閉鎖命令、といった是正措置が段階的に定められています。また、結果が不適合となった大学は、適合を要件とする補助金の申請が出来なくなります。

○ **大学設置基準**（昭和31年文部省令第28号）（抄）

第1条　大学（専門職大学及び短期大学を除く。以下同じ。）は、学校教育法（昭和二十二年法律第二十六号）その他の法令の規定によるほか、この省令の定めるところにより設置するものとする。

2　この省令で定める設置基準は、大学を設置するのに必要な最低の基準とする。

3　大学は、この省令で定める設置基準より低下した状態にならないようにすることはもとより、学校教育法第百九条第一項の点検及び評価の結果並びに認証評価の結果を踏まえ、教育研究活動等について不断の見直しを行うことにより、その水準の向上を図ることに努めなければならない。

○ **学校教育法**（昭和22年法律第26号）（抄）

第69条の3　大学は、その教育研究水準の向上に資するため、文部科学大臣の定めるところにより、当該大学の教育及び研究、組織及び運営並びに施設及び設備（次項において「教育研究等」という。）の状況について自ら点検及び評価を行い、その結果を公表するものとする。

第109条　大学は、その教育研究水準の向上に資するため、文部科学大臣の定めるところにより、当該大学の教育及び研究、組織及び運営並びに施設及び設備（次項において「教育研究等」という。）の状況について自ら点検及び評価を行い、その結果を公表するものとする。

2　大学は、前項の措置に加え、当該大学の教育研究等の総合的な状況について、政令で定める期間ごとに、文部科学大臣の認証を受けた者（以下「認証評価機関」という。）による評価を受けるものとする。（以下略）

(3) 認証評価機関一覧

認証評価機関とは、文部科学大臣が、中央教育審議会の意見を聴いた上で、公正かつ適確に認証評価を行うための一定の基準に適合すると認めた機関です。現在、以下の機関が認定されています。

① 機関別評価（→P120）

【大学】（公財）大学基準協会、（独）大学改革支援･学位授与機構、（公財）日本高等教育評価機構、（一財）大学教育質保証・評価センター（注　2019年設立　公立大学を主に認証評価）、（一財）短期大学基準協会

【短期大学】（一財）短期大学基準協会、（公財）大学基準協会、（公財）日本高等教育評価機構

【高等専門学校】（独）大学改革支援・学位授与機構

◇大学等は複数の認証評価機関の中から評価を受ける機関を選択できる（複数の機関を選択することもできる）。

② 専門職大学院認証評価機関

（公財）日弁連法務研究財団、（独）大学改革支援・学位授与機構、（公財）大学基準協会、NPO法人 国際会計教育協会、NPO法人 日本助産評価機構等　［計14機関］

③ 分野別質保証の構築

上記①、②は大学ごとの認証評価ですが、教育研究の分野別認証評価においては、それぞれの研究に合った質保証の在り方が必要であるとの中教審答申「学士課程教育の構築に向けて（答申）」（平成20年）を受け、日本学術会議において、学生が身につけるべき基本的な知識と理解及び能力等を参照基準として定められました。

その後、中教審大学分科会審議まとめ「認証評価制度に向けて」（平成28年3月18日）が示され、内部質保証システムの重要性が強調され、分野ごとの教育水準の質を高めることが求められています。

8．教学マネジメント指針

「全国学生調査」と同じく中教審「グランドデザイン答申」（2018年11月）で打ち出された「学修者本位の教育の実現」という理念をベースに、大学分科会教学マネジメント特別委員会より「教学マネジメント指針」が2020年（令和2）年1月22日に公表されました。

「自律的な学修者」を育成するための学修者本位の教育への転換が必要として、学長のリーダーシップの下、学位プログラム毎に、以下の教学マネジメントを確立することが求められています。また､2023（令和5）年に「入学者受け入れの方針」に基づく大学入学者選抜の実施が追補されました。

①「『三つの方針』を通じた学修目標の具体化」、②「授業科目・教育課程の編成・実施」、③「学修成果・教育成果の把握・可視化」、（追補）「入学者受け入れの方針」に基づく大学入学者選抜の実施、④「教学マネジメントを支える基盤（ＦＤ・ＳＤの高度化、教学ＩＲ体制の確立）」、⑤「情報公表」。

この指針を踏まえて、それぞれの大学における積極的な教育改善の取組が望まれています。文科省では、毎年、教学マネジメント指針に基づく教育改革の状況を調査・公表しております（→P100）。

9．私立大学定員の厳格化

私立大学定員の厳格化は、①マンモス大学が定員を超えて過剰に合格者を出してしまうと、地方大学や小規模大学に学生が進学せず、経営にダメージが及んでしまう惧れ、②”地方創生”という観点から、大都市の大学に学生が集まりすぎることは避けるべきとの方針により、文科省は定員超過を抑制すべく、定員の厳格化と23区内の新増設等収容定員の増加の抑制を図っています。

(1)定員管理の厳格化ルールの変更

文部科学省は定員超過を抑制すべく、入学定員が定めた基準を超過した大学には、経常費等補助金を不交付にすることを、2015年から2022年にわたって段階的に行いました。その結果、大学全体の入学定員超過率に改善がみられました。

しかし、上位にある難関大学から順に入試の合格者数を絞った結果、下位の大学や地域の大学の入学者を増やすメリットがあった一方、私大全体合格の難易度が上がり、また難易大学は入学辞退者の数に合わせて繰り上げ合格を何度も出し入学者数の調整が行われるので、当初は不合格だった受験生が他大学に入学手続き後に繰り上げ合格するケースも多くなり､受験生によっては､入学手続きをキャンセルし繰り上げ合格した志望校に入学手続などの混乱をもたらしました。

そのため、2023年度から定員厳格化のルールが、入学定員の超過ではなく、収容定員（大学全体の定員数）へと変更となりました。

具体的には、私立大学等経常費補助金の配分について、①入学定員超過率による不交付措置と②入学定員充足率が0.9倍以上1.0倍以下の場合の増額措置を廃止し、③収容定員超過率の不交付基準を厳格化にしました。

表　不交付となる収容定員超過率（5～7年度）

大学規模別		定員規模（収容定員）		
		8,000人以上	4,000人以上 8,000人未満	4,000人未満
収容定員超過率	令和4年度	1.40倍以上	1.50倍以上	
	令和5年度	1.30倍以上	1.40倍以上	1.50倍以上
	令和6年度	1.20倍以上	1.30倍以上	1.40倍以上
	令和7年度	1.10倍以上	1.20倍以上	1.30倍以上

※医歯学部は定員規模に関わらず、令和７年度にかけて段階的に厳格化
（令和5年度：1.30倍以上、令和6年度：1.20倍以上、令和7年度：1.10倍以上）。

日本私立学校振興共済事業団　HP

その結果、入学定員の超過が緩和されたので、合格難易度の高い大学を初めとして、各大学の追加合格者の数は減りましたが、これまでの大手大学の絞り込みによる恩恵はなくなり、2023年度の入学定員割れの大学は全大学の半数以上になりました（→P99　日本私立学校振興･共済事業団調べ）。昨年度から、2025年度より短大や女子大、伝統ある単科大学等の募集停止の報道が目立ってきました。

また収容定員による厳格化は、入学者の予定超過数を認めるので緩和とみる向きもありますが、ある年度に入学定員を超過したら、中退者の数を考慮したとしても収容定員の数の帳尻を合わすため、翌年度あるいは翌々年度に入学者数を減らさなければなりませんので、定員の厳格化であることに変わりはありません。

2024年度の入試状況も厳しく、昨年度の名門女子大学や短大の募集停止は、2024年度に入って伝統ある単科大学や短大の相次ぐ募集停止のニュースが相次いでいます。こうした問題を審議する「高等教育の在り方に関する特別部会」が中教審大学分科会の下に2023年11月からスタートしました。

(2) 東京23区内の大学収容定員増の抑制

「地域における大学の振興及び若者の雇用機会の創出による若者の修学及び就業の促進に関する法律」（2018（平成30）年10月1日施行　第13条（特定地域内学部収容定員の抑制等））により特定地域（政令により、東京23区を指定）内の大学等の学部等の収容定員を増やすことは10年間できません。

例外として、①スクラップ＆ビルドによる新たな学部等の設置、②留学生・社会人の受け入れ、③夜間・通信教育を行う学部・学科設置が設けられています。2028年の解禁を見据えて、都内大手大学では学部の新設は、郊外キャンパスから都内キャンパスへの移転等に動いています。

(3)2025年度以降の新設大学・学部への新たな申請ルール

2025年度以降に新設大学・学部を申請するには、「学生確保の見通し」について明確なエビデンスを示さなくてはならなくなりました。具体的には、高校生にアンケート調査（「卒業後の進路」、「国立、公立、私立」、「学問分野」、「受験希望の有無」、「入学希望の有無」）を行い、入学定員以上の入学希望者が存在するというデータを集めるなど、手続書類の一部が変更されて、実質的に規制が強化されています。（令和7年度開設用文部科学省　大学の設置等に係る提出書類の作成の手引（令和7年度開設用）

令和7年度開設予定の設置認可申請があった大学の学部等は、公立2，私立23と、「大学・高専機能強化支援事業」による促進もあり、理工、情報、医療系統が設置されました。通信課程も、2025年4月に開設予定の通信教育課程の大学設置、学部設置の認可申請分は、2023年10月末申請分と合わせると、入学定員7250名、2年次編入定員30名、3年次編入定員690名となります。

10.　高大接続改革

(1) 高大接続改革とは

「予見の困難な時代にあって、新たな価値を創造していく力が必要とされている社会では、学生が身に付けるべき力を育成するには、高等学校教育と大学教育、その２つをつなぐ大学入学者選抜について、一貫した理念のもとに一体的に改革を行う必要があります。」(中央教育審議会「新しい時代にふさわしい高大接続の実現に向けた高等学校教育、大学教育、大学入学者選抜の一体的改革について（答申）」) この答申を受けて、高校教育、大学教育、大学入試の三位一体の改革が行われています。

(2) 学生が身に付けるべき力「学力の3要素」とは

「学力の3要素」とは、予見の困難な社会にあって学生が身に付けるべき力のことで、①十分な知識・技能、② それらを基盤にして答えが一つに定まらない問題に自ら解を見出だしていく思考力・判断力・表現力等の能力、③これらの基になる主体性を持って多様な人々と協働して学ぶ態度、の3つの学力を指します。

(3) 高等学校の教育改革のポイント

①教育課程が見直しされ、高等学校学習指導要領が改訂される2022（令和4）年度より改定
②主体的・協働的に学ぶアクティブラーニングを中心に授業改善や教員の養成等
③「学力の3要素」を多面的に評価する指導要録・調査書に改善
④多様な測定ツールとしての「高校生のための学びの基礎診断」の導入

(4) 大学の教育改革のポイント

「三つの方針（3つのポリシー）」の策定と公表が義務化されています（2015（平成27）年度から）。

①「卒業認定・学位授与の方針」（ディプロマポリシー）～その大学の目指す学生が身に付けるべき、資質能力の明確化。学修目標（→P119）
②「教育課程編成・実施の方針」（カリキュラムポリシー）～学修・評価方法の在り方等の明確化（→P120）
③「入学者受入れの方針」（アドミッションポリシー）～入学者に求める能力の明確化（→P119）

(5) 入学者選抜改革のポイント

①センター試験から大学入学共通テストに名称変更。
②大学入試改革「学力の3要素を多面的評価する、思考力・判断力・表現力を問うテストの実施。
③令和7年度入試から、平成30年３月に新しい高等学校学習指導要領に対応した入試問題となります。

「令和７年度大学入学者選抜に係る大学入学共通テスト実施大綱の予告」（令和３年7月30日　局長通知）
https://www.dnc.ac.jp/kyotsu/shiken_jouhou/r7/r7_kentoujoukyou/

❶国語と数学の記述式問題の導入、❷英語の4技能を民間による英語資格・検定試験活用に代替　は見送られました。英語の4技能を民間試験の代替は、個別大学で独自に活用することは可能です。2021年度に活用した大学一覧が文科省のHP「大学入試英語ポータルサイト」(https://www.mext.go.jp/a_menu/koutou/koudetail/1420229.htm) で公表されています（令和6年4月1日時点で更新なし。）。

(6) 進む大学と高校の提携、年内入試

なお、入学生を確保するため、いわゆる年内入試による合格者が半数以上となる、また、付属や系列でなくとも、大学を入試を有利にするのと入学生を確保する思惑が一致し、大学と高校が協定を結ぶケースが増加しています。

その原因の大きな要素として、高校現場での働き方改革の推進があり、教員が進路指導を行うための時間も不足しているといわれております。

11．学生への経済的支援

(1) 高等教育の無償化（高等教育の修学支援新制度）

2020（令和2）年4月からスタートした高等教育の修学支援新制度は、大学等における修学の支援に関する法律等に基づき、機関要件（文科省の大学に求める条件　→109）を満たしている大学等であれば、在籍する学生が、経済的理由により修学困難とならないよう、①授業料の減免と②返還義務のない給付型奨学金支給の2つの支援を行うものです。

対象となる学生は、住民税非課税世帯とそれに準ずる一定の収入以下（①年収目安300万円までの世帯、②年収目安300万円を超え380万円までの世帯、の２つの世帯区分）の学生です。令和６年度から多子世帯（扶養する子供が３人以上いる世帯）や私立の理工農系の学部等に通う学生等の中間層への支援対象が拡大されました。機関要件は、年度ごとに更新され、「機関要件の確認事務に関する指針」を満たしていることが確認された大学・短期大学、高等専門学校、専門学校に交付されます。

なお、2024年度から「直近3年間の収容定員充足率が8割未満」の大学・短大・高専は、原則として支援対象ではなくなります。

(2)日本学生支援機構（JASSO）貸与奨学金

独立行政法人日本学生支援機構（JASSO）は、国内の奨学金（無利子と有利子）と海外留学のための奨学金を実施しています。（日本学生支援機構（JASSO）の奨学制度　https://www.jasso.go.jp/shogakukin/about/taiyo/index.html）

(3) 博士後期課程学生への経済的支援

近年、経済的理由により博士後期課程等への進学者数が減少傾向にあり、秀な志ある博士後期課程学生への経済的支援を多様なキャリアパスの整備を進めるため、下図の取組みがあります。

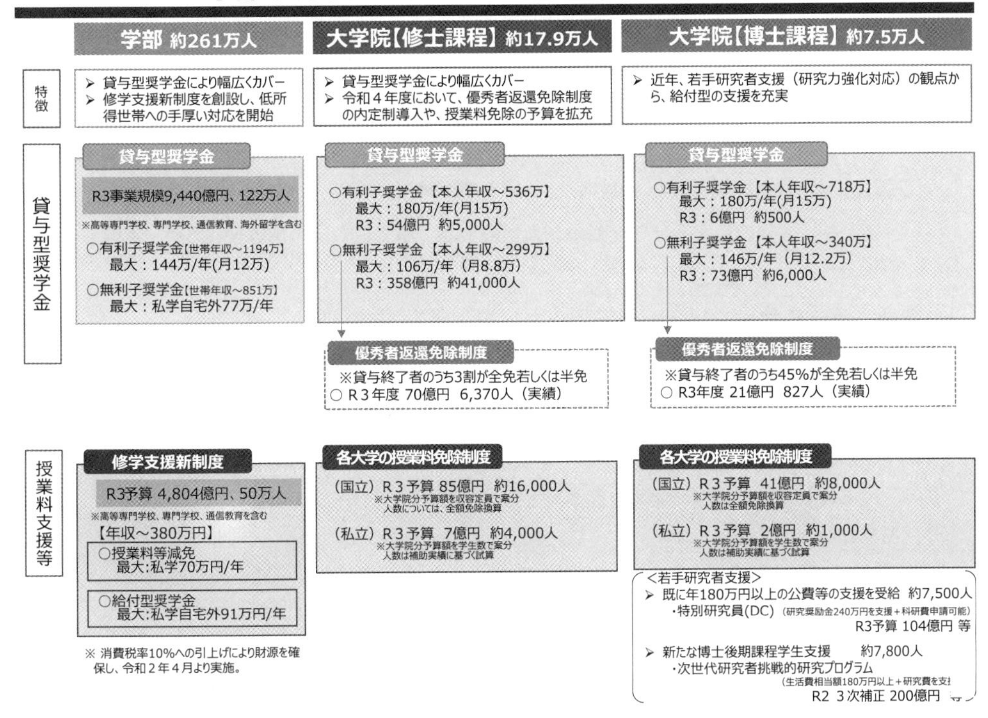

12. 全国学生調査

「学修者目線の教育への転換」を唱えた中教審「2040年に向けた高等教育のグランドデザイン」(答申)による「大学全体の教育成果や教学に係る取組状況等、(略)全国的な学生調査や大学調査を通じて整理し、比較できるよう一覧化して公表すべきである」という提言を受け、令和元年度「全国学生調査(試行実施)」が学部3年生を対象に実施されました。

学生の学修等の状況を把握し、得られたデータをIR やFD・SD 活動、自己点検・評価に活用し、教育内容の改善を図ることが目的です。

この調査結果を基に、「「全国学生調査」に関する有識者会議」で検討した結果、大学は教育改善に、学生は学修の振り返りに有用であることが認められ、本調査が偏差値の脱却の可能性の一つ契機となり得ると分析され、令和3年度「全国学生調査(第2回試行実施)」は、令和3年11月31日～ 2月28日にかけて実施されました。参加大学 は568/778校(73.0%)前回:515校(67.4%)、短期大学は初実施で147 ／ 315校(46.7%)でした。

令和4年度「全国学生調査(第3回試行実施)」は、令和4年11月から12月に行われました。「全国学生調査(第4回)」の実施については、令和5年6月の第8回「「全国学生調査」に関する有識者会議」において、各大学における学生調査のシステム仕様変更などに対応するための周知期間を十分に確保したうえで、令和6年度に改めて審議を行うことが確認されました。

13. 大学DXの推進政策

(1) 大学・高専機能強化支援事業(成長分野をけん引する大学・高専の機能強化に向けた基金)

デジタル・グリーン等の成長分野を担う理系人材を育成するため、文部科学省は、意欲ある大学・高専が、成長分野への学部転換等の改革を行うのを支援する「大学・高専機能強化支援事業」を創設しました。大学や高専が成長分野への学部転換などの改革を行うことを継続的に支援します。

大学・高専機能強化支援事業は、以下の2種類に分類されます。

- 支援1:学部再編等による特定成長分野(デジタル・グリーン等)への転換等
  ～私立・公立大学の理工系学部への再編等に必要な経費(検討・準備段階から完成年度まで)を支援
- 支援2:高度情報専門人材の確保に向けた機能強化
  ～国公私立大学の情報系分野が対象、大学の学部・研究科の定員増等に伴う体制強化。

文部科学省 https://www.mext.go.jp/content/20230721-mxt_senmon01-74.pdf

(2) 数理・データサイエンス・AIモデルカリキュラム

文理を問わず、基礎的・実践的な能力を育成する「数理・データサイエンス・AI教育」を行うカリキュラム、またはコンソーシアムを文部科学大臣が認定及び選定し、その拡大で推進します。

1. 数理・データサイエンス・AI教育強化拠点コンソーシアム
   ～地域の高等教育機関に加え、産業界とも連携したコンソーシアムの形成し、数理・データサイエンス・AI教育の充実に寄与します。
2. 数理・データサイエンス・AI教育プログラム認定制度 ※MDASH認定制度
   ((Approved Program for Mathematics, Data science and AI Smart Higher Education、略称「MDASH(エムダッシュ)」

MDASHに認定されるには、「大学の正規の課程であること」「全学に開講されていること」「学生の関心を高め、体系的に修得できること」などの認定要件が定められています。

(3) 私立大学等のＤＸによる教育の質的転換支援

経常費補助金　特別補助において、①DXによる学修者本位の学修の実現、②DXによる効果的で質の高い学修の実現について、増額する変更が行われました。

14.　その他の主な大学改革

(1)地域連携プラットフォームの構築

地域の国公私立大学と地方公共団体、産業界、企業、金融機関等々が一体となって地域の課題や人材の養成、大学貢献の可能性などを議論できる場を作り連携体制の強化を図るものです。2021年文科省より地域連携プラットフォーム構築のガイドラインも策定されました。

現在、「めぶく。プラットフォーム前橋」「しまね産官学人材育成コンソーシアム」「青森創生人財育成・定着推進協議会」などが活動しています。（文科省ＨＰより）

(2)指定国立大学法人

文部科学大臣が世界最高水準の教育研究活動が見込まれる国立大学法人を「指定国立大学法人」とし、研究成果を活用する事業者への出資、中期目標に関する特例を認める制度（2017年国立大学法人法の一部改正）。現在10大学（東北大、東大、京大、東工大、名大、阪大、一橋大、東京医科歯科大学、筑波大学、九大）です。

(3)地方国立大学の定員増

国立大の定員増は長らく認められておりませんでしたが、政府のSTEAM（科学、技術、工学、芸術、数学）人材の育成や特例的に認める地方創生策が閣議決定され、2022年度より地方国立大学の定員増が認可されました。昨年度は0採択でしたが、2023年3月までに5大学が申請し3大学採択されました。（既設：広島大学情報科学部70人増、徳島大学理工学部30人増、新設：島根大学材料エネルギー学部　80名）

(4)国立大学の一法人複数大学制度　（アンブレラ方式）（→P119）

公私立大学にある形態ですが、令和元年度の国立大学法人法改正によって、一つの国立大学法人に複数の大学を設置する「一法人複数大学制度」が創設されました（複数設置大学法人と呼称）。

(5)大学等連携推進法人制度（「連携開設科目」）

「一般社団法人 大学等連携推進法人」を設置し国公私立の枠組を超えて複数の大学が連携できる仕組みです。大学設置基準改正（2021年2月19条の2新設）により、自学と連携する他大学の科目「連携

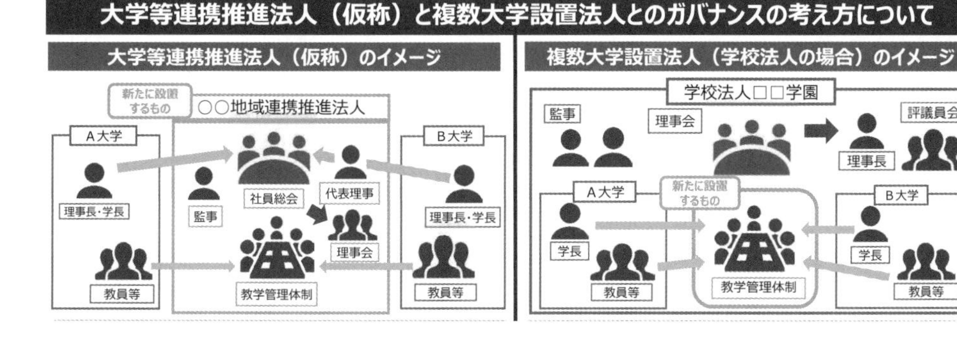

文部科学省中教審大学分科会（154回）会議資料（注）2020年 開催のため、「大学等連携推進法人（仮称）」となっています。

開設科目」を「自ら開設した科目」として単位算入できることとなり実装化しました。

設置基準改正を待たずに機構は設置することは可能でしたので、設置基準改正前の2020年に国立大学法人東海国立大学機構（名古屋大学と岐阜大学）がいち早く設立されました。2022年に国立大学法人 北海道国立大学機構（小樽商科大学・帯広畜産大学・北見工業大学）、国立大学法人 奈良国立大学機構（奈良教育大学・奈良女子大学）が設立されました。

なお大阪公立大学は、公立大学法人大阪が、大阪府立大学と大阪市立大学を統合して2022年に新設したものです。東工大と東京医科歯科大が統合する東京科学大学（2024年10月誕生）も、一法人一大学となります。

(6)クロスアポイント制度（在籍型出向による人事給与マネジメント改革）

クロスアポイント制度は、研究者等が、大学や公的研究機関、民間企業等の間で、それぞれと雇用契約関係を結び、各機関のエフォート管理の下で業務を行うことが可能となる仕組みです。人材流動の向上や若手の活躍機会創出のために、クロスアポイントメントの積極的な活用が推奨されています。

しかし、利用はごく一部にとどまっていることから、クロスアポイントメントの促進目的に、制度を利用する研究者等へのインセンティブ（混合給与の促進）や、制度導入に向けた手続きの明確化、労務・知財管理などの契約面における課題を整理し、追補版として取りまとめました（2020年6月26日）。大学設置基準の改正による基幹教員制度により促進されるものと思われます。

(7)10兆円ファンドと国際卓越研究大学

世界に伍する研究、イノベーション（→P119）を創出するため、内閣府総合科学技術・イノベーション会議の発案で、10兆円規模の公的資金を年3％で運用し、その運用益年間3000億円を、選定した国際卓越研究大学を支援する計画です。ファンドの運用は科学技術振興機構のCFO（Chief Financial Officer）が当たり、2024年度から国際卓越研究大学1校あたり数百億円規模のファンド運用益を配分することになります。2023年3月末の公募期限までに、申請順に早稲田大、東京科学大、名古屋大、京大、東大、東京理科大、筑波大、九州大、東北大、大阪大、東京科学大の10大学から申請があり、2023年秋に東北大が選定されました。引き続き選定は継続されます。

(8)地域中核・特色ある研究大学総合振興パッケージ（総合振興パッケージをバージョンアップ）

総合振興パッケージは、日本全体の研究力を向上させるためには、大学ファンドによる限られたトップレベルの研究大学への支援と同時に、地域の中核となる大学や特定分野に強みを持つ大学など、実力と意欲を持つ多様な大学の機能を強化していくことが重要とし、令和4年2月の総合科学技術・イノベーション会議にて「地域中核・特色ある研究大学総合振興パッケージ」として閣議決定されました。

その後、日本全体の研究力発展を牽引する研究大学群の形成に向けて、大学ファンド支援対象大学と地域中核・特色ある研究大学とが相乗的・相補的な連携を行い、共に発展するスキームの構築に資するよう　パッケージの内容を充実する改定が令和５年２月８日の総合科学技術・イノベーション会議にて行われました。

主な改定のポイントは以下のとおりです。

❶基金事業創設などによる、資金面での拡大
❷パッケージで目指す大学像を明確化と共に、「大学自身の取組の強化」に向けた具体策を充実

❸研究者が研究に専念できる時間確保に向けた専門職人材の量・質の確保や、研究DX（→P125）や設備・機器等の研究インフラ管理・利活用など、大学の研究マネジメントに着目した政策との連動
❹パッケージに含まれる各府省の事業間の連携強化や、「関連事業マップ」の更なる充実（「ヘルスケア・健康づくり」領域を追加）

政府が総力を挙げてサポートし、地域社会の変革のみならず、我が国の産業競争力強化やグローバル課題の解決にも大きく貢献を期待され、令和5年度は720億円（前年度442億円）の予算が計上されています。

令和4年度の採択は、計11大学（配分総額 1,600 百万円）です。令和5年度は支援対象に公立大学を加えて国公私立大学を対象とし、１大学1億円程度/年度（原則２年間支援、最大３年間）、10大学程度を目安に支援を行う予定です。

内閣府　https://www8.cao.go.jp/cstp/gaiyo/yusikisha/20230126/siryo1.pdf）

(9)　日本語教育機関の認定

＜日本語教育の適正かつ確実な実施を図るための日本語教育機関の認定等に関する法律の制定＞

日本語教育の適正かつ確実な実施を図るため、①日本語教育機関、日本語教育課程を設置する機関のうち一定の要件を満たすものを認定する制度と、②認定日本語教育機関の教員資格の認定制度が創設され、令和６年４月１日（認定日本語教育機関の教員の資格等については経過措置を設ける）より施行されます。対象は、日本語学校だけではなく、日本語教育課程を有する機関も含まれるので、日本語教育課程をもつ大学も対象となります。

Ⅵ. 大学の財務

1．大学の収支構造

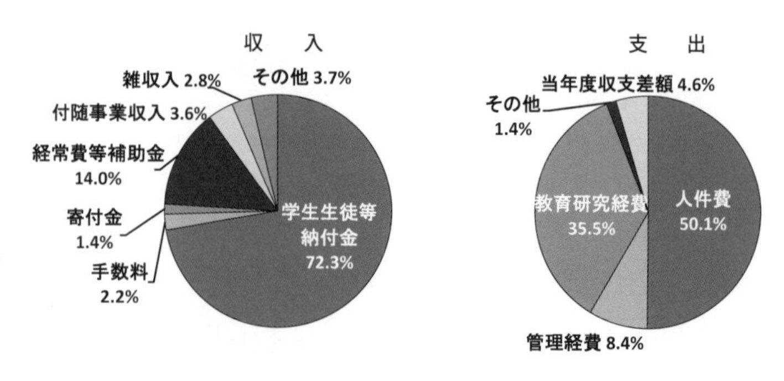

私立大学の収支構造（医歯系法人を除く）（「令和5年度版　今日の私学財政」私学事業団より作成）

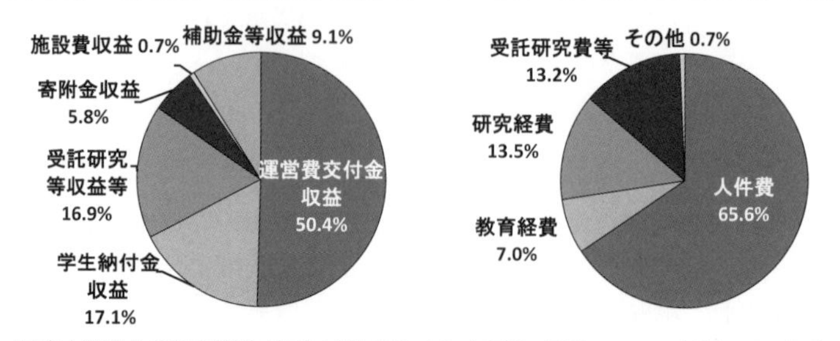

国立大学法人の収支構造（「国立大学法人等の令和4年事業年度決算について」文科省HPより作成）

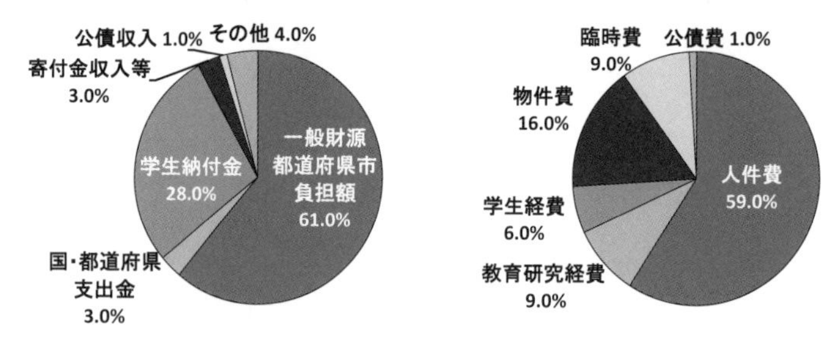

公立大学の収支構造（附属病院除く）（「令和4年度 公立大学実態調査表」公大協より作成）

私立大学や私立短大の収入の大半を授業料や入学金などの学生納付金の収入が占めています。私立大学（医歯系法人5除く）では、全体の72.3％を占めています。国からの補助金の収入は14.07％です。補助金収入は、私立学校振興助成法が議員立法inao で成立したとき、参議院付帯決議で「速やかに経常経費の２分の1にする」と定められました。しかし、85頁の図をみてもわかるように、1980（昭和55）年度の29.5％をピークに、下降しており､2015（平成27）年度に9.9％に、2017（平成29）年度にはさらに低下しました。

支出は、約50%が教員や職員の給料などの人件費、約35.5％が教育研究経費で、管理経費が8.4％を占めています。教育研究経費と管理経費が分かれているのは、私立大学には教育研究に係る経費のみが補助対象となるため、分けて計上されるものです。

国立大学の収入は病院収入が多いことから除くと、国からの運営費交付金収益が50.4％、学生納付金収益が24％です。支出は人件費が65.6％ですが、病院の人件費も含まれていると思います。

公立大学は規模は、私立大学以上にまちまちですが、その平均をみると、一般財源は60.9％で、学生納付金収益は24％です。

それぞれ会計制度が異なりますが、いずれも人件費が支出の１番を占めているのが、教育機関の特徴といえます。

2.　学校法人会計の特徴

(1) 学校法人会計の特徴

学校法人は、 学校法人は極めて公共性が高く、学生の教育の場として安定した経営を維持していく必要があります。そのため、利害関係者（ステークホルダー）と呼ばれる人たち（設置者、資金提供者(銀行・

寄附者)、国、学生、保護者等）に対して、学校法人の財政状態及び経営状況を正しく報告する必要があります。この教育活動状況を貨幣数値で把握し取りまとめたものが財務諸表です。

学校法人は、公共性が高いことから、法令により、財務諸表の作成、報告、公表、保存、所轄庁への提出等が規定されています。また、税制上も優遇されております（→P80）。財務諸表は、学校法人内での様々な経営判断を行う際の指標ともなるので、正しく行わなければなりません。

(2) 企業会計との違い

学校法人は「設置する私立学校の質の向上及びその運営の透明性の確保を図ること」が責務として規定されており（私立学校法第24条）、利益を追究する企業とは異なります。

そのため、損益計算を目的とする商業簿記の企業会計では、学校の教育活動状況を正確に把握できません。例えば、大幅な黒字は本来行うべき教育活動を怠った可能性もあり適正とはいえません。逆に収支を無視した教育サービスの提供を続ければ、学校の維持存続が不可能となり、永続性が保てません。また、学費や国・地方公共団体からの補助金が大半を占め、定員管理も厳格に求められているため、企業のように経営努力して大幅に収入を増加することは不可能です。ですから、学校法人は常に収支均衡を図り、予算並びに事業計画に沿って活動することが求められます。

(3) 学校会計の原則（学校法人会計基準第2条）

(2)の理由から学校法人会計は、文部科学省で定める基準、学校法人会計基準に則り行います。学校法人会計基準の根拠法令は、これまでは私立学校振興助成法第14条でしたが、令和5年私学法改正で令和7年4月1日より私学法101条になりました。これにより補助金交付の有無にかかわらず、全ての学校法人に学校法人会計基準が適用されます。学校法人会計基準は簿記の4原則を遵守するよう第2条に規定されています。

- 真実性の原則…… 財政及び経営の状況について真実な内容を表示すること。
- 複式簿記の原則… すべての取引について、複式簿記の原則によつて、正確な会計帳簿を作成すること。
- 明瞭性の原則…… 正確に判断することができるように必要な会計事実を明瞭に表示すること。
- 継続性の原則…… 採用する会計処理の原則及び手続並びに計算書類の表示方法については、毎会計年度継続して適用し、みだりにこれを変更しないこと。

(4) 事業計画と予算

平成16年私学法改正により、中長期計画に基づく毎年度の事業計画の立案が義務付けられました→66)。事業計画とは、予算で何を実現するかを明らかにするための方針であり、この方針に沿って予算編成されます。中長期計画は、令和元年私学法改正により、認証評価結果を踏まえ事業計画並びに予算を作成しなければなりません。（令和5年の私学法改正では、事業計画は99条、中期計画は148条となります。）

学校法人の収入は、その大半が飛躍的な収入増は難しい学生生徒等納付金や補助金などで占められており、中長期的な視野に立って収支均衡を図ることが求められています。そのため計画的な支出を行う必要から予算が重要であり、毎会計年度作成することが規定され、収支予算書は、その他の計算書類とともに所轄庁へ提出することが義務付けられています（私立学校振興助成法第14条2項）。

○収支予算書の所轄庁への提出義務（私立学校振興助成法第14条2項）

「2　前項に規定する（補助金を受ける）学校法人は、同項の書類のほか、収支予算書を所轄庁に届け出なければならない。」

また、学校法人には所有権をもつ株主などがいないため、予算及び事業計画について理事会で承認する前に、予め評議員会の意見を聴かなければならないと規定されています（私学法第42条第１項→改正法第66条）。

資金収支計算書、事業活動収支計算書の様式は予算と決算の対比になっていますが、予算書の様式は省令などで定めがありません（所轄庁で定めがある場合は別）。

(5) 決算

決算とは事業年度ごとの経営状態や財産状況などをみるため、1年の会計帳簿をまとめた計算書類です。会計帳簿については、令和5年改正まで私学法に規定はなく、学校法人会計基準で「複式簿記の原則によって正確な会計帳簿を作成する」とのみ定めています。令和7年施行より私学法により正確な帳簿作成が規定され、理事会で決算の承認後、10年間の保存が義務付けられます（改正私学法102条）。

決算書類の取り決めは、下記のように定められています。

- 会計年度は、4月1日から3月31日とする（私立学校法第49条　→　令和5年改正法第98条）。
- 計算書類等は、5月末までに作成（私学法第47条）→令和5年改正（令和7年施行）では、大臣所轄学校法人は会計監査人を置くことが規定され、その監査に必要な時間を確保するため　6月末と改正されます。
- 監事監査報告と共に理事会で承認後、評議員会に決算等の報告する義務がある（私学法同第46条）。

(6) 決算書の流れ

会計年度末から決算書（案）を作成後、監事の監査を受け監査報告書とともに理事会に承認を得、評議員会の意見を聴かなければなりません。その後、私学助成の対象法人は、私学助成法の監査を受け、計算書類等とともに所轄庁へ5/31までに提出するのが改正前の流れでした。

令和5年の改正で、大臣所轄法人には　会計監査人も設置が義務付けられ、決算書（案）と監事の監査報告書とともに、理事会に承認を諮る流れとなり6/30までの提出となります。

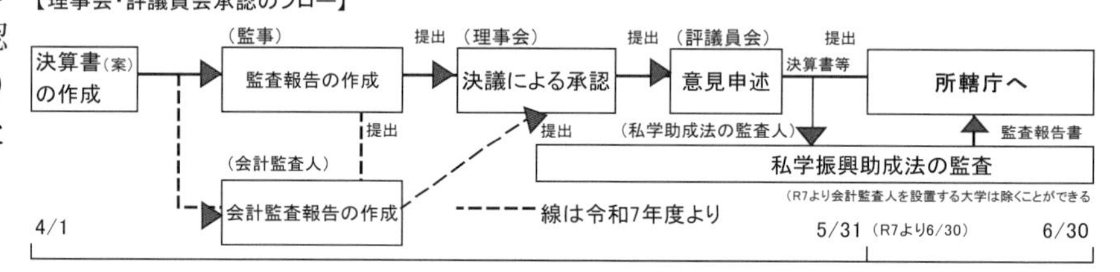

(7) 事業報告書

財務書類を正しく理解するため、財務書類の背景となる事業の概要（「法人の概要」、「事業の概要」、「財務の概要」）等を説明することを目的として、事業報告書の作成が平成16年私学法改正で義務付けられました。財務情報の公開に基づくもので、令和元年の改正で財務諸表、役員等名簿、事業報告書を作成し、その作成の日から5年間、監査報告書、役員に対する報酬等の支給の基準とともに備置して閲覧に供することを義務付けられています（私立学校法第47条）。

3．学校法人会計基準と３つの計算書

(1)「学校法人会計基準」による会計処理の法的根拠

補助金の交付を受ける学校法人対象に、私立学校振興助成法第14条「文部科学大臣の定める基準（学校法人会計基準のこと）に従い、会計処理を行い、（略）財務計算に関する書類を作成しなければならない」が、学校法人会計基準の根拠法令でしたが、令和5年に私立学校法第101条の規定に改正されました。これにより補助金交付を受けていない学校法人についても会計基準適用や監査が義務付けられます。

(2)「学校法人会計基準」の成り立ちと改正

学校法人は、昭和45年以前は私学ゆえに国からの補助金はなく経営は芳しくありませんでした。しかし、学生急増期に学生を受け入れてきたのは私学であり、「私学にも公費助成が必要」との声が上がり、補助金交付制度を創設することとなりました。しかし当時の私学の会計はそれぞれ独自で会計処理をしていたので、補助金交付には標準化が必要となり、学校法人会計基準検討委員会が設置され、その審議を経て1971（昭和46）年に制定されたのが、学校法人会計基準です。

制定後40年以上が経ち、社会の高度化・グローバル化に併せて企業会計や公益法人会計などが改正されたなか、学校法人も経営状況をわかりやすく社会に説明する仕組みが求められ、2013（平成25）年4月に学校法人会計基準の大幅な改正が行われ、現在に至っています。令和5年に、根拠法令が私立学校法に改正されたことから、現在、基準改正に向けて審議がされています。

(3) 3つの計算書類の意味

学校法人会計基準に定められた計算書類は次の3つです。この3つの書類に付随する内訳表と明細表があります。内訳表は、法人部門のほか大学や高校・中学など設置する学校や研究所ごとに収支状況を表示したものです。大学は2学部以上あれば学部ごとに表示されます。私立学校法第47条で財産目録の作成と作成日から5年間各事務所に据置きが義務付けられています。

○資金収支計算書　（1年間の現金の収支全てを計上し、補助金の適正な配分と効果をみます）

- 資金収支内訳表 … 部門ごとに集計した計算書
- 人件費支出内訳表 … 「教員」「職員」「役員」「退職金」を部門ごとに集計した計算書
- 活動区分資金収支計算書 … 資金収支計算書の活動区分ごとの資金の流れがわかる計算書

○事業活動収支計算書　（経常収支と臨時収支の均衡をみて、学校法人の永続性を確認します）

- 事業活動収支内訳表 … 部門ごとに事業活動を集計した計算書

○貸借対照表　（年度末における資産・負債・純資産を対照し財政状態を明らかにします）

- 固定資産明細表 … 固定資産の増減と残高の増減事由を表示
- 借入金明細表 … 借入金の増減と残高、借入条件を表示
- 基本金明細表 … 基本金の増減・残高と組入れ状況を表示する表示

(4) 財産目録

財産目録とは、学校法人が所有する全ての資産と負債の種類や数量、金額を記載した文書で、計算書類と同じく私学法第47条で財産目録の作成と5年間各事務所に据置きが義務付けられています。その様式に現行では特に定めはありませんが、大学新設にかかる寄附行為認可申請に際には提出書類の一つとして、「財産目録の作成に係る基本方針（平成27年9月）」私学行政課に様式があります。

(5) 学校会計簿記について（計算書類作成までの流れ）

簿記とは､収入や支出の流れを勘定科目（授業料収入、人件費支出etc.）という単位によって帳簿につける（これを記帳といいます）ことでお金の流れを表します。､。学校の諸活動の中で財産が増減するものを、簿記では取引と言います。取引には現金を伴うものと減価償却額や現物寄附など伴わないものがあります。この取引を一定の原則により帳簿をつけることを仕訳といい、各勘定科目に記帳します。

勘定科目は、大科目とその下に中科目、さらに細かいグループである小科目があり、大科目の名前の修正や追加は会計基準で決まっており変更は許されていません。仕訳は、総勘定元帳、資金収

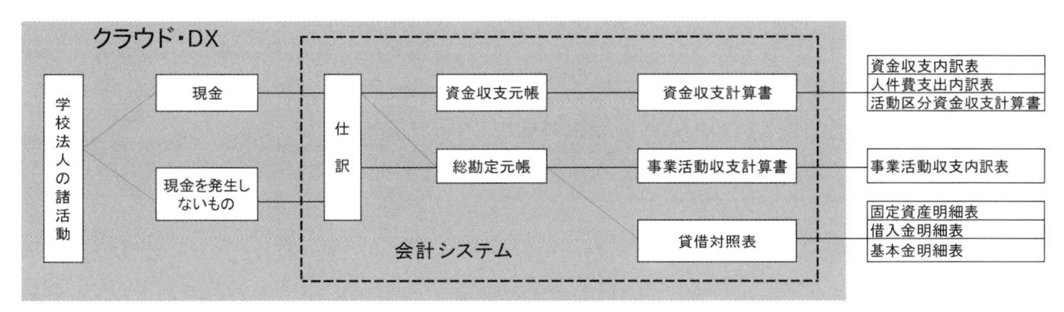

図　計算書類作成までの流れ

支元帳に記帳されて、3つの財務諸表ができます。

なお、簿記には単式簿記と収支を均衡した複式簿記があり、会計基準では複式簿記を義務付けています。複式簿記は、「借方」(左側)、「貸方」(右側)があり、現金の発生要因とその結果であるお金の流れを記載し、収支の均衡を記載します。近年は、クラウドコンピュータで仕訳から決算まで会計処理できたりと、DX(AIによるデジタル処理　→P125)が進んでいます。

(6) 学校会計の電子化と帳簿、計算書類の据置、保存期間

令和7年の施行日より、寄附行為、会計帳簿、計算書類(BS,PL,CF)、事業報告書、附属明細書、監査報告、会計監査報告、財産目録、役員・評議員名簿、報酬等の支給基準、理事会・評議員会の議事録が、電磁的記録が可能となります。

令和7年より会計帳簿は作成後、5年間主たる事務所に据置し、希望者は誰でも閲覧可能で10年保存となります。その他、計算書類・事業報告・付属明細書・監査報告等は、定時評議員会の日の一週間前から原本を主たる事務所に5年間据備き(従たる事務所には写しを3年間)、10年の保存。財産目録は、定時評議員会の日から5年間、原本を主たる事務所に据置き(従たる事務所には写しを3年間)と規定されます。

(4) 学校法人の税制優遇とインボイス

学校法人は、その公共性・公益性を考慮して、以下のような**税制上の優遇措置**が講じられ、収益事業以外は非課税が原則です。消費税においても収益事業以外は非課税で、学校法人の多くは免税事業者となります。

2023年度よりインボイス制度が導入されました。

インボイスとは、消費税の仕入税額控除の適用を受けるため、適用税率や税額の記載が義務付けられた請求書＝適格請求書)を用いて適切な納税を促す制度のことです。免税事業者の学校法人はインボイスの適用は任意とされています。

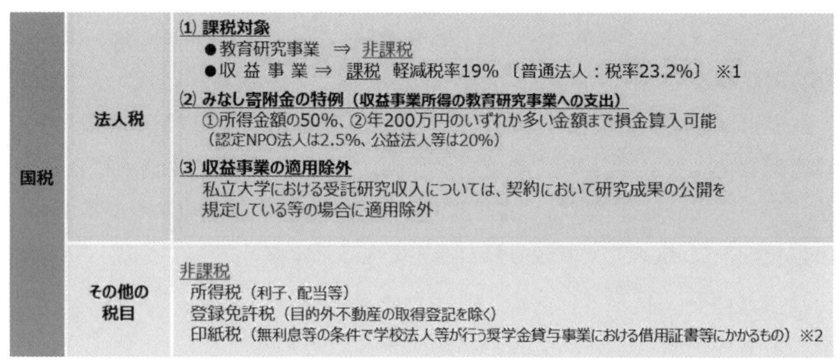

国税	法人税	⑴ 課税対象 ●教育研究事業　⇒　非課税 ●収 益 事 業 ⇒　課税　軽減税率19%〔普通法人:税率23.2%〕※1 ⑵ みなし寄附金の特例(収益事業所得の教育研究事業への支出) ①所得金額の50%、②年200万円のいずれか多い金額まで損金算入可能 (認定NPO法人は2.5%、公益法人等は20%) ⑶ 収益事業の適用除外 私立大学における受託研究収入については、契約において研究成果の公開を規定している等の場合に適用除外
	その他の税目	非課税 所得税(利子、配当等) 登録免許税(目的外不動産の取得登記を除く) 印紙税(無利息等の条件で学校法人等が行う奨学金貸与事業における借用証書等にかかるもの)※2

文科省HP「学校法人に係る税制優遇」https://www.mext.go.jp/a_menu/koutou/shiritsu/shigakuzeisei.html

4．基本金とは～永続的に運営していくための保持すべき財産

学校が教育研究活動を行うのに必要な資産(校地、校舎、机・椅子などの機器備品、図書など)は、原則として学校法人の自己所有でなければなりません。これらの資産を継続的に保持するために、事業活動収入のうちから組み入れた金額を「基本金」といい、以下の4つの基本金があります。

第1号基本金:教育に供される固定資産(校地や施設)の維持取得のための資金

第2号基本金:将来取得計画のある固定資産(校地や施設)の取得のための資金

第3号基本金:奨学金や国際交流資金など、基金として継続的に保持・運用する資産

第4号基本金:必要な運転資金維持(恒常的に保持する)ための額(約1ヶ月分の運転資金)※

※
第4号基本金について、その金額に相当する資金を年度末時点で有していない場合にはその旨と対応策を注記すること(学校会計基準第34条第7項関係)「学校法人会計基準の一部改正について(通知)」平成25年4月22日　文部科学省高等教育局私学部長通知

5. 資金収支計算書～1年間の現金の動きがわかる

(1) 資金収支計算書

年度（4/1 ～ 3/31）に行った諸活動に対応する全ての収入と支出の内容と、当該会計年度における支払資金のてん末を明らかにする計算書です。1年間の現金の動きがわかります。経常費補助金の申請をする際に必要な書類です。

当年度収入と支出のなかには、現金の入出金がともなわないものがあります。「前受金」「未収入金」や「前払金」「未払金」等です。これらは、収入・支出に計上しますが、実際の支払資金の収入及び支出を明らかにするために、これらを除外する項目として「資金収入（又は支出）調整勘定」として△を付して表示しマイナス計上して、当年度の諸活動とそれに対応する現預金の流れを明らかにします。

この資金収支計算書は、予算と対比した表になっていることからも、学校法人は予算重視であることがわかります。

資金収支計算書

年　月　日から

年　月　日まで

（単位：円）

科目	予算	決算	差異
収入の部			
学生生徒等納付金収入（授業料・入学金等の収入）			
手数料収入（入学検定料・試験料・証明手数料等の収入）			
寄付金収入（用途指定有：特別寄付金収入、用途指定無：一般寄付金収入）			
補助金収入（国や地方公共団体から交付された補助金の収入）			
資産売却収入（施設設備や有価証券の売却による収入）			
付随事業・収益事業収入（教育研究活動に付随する事業等による収入及び収益事業会計からの繰入収入）			
受取利息・配当金収入（資産運用等の利回り・配当金による収入）			
雑収入（施設設備利用料や廃品売却による収入）			
借入金等収入（金融機関等からの借入金等による収入）			
前受金収入（翌年度の授業料・入学金等に係る収入）			
その他の収入（特定資産の取崩しによる収入や前期末未収入金収入等）			
資金収入調整勘定			
期末未収入金（期末までに未納となった当年度の授業料等）	△	△	
前期末前受金（当年度の収入として振り替えた、前年度に入金済の授業料・入学金等）	△	△	
前年度繰越支払資金			
収入の部合計			
支出の部			
人件費支出（教職員の給与・手当、役員報酬、退職金等の支出）			
教育研究経費支出（教育研究に係る経費の支出）			
管理経費支出（理事会や評議員会の経費、総務・人事・財務・経理等の法人業務、教職員の福利厚生、学生生徒等募集に係る経費）			
借入金等利息支出（金融機関等からの借入金の利息支払い）			
借入金等返済支出（金融機関等への借入金返済等による支出）			
施設関係支出（土地・建物・構築物等の購入に係る支出）			
設備関係支出（機器備品・図書・車両等の購入に係る支出）			
資産運用支出（有価証券の購入や特定資産への繰入れによる支出）			
その他の支出（前期末未払金支払支出等）			
〔予備費〕	（　）		
資金支出調整勘定			
期末未払金（今年度に受けた物品の購入・役務の提供等で、代金の支払いが翌年度（4月以降）となるもの）	△	△	
前期末前払金（今年度に受けた物品の購入・役務の提供等で、前年度に代金を支払済のもの）	△	△	
翌年度繰越支払資金			
支出の部合計			

(2) 活動区分資金収支計算書

2013（平成25）年改正の学校法人会計基準により、新たに活動区分ごとに資金の流れがわかる「活動区分資金収支計算書」の作成が求められることになりました。

都道府県知事を所轄庁とする学校法人については、この活動区分資金収支計算書を作成しないことができるとされています。

(3) 人件費支出内訳表

人件費をそれぞれ発令ごとに内訳表を作成します。部署がまたがる場合、按分します。

(4) 計算書から わかるもの

①翌年度繰越支払資金

　→手元資金の増減

②予算との差異

　→差異の原因

③前年比

　→活動状況

(5) 資金収支計算書と活動区分資金収支計算書

資金収支を「教育活動による資金収支」「施設整備等活動による資金収支」「その他の活動による資金収支」の３つに区分し、それぞれの活動ごとの資金の流れをわかりやすく表示したものが、活動区分資金収支計算書 です。

資金収支計算書と活動区分資金収支計算書の流れは以下のとおりです。

資金収支計算書

科　目	区分
収入の部	
学生生徒等納付金収入	A
手数料収入	A
寄付金収入	
特別寄付金収入(教育活動)	A
特別寄付金収入(施設設備)	B
補助金収入	
国庫補助金収入(経常費)	A
国庫補助金収入(施設設備)	B
資産売却収入	B･C
施設売却収入	
設備売却収入	B
有価証券売却収入	C
付随事業･収益事業収入	A
受取利息･配当金収入	C
第3号基本金運用収入	A
その他の受取利息･配当金収入	C
雑収入	A
施設設備利用料収入	A
廃品売却収入	A
借入金等収入	C
前受金収入	A
その他の収入	
第2号基本金引当特定資産取崩収入	B
第3号基本金引当特定資産取崩収入	C
他の引当特定資産取崩収入	B･C
前年度繰越支払資金	
収入の部合計	
支出の部	
人件費支出	A
教育研究経費支出	A
管理経費支出	A
借入金等利息支出	C
借入金等返済支出	C
施設関係支出	B
設備関係支出	B
教育研究用機器備品支出	B
管理用機器備品支出	B
図書支出	B
車両支出	B
ソフトウェア支出	B
資産運用支出	
有価証券購入支出	C
第2号基本金引当資産繰入支出	B
第3号基本金引当資産繰入支出	C
(何)引当資産繰入支出	B･C
収益事業元入金支出	C
支出の部合計	

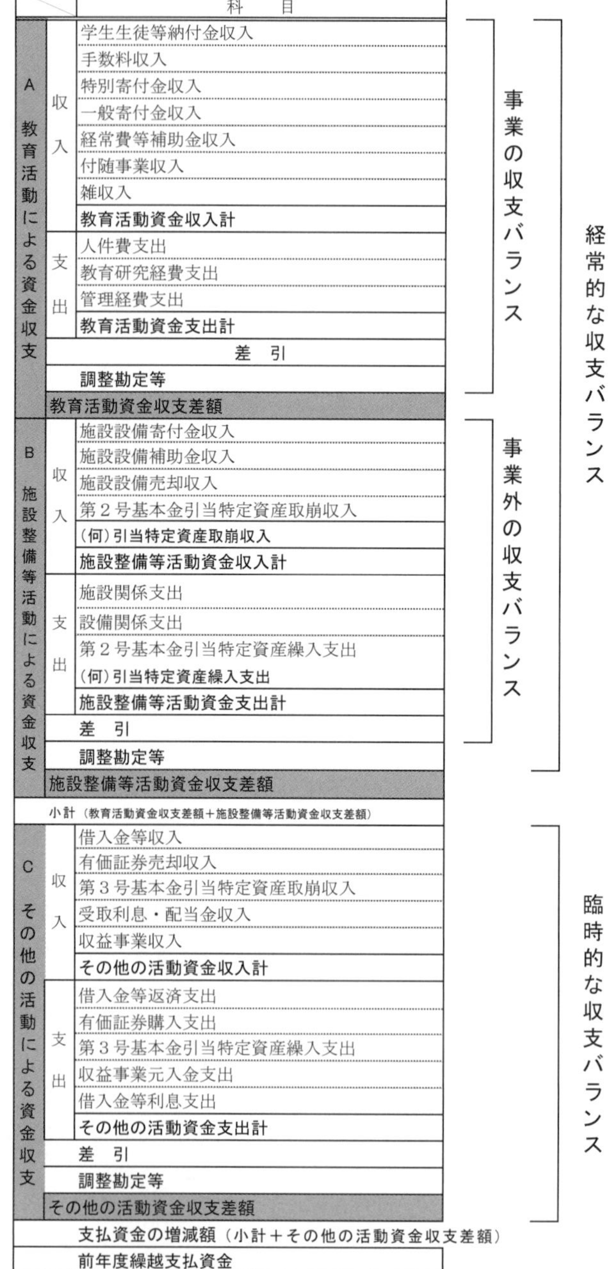

活動区分資金収支計算書

区分		科　目		
A 教育活動による資金収支	収入	学生生徒等納付金収入	事業の収支バランス	経常的な収支バランス
		手数料収入		
		特別寄付金収入		
		一般寄付金収入		
		経常費等補助金収入		
		付随事業収入		
		雑収入		
		教育活動資金収入計		
	支出	人件費支出		
		教育研究経費支出		
		管理経費支出		
		教育活動資金支出計		
		差　引		
		調整勘定等		
教育活動資金収支差額				
B 施設整備等活動による資金収支	収入	施設設備寄付金収入	事業外の収支バランス	
		施設設備補助金収入		
		施設設備売却収入		
		第２号基本金引当特定資産取崩収入		
		(何)引当特定資産取崩収入		
		施設整備等活動資金収入計		
	支出	施設関係支出		
		設備関係支出		
		第２号基本金引当特定資産繰入支出		
		(何)引当特定資産繰入支出		
		施設整備等活動資金支出計		
		差　引		
		調整勘定等		
施設整備等活動資金収支差額				
小計（教育活動資金収支差額＋施設整備等活動資金収支差額）				
C その他の活動による資金収支	収入	借入金等収入		臨時的な収支バランス
		有価証券売却収入		
		第３号基本金引当特定資産取崩収入		
		受取利息・配当金収入		
		収益事業収入		
		その他の活動資金収入計		
	支出	借入金等返済支出		
		有価証券購入支出		
		第３号基本金引当特定資産繰入支出		
		収益事業元入金支出		
		借入金等利息支出		
		その他の活動資金支出計		
		差　引		
		調整勘定等		
その他の活動資金収支差額				
支払資金の増減額（小計＋その他の活動資金収支差額）				
前年度繰越支払資金				
翌年度繰越支払資金				

6．事業活動収支計算書～ 1年間の事業活動の収入と支出がわかる

当該会計年度の事業活動収入及び事業活動支出の内容と、基本金（→P.80）組入れ前と後の収支の均衡状態を明らかにした、学校法人の経営状況を表す計算書です。

事業活動収入とは学生生徒等納付金や補助金など法人の負債とならない収入をいい、事業活動支出とは人件費、経費などの支出をいいます。

事業活動収支計算書は、会計基準改正に伴い従来の消費収支計算書に代わり導入された計算書で、事業活動収入及び事業活動支出はそれぞれ「教育活動収支」「教育活動外収支」「特別収支」の３つに区分して表示されます。

(1) 「経常収支差額」

「経常収入」とは、「教育活動収入計」と「教育活動外収入計」を加えたものです。

事業活動収支計算書

年　月　日から
年　月　日まで

（単位：円）

		科目	予算	決算	差異
教育活動収支※1	事業活動収入の部	学生生徒等納付金			
		手数料			
		寄付金			
		経常費等補助金			
		付随事業収入			
		雑収入			
		教育活動収入計			
	事業活動支出の部	人件費			
		教育研究経費			
		管理経費			
		徴収不能額等			
		教育活動支出計			
		教育活動収支差額			
教育活動外収支※2	事業活動収入の部	受取利息・配当金			
		その他の教育活動外収入（収益事業収入等）			
		教育活動外収入計			
	事業活動支出の部	借入金等利息			
		その他の教育活動外支出			
		教育活動外支出計			
		教育活動外収支差額			
		経常収支差額			
特別収支※3	事業活動収入の部	資産売却差額			
		その他の特別収入（施設設備寄付金・同補助金等）			
		特別収入計			
	事業活動支出の部	資産処分差額			
		その他の特別支出（災害損失等）			
		特別支出計			
		特別収支差額			
〔予備費〕			（　　）		
基本金組入前当年度収支差額　※4					
基本金組入額合計　※5			△	△	
当年度収支差額　※6					
前年度繰越収支差額					
翌年度繰越収支差額					

（参考）

科目	予算	決算	差異
事業活動収入計（教育活動収入計＋教育活動外収入計＋特別収入計）			
事業活動支出計（教育活動支出計＋教育活動外支出計＋特別支出計）			

「経常支出」とは、「教育活動支出計」と「教育活動外支出計」を加えたものです。

この経常収入と経常支出の差額が「経常収支差額」です。

(2) 事業活動収支内訳表

学部や学校種別ごとの各部門別に事業活動を集計した計算書です。

7. 貸借対照表～期末時点の「資産」「負債」「純資産」の状況がわかる

年度末における資産・負債・純資産（基本金及び繰越収支差額）を把握し、学校法人の財政状態を表します。資金収支計算書と事業活動収支計算書が単年度ごとの収支状況を表す一方、貸借対照表は、これまで学校法人が行ってきた活動の積み重ねの財政状態を表します。

「資産の部」：学校法人が持っている現預金や権利のことで、プラスの財産をいいます。（※1）

「有形固定資産」：貸借対照表日（3月31日）後1年を超えて使用される、一定金額（各学校法人が規定で定めた額）以上の形のある資産で土地や建物、機器備品や図書。（※2）

「特定資産」：使途が特定されている預金や有価証券等の資産。（※3）

「その他の固定資産」：電話加入権や引当資産など、有形固定資産に該当しない資産のことです。（無形固定資産等）（※4）

貸　借　対　照　表

年　月　日

（単位：円）

科　目	本年度末	前年度末	増　減
資産の部　※1			
固定資産			
有形固定資産　※2			
土　地			
建　物			
構 築 物			
教育研究用機器備品			
管理用機器備品			
図　書			
車　両			
建設仮勘定			
特定資産　※3			
第2号基本金引当特定資産			
第3号基本金引当特定資産			
減価償却引当特定資産			
退職給与引当特定資産			
その他の固定資産　※4			
借 地 権			
電話加入権			
有価証券			
長期貸付金			
流動資産　※5			
現金預金			
未収入金			
有価証券			
資産の部合計			
負債の部　※6			
固定負債			
長期借入金			
退職給与引当金　※7			
流動負債			
短期借入金			
未 払 金			
前 受 金			
預 り 金			
負債の部合計			
純資産の部			
基 本 金　※8			
（略）			
繰越収支差額　※9			
翌年度繰越収支差額			
純資産の部合計			
負債及び純資産の部合計			

「流動資産」：現金及び預貯金、一時的に保有する有価証券、未収となっている学生生徒等納付金等をいう。（※5）

「負債の部」：他人からの資金調達で、将来返済義務のあるものをいう。（※6）

「退職給与引当金」：貸借対照表日現在に発生している退職金負担額を負債として計上するもの。（※7）

「純資産の部」：「基本金」と「繰越収支差額」が計上される。

「基本金」については、P80「基本金とは」を参照ください。（※8）

「繰越収支差額」は事業活動収支計算書の翌年度繰越収支差額の金額と一致します。（※9）

8. 大学の主な収入科目内訳

(1) 学生生徒等納付金収入

学生生徒等納付金とは、学生・生徒から納付される授業料、入学金、実験実習料、施設設備費など、学則や募集要綱に記載された納付金をいいます（通称：学生納付金）。

学校法人収入のうち最も大きな割合（平均約70％以上）を占めています。

私立大学等の令和5年度入学者に係る学生納付金等調査結果

	授業料	入学料	施設設備費	実験実習料	その他	合計
私立大学	959,205 (0.3)	240,806 (△2.1)	165,271 (△8.3)	28,864 (△16.2)	83,194 (△9.0)	1,477,340 (△0.4)
私立短大	729,069 (0.8)	237,122 (△0.2)	163,836 (△1.7)	40,229 (△5.8)	101,732 (△1.8)	1,271,988 (△0.1)
博士前期課程	798,465 (△2.9)	201,752 (△0.4)	75,589 (△0.8)	27,108 (△11.7)	31,676 (3.6)	1,134,590 (△1.7)
博士後期課程	604,592 (△3.8)	192,686 (△1.6)	49,733 (△4.1)	25,304 (△7.1)	21,279 (△4.5)	893,594 (△2.6)
専門職学位課程	1,067,207 (△1.8)	194,492 (△1.9)	55,762 (△7.5)	22,561 (△14.8)	71,825 (△1.2)	1,344,817 (△186)

2023年度 文部科学省高等教育局調べ https://gov-jp.co/a_menu/koutou/

①学生納付金の平均額

学生納付金について、文科省は隔年度に調査を行い、私立大学の平均値を公表しています。18歳人口減による学生募集難から授業料の価格競争となっており、大手私大以外は値上げが難しい状況です。

2023年度授業料は、前回調査した2年前より高くなっていますが、入学金や施設整備費、実験実習費の減少が初年度納付金の全体額を引き下げています。勘定科目は学生生徒等納付金で計上します。

②私大授業料と消費税

学校教育法の1条校と専修学校及び各種学校が受け取る授業料、入学検定料、在学証明等に係る手数料等は非課税です（消費税法別表第二第11号、消費税法基本通達6-11-1）。その結果、消費税分を最終消費者である学生に加算できず、大学で消費税を負担することになり、大学の財政を圧迫する一因となっています。

(2) 補助金収入（私立大学等経常費補助金ほか）

補助金とは、国及び地方公共団体が政策目的に合った事業の促進を期するために交付するものです。私立大学等経常費補助金の交付は、国から直接ではなく、間接的に日本私立学校振興・共済事業団からの間接的補助金です。公益法人等（財団法人、宗教法人等）からの助成金は、補助金で

図 私立大学における経常的経費と経常費補助金の推移（昭和45年から平成29年）

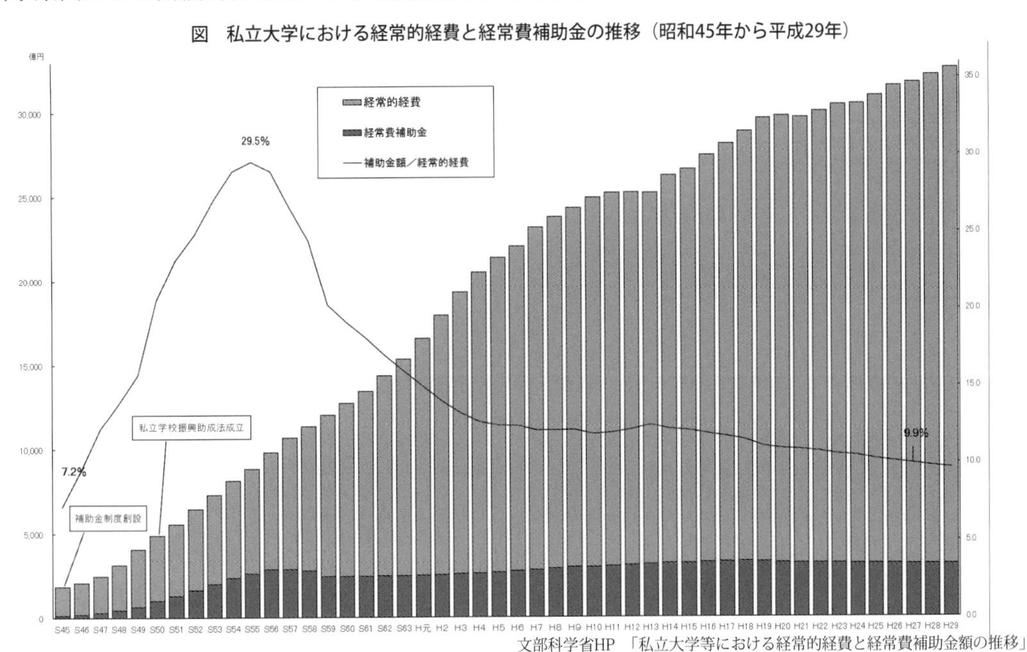

文部科学省HP 「私立大学等における経常的経費と経常費補助金額の推移」

はなく、寄付金扱いとなります。間接的補助金を交付する団体には、私学事業団のほか、高校法人などに対して補助金を交付する、都道府県私学振興会などがあります。

補助金は、国民の税金を原資としているため、「補助金等に係る予算の執行の適正化に関する法律」により、目的に反した不正な使用には罰則規定があります。(→P69)

(3) 寄附金収入

寄附金には、寄附者がその使用用途を特定する特別寄附金と、特定しない一般寄附金があります。また、現金を伴わない物品（蔵書・備品等）の寄附を受けた場合を、現物寄付金と呼びます。日本では寄付文化がないといわれていますが、大震災時に集まった多くの募金やふるさと納税の盛況などから、大学の寄附金募集方法に工夫が求められるところです。最近はクラウドファンディング(→P120)による研究経費を調達する大学（徳島大学等）やファウンドレーザーの資格認定協会もでてきました。

○現物寄付：学校法人の土地や絵画など有形固定資産の取得には、購入だけでなく、受贈もあります。その場合には、事業活動収支計算書に現物寄付として計上し、処理されます。

○遺贈寄…個人が遺言によって財産の全部、または一部を学校法人や国立大学に寄付するを遺贈といいます。青春時代を過ごした母校への恩義、個人で社会貢献したいと動機は様々で、増加傾向にあります。

○学校法人への直接寄附…個人、法人によって税率は変わりますが、優遇措置があります。

○受配者指定寄附…日本私立学校振興共済事業団を経由した寄附

○ふるさと納税を利用した寄附…一例として、寄附者が支援したい大学を選択して、開設されたふるさと納税を行うと、寄附を受けたA市は寄附額の９割を寄附者が指定した学校へ助成。残り１割をA市の教育振興に活用する。（「ふるさと納税を活用した自治体・学校法人の取組事例集」文部科学省　令和4年12月https://www.mext.go.jp/content/20221216_mxt_sigakugy_000026389_1.pdf）

(4) 付随事業収入

付随事業収入は、収益を目的とせず学校教育の一環として行われる以下のような事業です。

①補助活動収入：食堂、売店、寄宿舎、その他教育活動に付随する活動に係る収入
②附属事業収入：附属機関（病院、農場、研究所等）の事業収入
③受託事業収入：外部から委託を受けた試験、研究による収入

(5) 収益事業収入

私立学校法第26条第1項では「学校法人は、（略）教育に支障がない限り、その収益を私立学校の経営に充てるため、収益を目的とする事業を行うことができる」と定めています。ただし、告示（平成20年文部科学省告示第141号）に定める18業種の範囲内に限られ、また学校法人が収益事業を行う場合は、寄附行為に収益事業の種類及び内容を明記し、所轄庁の認可を得る必要があります。

留意すべき点は、収益事業に係る会計処理と計算書類の作成は、学校会計とは切り離し、別に特別会計（企業会計）で行わなければなりません。その収益を一般会計に繰り入れて、初めて収益事業収入という科目で大学の収入となります。

(6) その他

預貯金の受取利息や施設貸出利用料収入、有価証券の配当金等の資産運用収入、土地等の売却収入などが該当します。

9．大学の主な支出科目内訳

(1) 人件費支出

大学の支出のなかで一番大きいのが人件費です。事業活動収支計算書の教育活動収入と教育活動外収入を合わせた合計を経常収入と呼びますが、その経常収入に占める人件費の割合を人件費比率といいます。近年は年々、人件費比率が高くなっていくのが現状です。

①人件費とは

学校法人の人件費は、民法でいう「学校法人との雇用契約に基づいて支出される役務提供の対価」で、雇用関係にある教職員の給与（本俸と期末手当）、その他所定の手当（通勤手当など）、所定福利費が人件費となり、雇用の発令に基づいて、教員人件費と職員人件費などに分けて計上されます。

会社派遣による教職員は、学校法人との雇用関係はないので、経費として扱われます。同様に、弁護士や公認会計士などに支払う報酬も委任報酬として管理経費となります。校医は直接雇用契約を結んでいれば人件費となります。

役員も、雇用契約に基づかず民法上の委任契約ですが、学校法人会計基準（別表第一　資金収支計算書記載科目（第10条関係））は役員報酬を「理事及び監事に支払う報酬」としているため人件費として計上されます。、評議員は含まれていないため、報酬は、（管理経費）報酬委託手数料として扱われます。

退職金支出も人件費となります。その退職金を支払うための準備として退職金引当特定資産がありますが、これは人件費ではなく、固定資産のなかの特定資産として扱われます。

②人件費と経常費補助金との絡み

人件費は経常費補助金の助成対象の大半を占めます。本人に支給される給与だけでなく、私学共済の掛金や退職金団体掛金、労働保険料等といった学校法人負担の所定福利費についても補助対象経費に該当し、人件費支出内訳表にその内訳を表示することとされています。

また補助金の算定にあたって教員と職員の区分及び本務と兼務の区分は影響が大きいことから、私学事業団では、「令和5年度私立大学等経常費補助金配分基準」の別記１．で、「補助金算定の基礎となる専任教員等の認定基準」を定めています。当該年度の4月30日以前に雇用を発令されていることが条件のひとつになっています。注）配分基準では、「当該私立大学等の専任の学長、校長、副学長、学部長、教授、准教授、講師、助教及び助手として発令されている者（以下「専任教員等」という。」とあります。

(2) 教育研究経費支出と管理経費支出

①なぜ教育研究経費と管理経費を分けるのか

学校法人会計基準では経費科目について、教育研究経費と管理経費を区分することを求めています。経常費補助金の助成対象が、教育研究に使われる経費に限定されるため、教育研究経費と管理経費に区分する（以下教管区分という）必要があるのです。

②区分の基準となるもの

区分の基準は、文部省管理局長通知（昭和46年11月27日付雑管第118号）に明示されています。

「次の各項に該当することが明らかな経費は、これを管理経費とし、それ以外の経費については主たる使途に従って教育研究経費と管理経費のいずれかに含めるものとする。

1. 役員の行う業務執行のために要する経費および評議員会のために要する経費
2. 総務・人事・財務・経理その他これに準ずる法人業務に要する経費
3. 教職員の福利厚生のための経費
4. 教育研究活動以外に使用する施設、設備の修繕、維持、保全に要する経費（減価償却費を含む。）
5. 学生生徒等の募集のために要する経費
6. 補助活動事業のうち食堂、売店のために要する経費
7. 附属病院業務のうち教育研究業務以外の業務に要する経費

したがって、上記以外は合理的配分基準で按分されることになります。例えば、光熱水費は、教室と事務室の人員比や面積比で按分します。それならばと、事務室を極力狭くして、教育研究経費の按分を大きくした大学もあります。

また、学生募集にかかる経費（広告費、入学案内印刷費、通信費、旅費、交際費、入学願書や校納金納金票の印刷費など）は管理経費ですが、入試そのものにかかる経費（会場賃借料、試験問題印刷費など）は教育研究経費です。

(3) 施設関係支出

公教育を担う大学にとって、教育研究活動に必要な施設・設備の管理は、学校運営に支障をきたすことのなきよう、継続的に維持管理することが必要です。

○私立学校法（抄）
第25条　学校法人は、その設置する私立学校に必要な施設及び設備又はこれらに要する資金並びにその設置する私立学校の経営に必要な財産を有しなければならない。

施設・設備の維持管理には莫大な費用がかかり、国公立大学のように後ろ盾がない私立大学にとって、中長期計画に基づく資金の積み立ては重要です。これが第2号基本金の所以です。

＜科目＞施設設備費は、資金収支計算書の大科目では施設関係支出、設備関係支出として計上され、施設関係支出として、土地、建物、構築物などの小科目があります。設備関係支出としては、教育研究用機器備品支出、管理用機器備品支出、図書支出、車両支出の小科目が計上されます。

建物と構築物は同じようですが、学校法人会計基準では、構築物を「プール、競技場、庭園等の土木設備又は工作物をいう」と定義されています。

＜少額重要資産＞学校法人の特性として、一つひとつが少額なものであっても、教育に必需とされるものについては、「少額重要資産」として、机や椅子などが設備関係支出に計上されます。

＜有形固定資産＞収支計算書では、施設関係支出、設備関係支出と分けて計上されますが、貸借対照表では施設も設備も、有形固定資産の部に一緒に計上されます。

＜減価償却額＞

減価償却額とは、長期にわたって使用する施設の老朽化による価値の減少を数値で合理的に表したものです。

学校会計では、施設や設備について毎年一定額を減価償却額としてマイナス計上します（この方法を定額法といいます。）。その計算をするため、固定資産の耐用年数を予め

別表第一　機械及び装置以外の有形減価償却資産の耐用年数表

種類	構造又は用途	細目	耐用年数（年）
建物	鉄骨鉄筋コンクリート造又は鉄筋コンクリート造のもの	事務所用又は美術館用のもの及び下記以外のもの	50
		住宅用、寄宿舎用、宿泊所用、学校用又は体育館用のもの	47
		飲食店用、貸席用、劇場用、演奏場用、映画館用又は舞踏場用のもの	
		飲食店用又は貸席用のもので、延べ面積のうちに占める木造内装部分の面積が三割を超えるもの	34

減価償却資産の耐用年数表

決める必要があります（財務省令）。例えばコンクリートの建物なら50年と設定されており、それに合わせて固定資産の価値の減額を行います。老朽を伴わない土地には減価償却は行いません。

なお、学校法人が直接、教育の用に供する不動産に関しては、不動産取得税・固定資産税が非課税とされています（「学校法人に対する税制上の優遇措置について」 文部科学省HP http://www.mext.go.jp/a_menu/koutou/shinkou/07021403/003.htm）。

(4) 資産運用支出

奨学金の支給や退職金等、将来の支出に備えるほか、計画に基づき予定されている施設改修や教育研究用機器の購入等に対して、使用目的を定めた特定的な資産（預貯金、有価証券）として繰り入れます。資産運用に当たっては、資産運用規程を定めるなどリスク対策も考慮することが大切です。

10. 大学の財務分析

(1) 収支計算書等の収支差額の活用

計算書類の収支差額から経営状態を判断します。事業活動収支計算書の基本金組入前当年度収支差額や当年度収支差額のマイナスが続けば、他の計算書類がプラスであっても、黒字倒産を招く惧れがあることに注意が必要です。

区分	判断できること	該当する勘定科目
①教育活動収支差額	経常的な収支のうち、本業の教育活動の収支状況を見ることができる。	学生生徒等納付金、補助金、寄付金人件費、教育研究、経費、管理経費
②教育活動外収支差額	経常的な収支のうち、財務活動による収支状況を見ることができる。	受取利息･配当金、借入金等利息
③= ①+②経常収支差額	経常的な収支バランスを見ることができる。	
④特別収支差額（臨時的収支）	資産売却や処分等の臨時的な収支を見ることができる。	施設設備補助金、デリバディブ解約損
⑤= ③+④　基本金組入前当年度収支差額	毎年度の収支バランスを見ることができる。（旧会計基準では、帰属収支差額と呼ばれていた差額	

（文部科学省HP「文部科学省高等教育局私学部参事官付「学校法人会計基準」より

(2) 事業活動収支計算書等の財務比率の活用

事業活動収支計算書等の数値から財務比率を活用し、「経営状況はどうか」をみることができます。

主な財務比率	計算式	比率の見方
事業活動収支差額比率	基本金組入前当年度収支差額÷事業活動収入	「経営状況はどうか」の視点からプラスが大きいほど自己資金が充実し、財政面での将来的な余裕につながる。
人件費比率	人件費÷経常収入	人件費は学校の最大の支出要素であり、この比率が適正水準を超えると収支悪化の要因となる。
学生生徒等納付金比率	学生生徒等納付金÷経常収入	事業活動のなかで最大の割合を占めている重要な自己財源であることから、この比率が安定的に推移することが望ましい。
経常収支差額比率	経常収支差額÷経常収入	経常的な収支バランスを示す。この比率がプラスが大きいほど経常的な収支は安定していることを示す。
運用資産余裕比率	（運用資産＊1―外部負債＊2）÷経常支出	比率が高いほど運用資産の蓄積が良好であり、1.0を超えている場合は、1年間の学校法人の経常的な支出を賄えるだけの資金を保有していることを示す。
積立率	運用資産＊1÷要積立額＊3	学校法人の経営を持続的かつ安定的に継続するために必要となる運用資産の保有状況を示す。比率は高い方が望ましい。

＊1：運用資産＝現金預金+特定資産+有価証券（固定資産）+有価証券（流動資産）
＊2：外部負債＝借入金+学校債+未払金+手形債務
＊3：要積立額＝減価償却累計額+退職給与引当金+2号基本金+3号基本金
日本私立学校振興・共済事業団『今日の私学財政』より

(3) 私学事業団『今日の私学財政』の活用

私学事業団『今日の私学財政』には、当該年度の統計だけでなく、過去の実績も把握でき財務分析が充実しています。ベンチマークとしても活用に便利です。毎年年末刊行されています。

Ⅶ. 国による財政支援

1．国による財政支援（基盤的経費）

国からの財政支援は、設置形態ごとの基盤的経費と競争的資金があります。

私立大学等への基盤的経費の補助金は、私立大学等経常費補助金と、私立学校施設整備費補助金があります。私立大学等経常費補助金は、私学の自主性尊重と政府のコントロールのバランスをとるため、私立学校振興助成法11条等により、私学事業団を経由して間接的に補助します。

私立学校施設整備費補助金は、国から直接、学校法人に交付されます。私立学校施設整備費補助金（私立学校教育研究装置等施設整備費（私立大学・大学院等教育研究装置施設整備費））交付要綱に、その補助率、選定基準等が定められています。

国立大学法人の基盤的補助金は、国から運営費交付金として、公立大学は、公立大学法人化した大学に対しては、その設置者である地方公共団体からの運営費交付金という形で直接に拠出されますが、それ以外の自治体立の場合は、設立団体である自治体の会計の中に組み込まれています。

科学研究費補助金（科研費）は、研究者の自由な発想に基づく研究を格段に発展させることを目的とする「競争的研究資金」の一つで 独）日本学術振興会が申請や審査の窓口になっています。文科省はじめ、省庁からの競争的研究資金はそれぞれの省庁所管の機関が窓口となります。

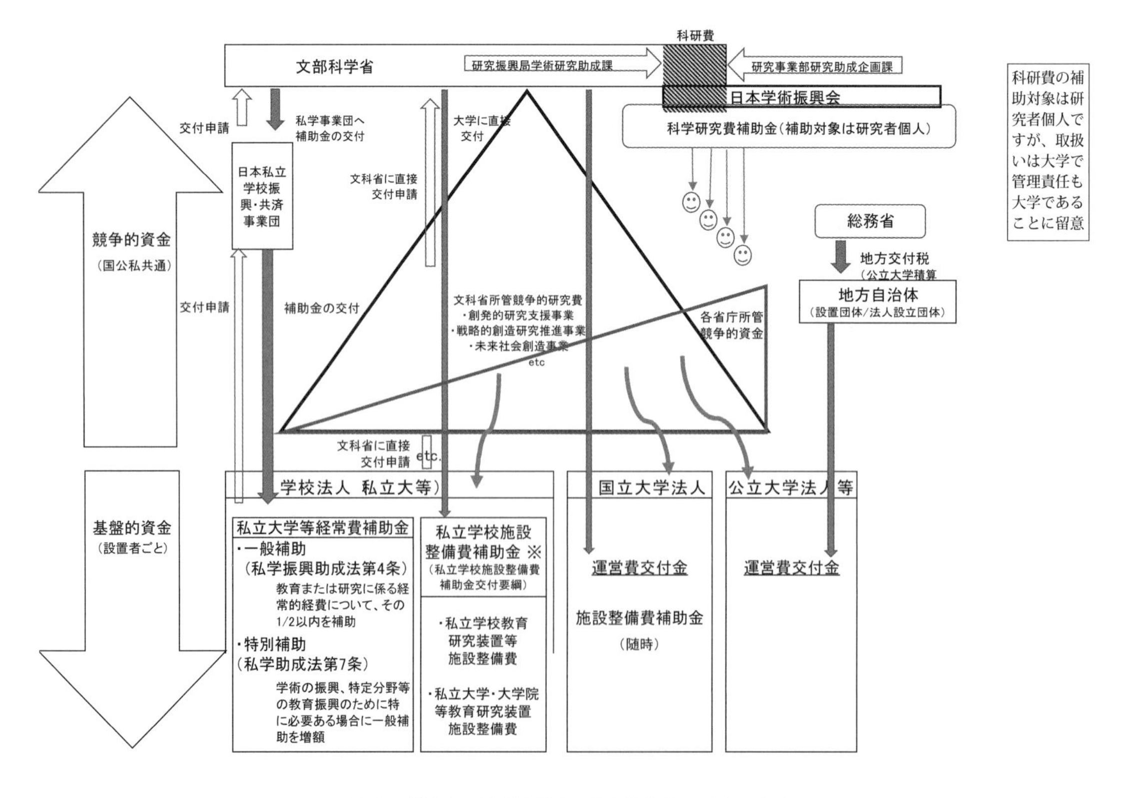

国からの補助金　基盤的補助、競争的資金のイメージ図

2．私立大学等経常費補助金等

私立大学等経常費補助金は、私立大学等の教育条件の維持向上と学生の修学上の経済的負担の軽減を図り、私立大学等の経営の健全性を高めることを目的としており、文科省から私学事業団を経由して私立大学に交付されるものです。

私立大学運営に不可欠な教育研究に係る経費を支援する「一般補助」と、改革に取組む大学等を支援する「特別補助」があります。

(1) 一般補助

一般補助金は、大学等の運営に不可欠な教育研究に係る経常的経費について支援します。交付額の算定には、教育の質保証や経営強化 に向けたメリハリのある配分基準（**私立大学等経常費補助金配分基準等**）が用いられ、毎年、私学事業団より配分基準の変更点が公表されます（私立大学等経常費補助金取扱要領　私立大学等経常費補助金配分基準　www.shigaku.go.jp/s_haibunkijun.htm）。

2018（平成30）年度より導入された教育の質に関する指標は、2019（令和元）年度より5段階評価から11段階評価と増減率が大きくなり、教育の質保証に積極的な大学には補助金を手厚く配分し、そうでない大学は減らすという「メリハリ」が強化されました

(2) 私立大学等経常費補助金（一般補助）の内訳と算出方法

一般補助の算出の仕組みは下図のイメージです。

事業団のHPの「私立大学等経常費補助金　補助金の配分基準等 」の項目をクリックすると、「私立大学等経常費補助金　令和5年度補助金の配分基準等 」をみると、取扱い要領、補助金算定の基礎となる専任教員等の認定基準をはじめ細かな補助金基準額が掲載されています。その基準配分に応じて計算します。この基準額の増減は毎年変わります。

「教員・学生の員数」×「単価」×「補助率」±「第一次調整」−「第二次調整」×「圧縮率」±「第三次調整」=「補助金額」

(3) 特別補助

私立大学における学術の振興及び私立大学等における特定の分野、課程等に係る教育の振興のために特に必要があると認められるときは、その時々の環境を踏まえて一般補助に増額して交付されます。

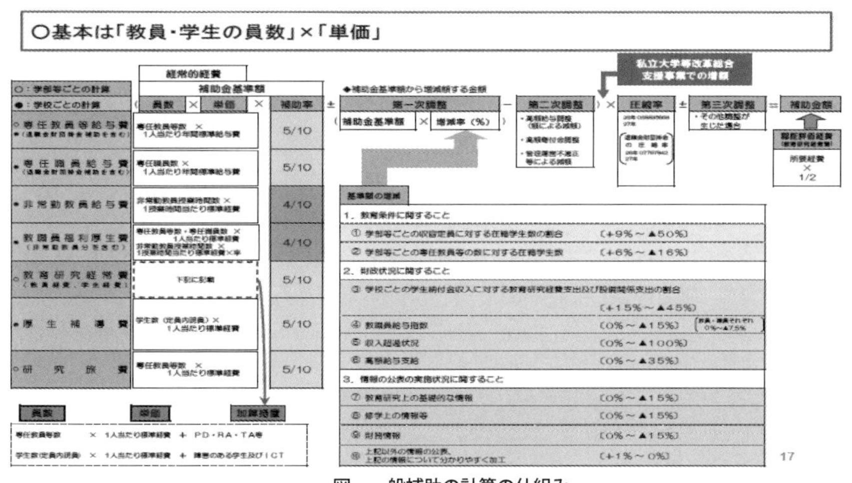

図　一般補助の計算の仕組み

（文部科学省「私学助成に対する参考資料　https://www.mext.go.jp/b_menu/shingi/chousa/koutou/073/gijiroku/__icsFiles/afieldfile/2017/02/14/1381731_2.pdf

2023（令和5）年度の特別補助は、下記のように計　728校が交付を受けました。

Ⅰ 成長力強化に貢献する質の高い教育	422校	Ⅳ 大学院等の機能の高度化	645校
Ⅱ 社会人の組織的な受入れ	183校	Ⅴ 東日本大震災からの復興支援	7校
Ⅲ 大学等の国際交流の基盤整備	218校	Ⅵ 令和５年梅雨前線・台風第２号、令和６年能登半島地震か	70校

(4) 令和5年度 私立大学等経常費補助金交付状況について

私学事業団では毎年3月にその年度の「私立大学等経常費補助金交付状況の概要」を公表しています。

①令和5年度 私立大学等経常費補助金交付について

1）令和5年度交付　交付学校数は 855 校

令和5年度交付学校数は843校、交付総額は2,976億1,697万5千円であり、このうち 一般補助は2,770億7,422万3千円、特別補助は205億4,275万2千円となっている。

2）学校種別の補助金交付状況

（単位：校、千円）

区　分	学校総数	交付学校数	交付額	補助金の平均額	
				1校当たり	学生1人当たり
大学	(623) 624	(583) 585	(283, 230, 216) 284, 974, 773	(485, 815) 487, 136	(142) 142
短期大学	(297) 289	(270) 256	(14, 551, 177) 12, 405, 809	(53, 893) 48, 460	(150) 144
高等専門学校	(3) 4	(2) 2	(226, 071) 236, 393	(113, 036) 118, 197	(138) 147
計（平均額）	(923) 917	(855) 843	(298, 007, 464) 297, 616, 975	(348, 547) 353, 045	(142) 142

※（　）書きは前年度の数値

3）私立大学等改革総合支援事業による増額

（単位：校、千円）

区　分	支援対象学校数	一般補助による増額	特別補助による増額	増額計
大学	(205) 198	(7, 447, 491) 7, 807, 486	(3, 747, 001) 3, 692, 249	(11, 194, 492) 11, 499, 735
短期大学	(47) 40	(110, 815) 94, 381	(453, 048) 431, 688	(563, 863) 526, 069
高等専門学校	－ －	－ －	－ －	－ －
計	(252) 238	(7, 558, 306) 7, 901, 867	(4, 200, 049) 4, 123, 937	(11, 758, 355) 12, 025, 804

※（　）書きは前年度の数値

②2023（令和5）年度経常費補助金配分状況　（大学585校）　（単位：千円）

順位	学校名	一般補助	特別補助	合計
1	早稲田大学	7, 594, 941	1, 138, 047	8, 732, 988
2	慶應義塾大学	7, 425, 087	586, 268	8, 011, 355
3	昭和大学	5, 454, 649	269, 530	5, 724, 179
4	東海大学	5, 459, 755	236, 322	5, 696, 077
5	立命館大学	5, 099, 285	442, 626	5, 541, 911
6	順天堂大学	5, 040, 196	474, 965	5, 515, 161
7	近畿大学	4, 030, 155	302, 302	4, 332, 457
8	北里大学	3, 676, 477	317, 240	3, 993, 717
9	福岡大学	3, 430, 147	200, 623	3, 630, 770
10	帝京大学	3, 248, 347	307, 588	3, 555, 935
11	東京理科大学	3, 284, 829	254, 398	3, 539, 227

（日本私立学校振興・共済事業団HP　https://www.shigaku.go.jp/s_hojo_r05.htm）

(6) 経常費補助金が不交付又は減額のケース

「補助金適正化法」または「私立大学等経常費補助金取扱要領4（1)」の規定に基づき、不適正な大学（①理事長による不適切な支出、②簿外経理、③役員の不祥事、④認可に関する虚偽申請など、⑤4年制大学を新設した場合は、卒業生がでる翌年度まで不交付、⑥学生募集を停止した場合、その翌年度から補助対象外、⑦法で定める一定の定員超過の場合）は不交付または減額、返還命令がでます。そのほか募集停止や他省庁からの補助と二重の場合も不交付となります。私学事業団並びに会計検査院から、不交付法人一覧とその理由が公表されます。令和5年度に交付を行わなかった39 校の内、管理運営等に問題がある法人等は、2 法人、募集停止3 校、未完成17校　申請にないもの13校　他省庁補助2校その他2校が不交付措置を講じました。

3. 私立学校施設整備費補助金

私立学校施設整備費補助金は、学校法人等に対して、教育研究施設及び教育装置の整備、ICT (→P125) 活用推進事業等に要する経費の一部を、国から直接補助するものです。

補助金の交付額は、教育研究施設については施設の整備に要する経費、教育装置については装置の購入等に要する経費、また、ICT活用推進事業については、情報通信ネットワークの構築に要する光ケーブル等敷設工事、装置の購入等に要する経費の2分の1以内の額とされています。

４．国公私立大学を通じた財政支援

(1) 競争的研究費制度について

研究者が多様で独創的な研究に継続的、発展的に取り組むために基幹的な研究資金制度であり、科学技術・イノベーション基本計画（令和3年3月26日閣議決定）において、「大学、国立研究開発法人等において、省庁等の公募により競争的に獲得される経費のうち、研究に係るもの（競争的資金として整理されていたものを含む）。」と定義されています。各省庁ごとに採択された研究一覧が公表されています。

(2) 科学研究費補助金（科研費）

科学研究費補助金（科研費）は、独創的・先駆的な研究をする研究者個人を対象とし、ピアレビューによる審査を経て交付する、文科省の競争的研究資金の一つです。人文・社会科学から自然科学まで全ての分野にわたり、基礎から応用までのあらゆる「学術研究」（研究者の自由な発想に基づく研究）を格段に発展させることを目的とし、審査・交付は、独）日本学術振興会で行っています。

研究費は採択された研究課題の研究代表者に対して交付されますが、研究の実施に専念してもらうため、研究機関（大学）が責任をもって管理することとなっています（＝機関管理）。研究機関は、管理や施設利用にかかる経費など、間接経費（オーバーヘッド　→P119）として、科研費の平均30％を徴収しています。不適切な事象が生じた場合、研究管理機関も責任が問われます。

オーバーヘッドは、科研費にだけでなく、外部からの託した全ての研究について課されます。

(3) 高等教育の修学支援制度（予算は内閣府計上）

「大学等における修学の支援に関する法律」（令和元年5月法律第8号）に基づき、少子化に対処するため、低所得世帯であっても社会で自立し活躍できる人材を育成する大学等において修学できるよう高等教育の修学支援（授業料等減免・給付型奨学金）が実施（内閣府計上）されました。　（→参照　学生支援P10）

高等教育の無償化の対象大学となるには「機関要件」を満たしてなければなりません。毎年、要件は提示され、令和6年度の機関要件は下記のとおりです。「機関要件の確認事務に関する指針（2024 年度版）」文科省　HP

大学運営の視点からは、全ての項目に該当する場合、機関要件を満たした大学となります。

①実務経験のある教員による授業科目が標準単位数（4年制大学の場合124単位）の1割以上配置。
②法人の「理事」に産業界等の外部人材を複数任命していること。
③厳格かつ適正な成績管理の実施及び公表。
④財務諸表等の情報、定員充足状況や進学・就職の状況など教育活動に係る情報の開示

財務や収容定員の視点からは、次のいずれかにあたる場合は対象機関となりません。私立のみ

１．収支差額や外部負債の超過に関する要件　下記①・②いずれにも該当すること

①その設置者の直前３年度の全ての収支計算書において「経常収支差額」がマイナスであること。
②その設置者の直前の年度の貸借対照表において「運用資産と外部負債の差額」がマイナスであること。

２．収容定員に関する要件（大学・短期大学・高等専門学校の場合）

・直近３年度の全ての収容定員充足率が８割未満であること。
　但し、直近の収容定員充足率が５割未満に該当しない場合であって、直近の進学・就職率が９割を超える場合は、確認取消を猶予する。　（令和６年４月３日修正）

Ⅷ. 大学の入り口～入試制度と高大接続改革

1．大学入学に関する法的位置づけ

(1) 大学入学資格

大学入学資格は、「高等学校もしくは中等教育学校を卒業していること」（学校教育法第90条第1項）が基本です。これに相当する他のルートとして、専修学校高等課程の修了、または高等学校卒業程度認定試験（旧大学入学資格検定）や国際バカロレア資格に全科目合格し「ディプロマ（認定証書）」を取得するルートがあります。

海外居住の場合は、その国の正規の高等学校を修了するか、日本人向けの在外教育施設として指定された学校を修了すれば、大学入学資格が得られます。また、日本のインターナショナルスクールも、外国の高等学校相当として指定された学校であれば、大学入学資格が認められます。ただし、18歳以上でなければ大学受験はできません（「飛び入学」を除く）。

さらに、2013（平成25）年の学校教育法の改正により、2016（平成28）年4月から一定の基準を満たす高等学校専攻科修了者（通常の課程（本科）を卒業後、資格取得などのためにさらに2年間程度高校で学ぶ）も大学に編入学できるようになりました。

注）「国際バカロレア」（IB：International Baccalaureate） 国際バカロレア機構（本部ジュネーブ）が国際的に通用する大学入学資格を授与する教育プログラムです。日本では33校。なお、法政大は2016年度から「国際バカロレア利用自己推薦入試」を始めました。(→P120)

「飛び入学」：特定の分野について特に優れた資質を有する学生が高校を卒業しなくても大学に、大学を卒業しなくても大学院に、それぞれ入学することができる制度です（法第90条第2項、第102条第2項、施行規則第151条、第152条、第153条、平成13年文部科学省告示第167号)。文部科学省は2022年4月1日、高等学校卒業程度認定審査制度を創設し、高校を卒業せずに大学に「飛び入学」した後に中退しても、大学で16単位以上を取得していれば最終学歴を「高校卒」とする制度を創設しました。(→P123)

(2) 大学入試に関する法律

各大学は入学者受入の方針（アドミッションポリシー）の策定と公表の義務（2017（平成29）年の学校教育法施行規則の改正）ことが定められ、さらに「公正かつ妥当な方法により、適切な体制を整えて行うものとする。」（大学設置基準第2条の2）と定められてます。また、2002（平成14）年、当時問題となった事案を受け、「入学者選抜の公正確保や入学に関する寄附金等の収受等を禁止する旨」通知され、厳格なる入試の公平性が求められています。

毎年6月に文部科学省より「大学入学者選抜実施要項」が公表され、これに則って各大学の入試が実施されます。大学入学者選抜の円滑な実施のために、その年度の基本的な方針、試験日、調査書等、その時々の社会の情勢や入試に係る課題等を踏まえながら、常に見直しが図られております。

2．大学入学広報

(1) 学生募集活動

受験生とその保護者、受験生を指導する高校教員を対象として学生募集活動は重要性が増す一方です。現状では他の大学との差別化を図ることが難しい時代となっています。コロナ感染禍によりオープン・キャンパスや高校説明会はWebを活用したのを機に、今後も、オープン・キャンパス等対面とオンラインのハイブリット活用が見込まれます。

<主な学生募集活動>

①オープン・キャンパス（高校生・保護者を対象）

大学施設を見学したり模擬授業を体験したり、在学生との交流するなど、大学をよりよく知り、予め大学の雰囲気を知ってもらうことを目的としています。ミスマッチングを防ぐ最適な広報手段とされ、コロナ禍を機にバーチャルな開催が増えていきました。

②入試ガイダンス（高校生対象）

学内または業者の設営するガイダンス会場のブース、高校等に出向し大学案内をします。コロナ禍の影響からWebによる個別の入試ガイダンスが増加しています。

③高校訪問・入試説明会（高校教員対象）

高校の先生や生徒に大学を直接アピールし、高校教員との信頼を構築する大事な仕事です。オンデマンドやオンラインの普及・導入によって動画配信により均質な説明が可能になりました。

④ホームページ・SNS

現在では、スマートフォンの普及で情報はネットで得るのが常識となっており、スマートフォンで見やすいように工夫がなされています。

⑤広告媒体による広報

新聞や交通広告、受験雑誌やテレビ、ラジオ等の媒体を活用した広報です。費用対効果の検討がなされ、最近ではネット広告にシフトしています。

⑥入試広報作成物

入学案内や、大学での各種印刷物、DM（ダイレクトメール）を作成し、受験生に配布します。従来はオープン・キャンパスで得られた高校生の個人情報からDM等を流していましたが、コロナ禍等によるオープン・キャンパスの開催数の減少で受験生の登録が減少しています。また、改正個人情報保護法により直接DMできる個人情報の取得が難しくなっています。

(2) 大学ランキングと学生募集

世界大学ランキングは、2003（平成15）年に上海交通大学が実施した「世界大学学術ランキング」(ARWU) から始まったと言われております。これは、江沢民国家主席（当時）の意を受けて、中国の大学を世界レベルで測る仕組みとしてスタートしたものです。その後、2004年には、イギリス「タイムズ紙」の別冊「タイムズ・ハイアー・エデュケーション（英：TIMES Higher Education Supplement)」による『THE世界大学ランキング』、2006年にはアメリカ「ニューズウィーク紙」による『大学ランキング世界トップ100』などが創られ、今や大学ランキングは10を超え、世界の大学のランキングに始まり、欧米・アジア等の地域別や研究分野別のランキング等、多岐にわたっています。留学希望者の留学先、のみならず受験生の大学選択にも参考にされており、無視できない状況です。

社名	ランキング名	社名	ランキング名
朝日新聞出版	「大学ランキング」	ダイヤモンド社	「就職に強い大学ランキング」
東洋経済新報社	「本当に強い大学」	THEとベネッセグループ	「THE 世界大学ランキング 日本版」
旺文社	「大学の真の実力」	リクルート	【進学ブランド力調査】志望大学ランキング

3．大学入学者選抜（入試）制度

(1) 高大接続改革―学力の３要素を評価する選抜への転換

急速な進展により予見困難な社会となる中で、新たな価値を創造する学力の３要素（P124）を多面的･総合的に評価する入試制度の見直しが行われています。2021年度より、大学入学共通テスト（旧大学入試センター試験）、一般選抜（旧一般試験）、総合型選抜（旧AO入試）、学校推薦型選抜（旧推薦入試）が実施されています。

(2)「大学入学者選抜実施要項」と入試日程

文科省高等教育局大学教育・入試課 大学入試室より毎年6月上旬に「大学入学者選抜実施要項について」が通知され、各国公私立大学の入試スケジュールが決まります。通知内容は、入試に係る全体スケジュールをはじめ、感染症等に対応した試験実施のガイドライン、次年度入試の基本方針や入試方法、一般選抜、総合型選抜、学校推薦型選抜における留意点など細部まで含まれております。大学入学者選抜に則り、各大学は入試要項を公表します。

(3) 大学入学共通テスト

正式名称は「○年度大学入学者選抜に係る大学入学共通テスト」。

大学入学共通テスト（略称　共通テスト）は、大学入学志願者の高等学校段階における基礎的な学習の達成度を判定することを主たる目的とします。　この試験を利用する国公私立の各大学が大学入試センターと協力して同一の期日（毎年1月中旬の土日）に全国で実施されます。出題科目は6教科30科目、マーク方式の解答です。

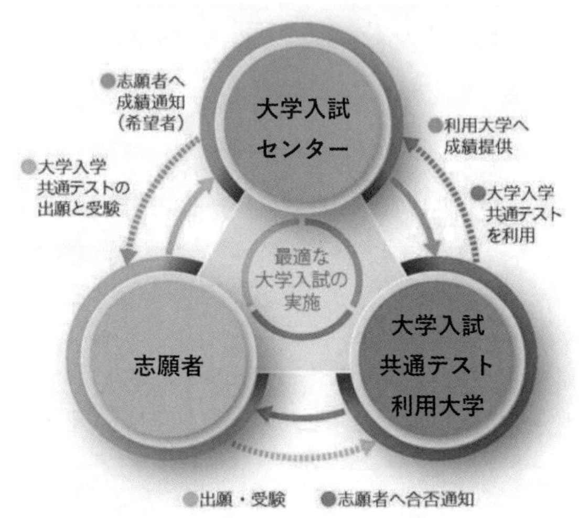

大学入学共通テストの運営の仕組み　　大学入試センター HPより

国公立大学の場合は、原則として共通テストを受験し、その成績と個々の大学の一般選抜の成績に基づき合否判定となります。私立大学では、一般選抜入試で共通テストの成績を合否判定に利用する方法（「共通テスト 利用テスト」）等が実施されます。共通テストの成績のみで合否判定する大学や、総合型選抜に共通テストを利用する大学もあり多様です。各大学が、独自の判断と創意工夫に基づき適切に用いることにより、大学教育を受けるにふさわしい能力・意欲・適性等を多面的・総合的に評価・判定します。

(4) 一般選抜

国公立大学の入試は、「総合型選抜（旧AO入試）」「学校推薦型選抜（旧推薦入試）」も行われますが、共通テストと「一般選抜」の合否判定者が全体の85％以上を占めます。国公立大学の一般選抜は、前期日程と後期日程があり、公立大学では前期・後期に加え中期日程も選択できるようになっています。前期日程は2 ～ 3科目の試験、後期は面接または小論文の試験が多い傾向にあります。

私学の一般選抜はより多くの受験生に受験してもらえるよう、次頁の表のようにさまざまな制度や入試方式を設けられています。私立大学の一般入試は様々な制度や入試方式が定められています。

(5)学校推薦型選抜

学校推薦型選抜は大きく分けて「指定校推薦」と「公募推薦」の２種があります。前者の指定校推薦は大学が指定した高校の生徒のみに出願資格がある制度です。これに対し、公募推薦は、

●大学入学共通テスト	2021年1月より大学入学共通テストが新しく導入され、2025年1月の入試から完全移行となる。2021年度は英語成績提供システムや記述式試験の導入は見送られた。
● 一般選抜	国公立大学では大学入学共通テストの受験結果と「分離分割方式」(前期、中期、後期の日程の統一の日程)で合否判定。私立大学では、大学入学共通テストの受験は必須ではないが、合否判定に利用する大学もある。1月下旬〜2月中旬(一部は3月中旬まで)で各大学が個別試験を実施し合否判定する。
・アラカルト入試(複線入試)	複数の選抜方式が用意され、受験生がその中から自分に有利な型を選択して受験できる入試。大学によって内容は異なる。
・全学部統一入試(全学部日程)	全学部が共通問題を用いて同じ日に試験を行う入試。 併願校と試験日が重なった時に利用できる。 志望する学部学科への受験機会が増える。
・個別学部入試(個別学部日程)	学部学科ごとに問題・日程が違う試験。
・科目選択型	科目の数や種類を選ぶことができるタイプ。
・得意科目重視型	事前に申請した科目の配点を高くする方式。
・試験日自由選択制度	一つの学部学科で複数の試験日があり、都合の良い日を選んで受験できる方式。 併願校と試験日が重なった場合に便利なだけでなく、1つの大学内の学部学科を連日受験できる。
・地方入試(地方会場、学外試験会場)	全国の主要都市に設けられた試験会場で受験できる。 交通費や宿泊費の負担だけでなく、時間的・体力的負担も軽減できる。
・後期日程(3月入試、2次募集)	2月下旬〜3月中旬に行われるのが後期試験あるいは3月入試、私学の場合、2次募集と呼ばれる。
・大学入学共通テスト利用型	大学入学共通テストの結果を用いて、私大や短大で行われる一般選抜の一方式。 そのまま合否判定される場合と、国公立と同じように独自試験を課す大学もある。
・スカラシップ入試	奨学金が初めから組み込まれた入試の制度(P119参照)。
・英語外部試験利用型	試験当日に英語の試験を、入試方式英検®、TOEIC、TOEFLなどの試験のスコアによる英語資格を利用できる入試で、近年増え続ける入試方式。 「大学入試英語成績提供システム」は令和2年度からの導入は延期となったが、令和3年からの入試に各大学が独自に活用することは可能(文科省HP入試ポータルサイトより)
●総合型選抜	大学が求める人物像(アドミッション・ポリシー)に合う人物を採用するための入試。 総合型選抜は高校からの推薦は不必要、条件を満たせば誰でも出願でき、志望校に直接アピールできる。 選考は、調査書を含む書類、学び・入学への意欲、目的意識の高さ、入学後の成長度などが重視され出願条件や選抜方法は大学・短大ごとに多種多様。 選考にかかる時間が長い場合が多く、不合格だった場合は後日開催の同じ学部学科の一般選抜を受験することが可能。
●学校推薦型選抜	個性や意欲を評価するのが学校推薦型選抜。大半は高等学校長の推薦が必要で、学業成績やスポーツ・課外活動実績などについて一定の水準が必要。 出願条件、評価基準は大学・学部、方式によって様々。 書類審査、小論文、面接、プレゼンテーションなどが中心。
・公募制(公募推薦) 公募制一般選抜	大学が求める出願条件を満たし、高等学校長の推薦があれば出願できる。 全国の高校から広く出願でき、大学によっては、既卒生(浪人生)の出願も可。 成績基準が設けられることが多く、募集定員が比較的多い選抜方式。
公募制特別推薦選抜	「有資格者推薦」「スポーツ推薦」「一芸一能推薦」なスポーツや文化活動で優秀な成績を収めたこと、委員会活動やボランティア、地域活動などに取り組んだことなどをアピールできる選抜方式。 専門学校や総合学科高校出身者の定員枠を設けている場合や、成績基準がない場合などもある。 国公立大学の場合、原則として公募制のみで、推薦の基準は非常に厳しい。
・指定校制(指定校推薦)	大学が指定した高校所属の現役受験生にのみ出願資格があり、専願に限られる。 成績、課外活動実績、生活態度などで評価される。 推薦枠は少人数のため希望者が多い場合は校内選考が実施される。

大学が要求する出願条件を満たしており、高校の校長からの推薦が得られれば出願資格がある制度です。

(6) 総合型選抜

総合型選抜は、「知識・技能・思考力・判断力・表現力、学びへの意欲や人間性等を多面的・総合的に評価・判定する」選抜試験です。各大学の「アドミッション・ポリシー」に合致する学生を選抜するため、小論文やプレゼンテーション、資格・検定試験の成績、大学入学共通テストを課すなど、多様な選考方法が用いられています。

(7) 入試の実施日程

これまで述べた入試試験のスケジュールをまとめると、以下の図表ようになります。コロナ禍の影響で入試方式を変える国公立大学も続出しました。早々と大学独自の2次試験を中止し、共通テストの成績だけで合否を決めるところも多く、私学も同様に共通テストだけで決めた大学が多数でました。2024年度の入試は、「『年内入試』と言われる推薦や総合型選抜で入学する人が全体の5割を超えた」(「「大学入試研究会―最新入試情報編」駿台予備学校) とのことです。

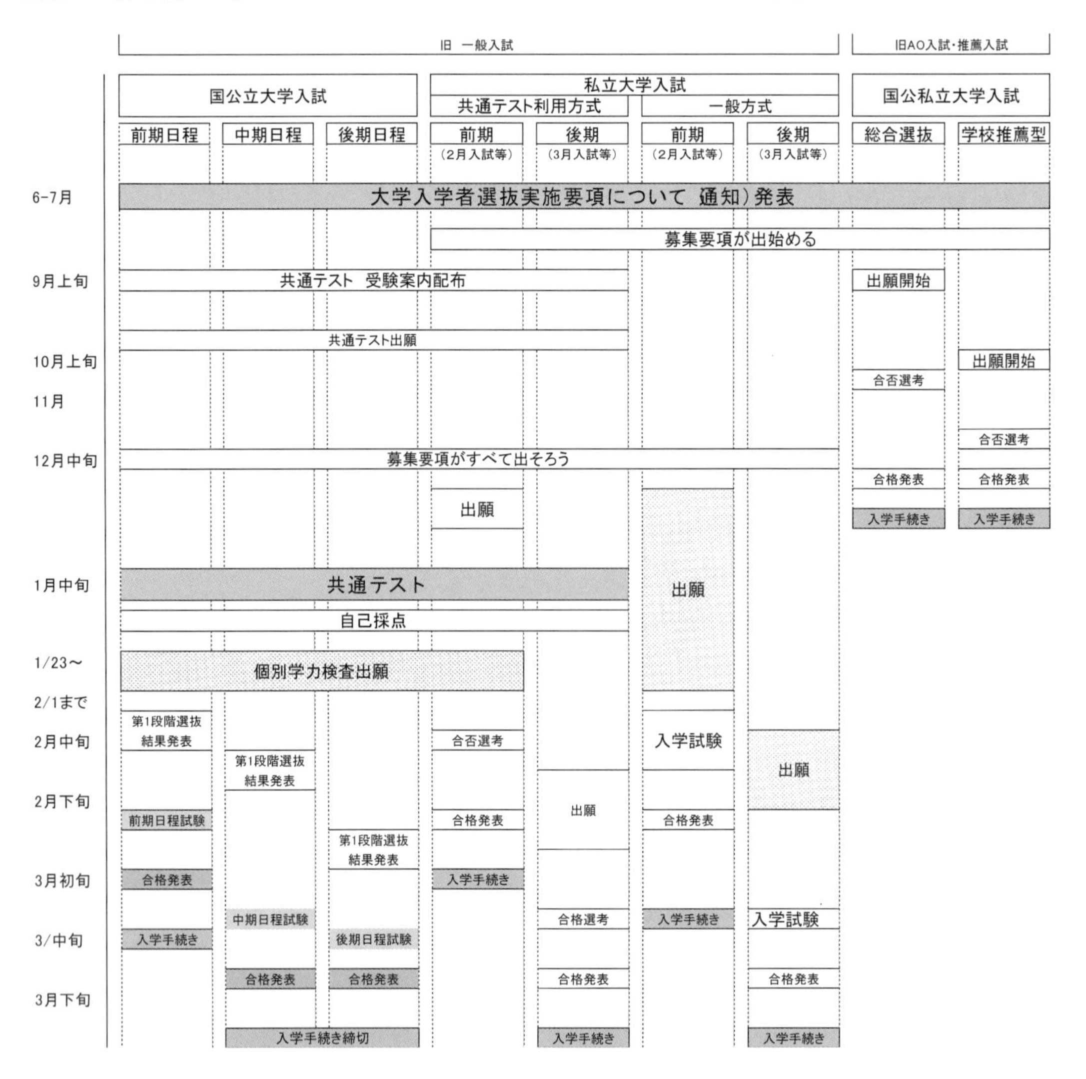

4．大学・短期大学の入学者数の動向

日本私立学校振興・共済事業団私学経営情報センターでは、毎年度「私立大学・短期大学等入学志願動向」を8～9月に公表しています。

2023（令和5）年度の大学の概況（表1）は、集計600校と前年度より2校増え、入学定員は4969人増加しましたが、志願者数は10万8659人、受験者数は9万5687人、減少しました。また、入学者数は1595人の減少となり、入学定員充足率は１・26ポイント下降し、99・59％となりました。

地域別の動向（表2）は、三大都市圏の入学定員充足率は前年度より0.71ポイント下降して101.37％、その他の地域では3.19ポイント下降して93.45％となりました。

入学定員の充足率の状況（図1）について、平成26年度の入学定員充足率100％未満の学校は265校で、全体の45.8％でした。その後、100％未満の学校数は平成28年度からの定員管理の厳格化等により減少が続いたものの、令和３年度から増加傾向となり、令和５年度は前年度より37校増加し、320校となりました。また、全体に占める割合も6.0ポイント上昇し、53・３％となりました。

令和5年度の定員割れ大学数は284校で、前年度より7校増加しました。全体に占める割合も、1.1ポイント上昇し、47.5％となりました。

（「月報私学」2023年9月号日本私立学校振興・共済事業団私学経営情報センター）

表１　大学の概況

区　分	４年度	５年度	増　減
集計学校数(校)	598	600	2
入学定員(人)	497,939	502,635	4,696 (0.9%)
志願者数(人)	3,822,486	3,713,827	△108,659 (△2.8%)
受験者数(人)	3,642,995	3,547,308	△95,687 (△2.6%)
合格者数(人)	1,508,761	1,494,758	△14,003 (△0.9%)
入学者数(人)	502,194	500,599	△1,595 (△0.3%)
志願倍率(倍)	7.68	7.39	△0.29ポイント
合格率(%)	41.42	42.14	0.72ポイント
歩留率(%)	33.29	33.49	0.20ポイント
入学定員充足率(%)	100.85	99.59	△1.26ポイント

※志願倍率(志願者数÷入学定員)、合格率(合格者数÷受験者数)
歩留率(入学者数÷合格者数)、入学定員充足率(入学者数÷入学定員)

表２　地域別の動向（大学）

区　分	集計学校数		志願倍率		入学定員充足率	
	４年度	５年度	４年度	５年度	４年度	５年度
	校	校	倍	倍	%	%
北海道	24	23	3.59	3.22	102.19	98.54
東北(宮城を除く)	22	23	2.36	2.10	91.71	84.00
宮城	11	11	4.04	3.62	102.01	98.34
関東(埼玉、千葉、東京、神奈川を除く)	25	24	4.09	3.78	99.49	97.47
埼玉※	26	26	4.58	4.18	99.80	97.50
千葉※	25	26	12.14	11.18	97.46	95.48
東京※	117	118	9.03	8.82	103.48	103.46
神奈川※	25	27	5.96	5.53	100.33	98.85
甲信越	23	23	2.60	2.38	98.21	96.25
北陸	13	13	4.82	4.08	97.84	92.63
東海(愛知を除く)	21	21	4.31	3.41	92.99	89.24
愛知※	45	45	7.63	7.21	102.06	101.74
近畿(京都、大阪、兵庫を除く)	15	14	4.41	3.45	90.45	85.11
京都※	26	26	9.86	10.12	101.30	101.37
大阪※	53	53	10.79	10.14	102.97	101.38
兵庫※	28	28	6.04	5.89	96.89	93.97
中国(広島を除く)	21	21	2.87	2.76	87.37	81.51
広島	14	14	4.09	3.72	95.46	91.98
四国	9	9	2.71	2.31	89.83	84.43
九州(福岡を除く)	28	28	2.62	2.41	96.66	94.88
福岡	27	27	6.62	6.38	99.77	99.89
合計	598	600	7.68	7.39	100.85	99.59
三大都市圏(※の地域)	345	349	8.75	8.47	102.08	101.37
その他の地域	253	251	4.08	3.69	96.73	93.54

図１　最近10年の入学定員充足状況（大学）

年　度	26	27	28	29	30	元	2	3	4	5
100%以上の学校数	313	329	320	352	372	393	409	320	315	280
100%未満の学校数	265	250	257	229	210	194	184	277	283	320
100%未満の割合(%)	45.8	43.2	44.5	39.4	36.1	33.0	31.0	46.4	47.3	53.3
合　計	578	579	577	581	582	587	593	597	598	600

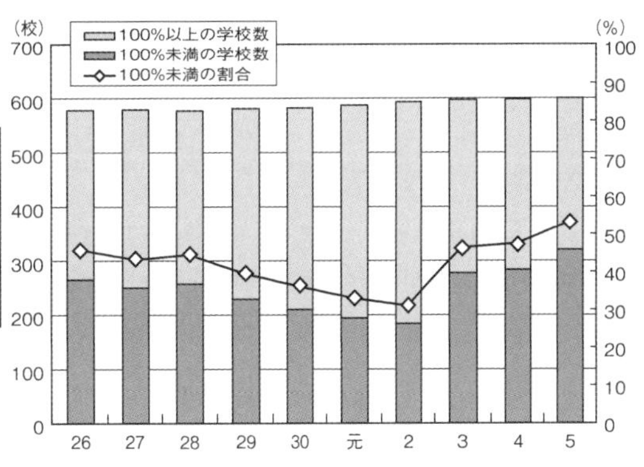

表1　表2　図表1
出典　日本私立学校振興・共済事業団
私学経営情報センター「月報　私学」2023年9月号より

Ⅸ．大学の中身～教務・研究・学生支援

1．教務（教育支援）

(1)「教学マネジメント指針」からみえる教育支援

2017（平成 29）年度から三つのポリシー（→P18）方針の一体的な策定・運用が各大学に義務付けられております。また、2020（令和2）年１月には、学修者本位の教育の実現を図るための取り組むべき事項と留意点をまとめた「教学マネジメント指針」（中央教育審議会大学分科会）が策定されました。さらに「教学マネジメント指針（追補）」が令和5年２月24日公表されました。内容は、「入学者受け入れの方針」に基づき、①入学段階で身に付けていることが求められる資質・能力等や、評価・判定の方法・基準について、「入学者受入れの方針」に具体的に示す、②入学者選抜が求める学生を適切に見いだすものとなっていたか、点検・評価を実施し、その結果を踏まえてAP等の見直しを実施する、というものです。

本章では、2023年10月に公表された「令和4年度の大学における教育内容等の改革状況について」（令和5年10月　文科省高等教育局大学振興課大学改革推進室　2021令和4年10月～2021（令和5年）1月年度調査）における調査結果について、「教学マネジメント指針」の観点から教育改革の現状を示しました。（以下、調査という）。（→P120）

1) 学修目標の具体化

教学マネジメントの実行を高めるには、「三つのポリシー」を具体化し、その達成状況を点検・評価することが重要です。特に「卒業認定・学位授与の方針」は、学生の学修目標であり、卒業生に最低限備わっている能力を保証するものです。義務化により実施率は100％ですが、この達成状況を点検・評価している大学は約 89％です。

2) 授業科目・教育課程の編成・実施

学修目標を達成するためには、個々のカリキュラムや、授業科目・教育課程の編成などを、担当教員間で学生の能力育成に関する認識を共有したり、組織的・体系的に実施することが必要です。2020年度の時点で教育研究活動情報の公表等については、法令により義務化されたことから実施率は 100％ですが、学生の学修時間の公表は51％、教員一人あたりの学生数を公表している大学の実施は64％となっております。

① ナンバリング・履修系統図（カリキュラムマップ、カリキュラムチャート等）（→P123）

各授業科目にナンバーをつけカリキュラムを体系化し、教育課程の相互の関係をみて編成するのがナンバリングです。実施している大学は2021年度の時点で約72％です。

学生の身に付く知識･能力との対応関係等を図で示した履修系統図（カリキュラムマップ、カリキュラムチャート）も82％の大学が活用しています。

② シラバス　（→P27, P121）

授業を担当する教員により、当該科目の到達目標、学生の学修内容、具体的な準備学習の指示、成績評価の方法・基準等が記載・明示された授業計画のことで、現時点では89.6％の大学が実施しています。シラバスは学生と教員の共通理解を図ると同時に学習効果を高める等の役割も果たします。

③ セメスター制、クォーター制、キャップ制の導入（→P120）

セメスター制（１学年2学期制）とは、１学年を春学期（4月～）と秋学期（10月～）の2つに分け、

履修登録から単位認定までを学期ごとに完結させる2学期制は、約92％の大学が導入しています。

１学年を4学期とするクォーター制を導入した大学は6.2％です。クォーター制は、9月入学に改変せずとも海外の大学との入学・編入に対応できることから、導入する大学は増加傾向にあります。また、 単位の修得に必要な学習時間を確保する観点から、1年間あるいは1学期間に履修登録できる単位の上限を設けるキャップ制は、73％の大学が実施しています。

④ アクティブ・ラーニング（・スペース）(→P119)

アクティブ・ラーニングは、学生に能動的学修を促す参加型の授業方法で、汎用的能力の育成を図ります。その活動できる場がアクティブ・ラーニング・スペースといいます。実施率は90.9％です。

⑤ キャリア教育（キャリアガイダンス（社会的・職業的自立に関する指導等））の実施 (→P30, P115)

2011（平成23）年度より各大学・短期大学では大学設置基準42条により「キャリアガイダンス」の実施が義務化され、教育課程の科目として設けられています。95.1％の実施率です。

学生の勤労観・職業観の育成や今後の将来設計を目的とした授業科目を開設したり、コミュニケーション能力、課題発見・解決能力、論理的思考力等の能力の育成、インターンシップを取り入れた授業の開設、資格取得・就職対策、企業関係者やOB・OG を招いての講演等、内容は多岐にわたります。企業との連携による授業科目の開設や製品開発が行われる場合もあります。（この場合は就業体験ではないためインターンシップとは異なります）。

2022年の大学設置基準改正により 42条の条文は第7条2に規定され、教員と事務職員等の関係を一体的にして、教育研究活動から厚生補導までを含めた教職協働の実質化の促進が期待されています。

⑥ 初年次教育の実施、履修指導、学修支援制度等 (→P121)

初年次教育は、新入生を対象に、高校から大学への移行を円滑に図るための体系化されたプログラムです。入学ガイダンス、レポート・論文の書き方などの文章作法、プレゼンやディスカッションなどの口頭発表の技法、大学教育全般に対する動機づけのためのプログラムなど行う正規の授業科目です。97％の大学が取り組んでいます。

履修指導や学修支援制度では、オフィスアワー（学生からの質問・相談を受けるため、時間を限って教員の研究室を解放すること→P119）を設定したり、ティーチング・アシスタント（大学院生による教育補助、略してTA→P122）や、就職支援のためのキャリアセンター等の設置、ラーニングコモンズ（→P125）の整備・活用などが実施されています。TAについては大学基準の改正で第7条に役割が明確化され、研修も義務化ました。

⑦ ICT(情報通信技術)（P125）を活用した教育

ブレンデット型学習（教室の講義とｅラーニング(→P123)による自習の組合せ、講義とインターネット上でのグループワークの組合せ等による学習）を導入した大学は2021年度の時点で60％となっております。2023年度以降はさらに導入比率が高まることが予想されます。またクリッカー(→P120)技術による双方型授業を展開している大学は約48％です。

3) 学修成果・教育成果の把握・可視化 (→P119)

学生自らが身に付けた学修成果を自覚できるよう可視化することが、学修目標の到達に重要であることから、以下のような取組みがされています。

① ルーブリック（ rubric）(→P123)

米国で開発された学修評価の基準の作成方法。評価水準である「尺度」と、尺度を満たすための内容が一覧表になっており、一人の教員の授業のなかで、複数の教員が評価することができる仕組みです。学習成果を段階的に分けて記述することにより達成水準等が明確化され、他の手段では困難なパフォーマンス等の定性的な評価に適性が高いとされています。学生に対して、どのような基準により評価されるのか分かりやすく提示ができます。

ルーブリックにより成績評価基準を明示する大学は、約32％です。

② 学修ポートフォリオ （→P119）

学生が学修課程ならびに各種の学修成果（例：学修目標、学修計画表とチェックシート、課題達成のために収集した資料やレポート、成績単位取得表等）を長期的に収集したものです。2020年度の導入率は43％ですが、導入率は増加する傾向にあります。

③ GPA（Grade Point Average）制度の活用 （→P125）

GPAとは、授業科目ごとの成績評価を、例えば５段階で評価して数値を付与して得た平均値のことです。98％の大学でGPA制度が導入されており、奨学金や授業料免除対象者の選定基準、学生に対する個別の学修指導などにも利用されてます。ただし、進級や卒業判定、退学勧告の判定基準として活用している大学（退学勧告に36.2％実施）はごく少数に留まっているようです。

また、高等教育の修学支援制度における大学等の機関要件の一つになっています。「GPAなどの成績評価の客観的指標の設定（略）厳格かつ適正な成績管理を実施・公表していること。」

＜算出方法＞

$$\mathrm{GPA} = \frac{（履修登録科目の単位数 \times 科目の\,\mathrm{GPA}）の総和}{履修登録科目の単位数の総和}$$

④ アセスメントテスト（学修到達度調査） （→P119）

ペーパーテストなどで、学生個人の学修到達度を図ります。

⑤ 学生による授業評価 （→P54）

学生による授業評価は各大学で実施されており、授業のわかりやすさ、担当教員の熱意や意欲、話し方等が評価項目に挙げられています。アンケート結果を組織的に検討し、授業内容等に反映する機会を設け、結果を活用している大学が約73％となっています。大学の質保証の一つの役割を担っています。

⑥ 学生の学修時間・学修行動の把握 （→P119）

日本の大学生の授業以外の学修時間は欧米など諸外国の学生に比べて極端に短いことが指摘されています。アンケート調査等により学部段階において学生の学修時間や学修行動の把握を行っている大学は約89％となっています。

4）　教学マネジメントを支える基盤（FD・SDの高度化、教学IR（→P57，125）体制の確立等）

① FD（教員の職能開発）とSD（大学関係者全員対象の職能開発）の一体化

FDは、教員相互の授業参観等により、教育力を高める研修です。SDは、大学関係者全員対象に能力の向上を高める研修です。昨今、厚生補導など教員組織と事務組織共に対応する業務が多くなりましたが、当初はその責任や役割分担、協働など別々に大学で規程されてきました。2022（令和4）年の大学設置基準改正では、大学設置基準第11条により教員と職員による教職協働組織として一体化され、教職協働を円滑にすると同時に、教職共に研修を行うことを内容としています。なお、改正前と同様、既存の学内組織において、教員・事務職員等の役割・機能の関係性等の学内規程等は必要です（→P64）。

② 指導補助者TA、SA（教員を除く。）

2022（令和4）年大学設置基準改正により､大学が定めるTAやSAも講義することが可能となりました。TA、SAに対しても研修を実施することが新たに義務付けられました。（「基準」解説 文科省HP 基準11条３項）

③ IR（Institutional Research）（インスティトゥーショナル・リサーチ）（→P57，126）

IRは、大学経営の意思決定支援のために、大学運営に関係する各種データの収集、分析、報告をし企画立案やステークホルダーに向けた情報発信業務を行うなど、教育・研究、経営、学生支援などの諸活動に分析結果を活用する役割を担います。

1957年スプートニックショック（ソ連の人工衛星打ち上げ成功）により、アメリカ連邦政府は自国の科学の発展のために多大な研究資金を大学や研究機関に提供します。この研究資金への報告義務から『企業や機関に関する情報収集とその分析を行う』IRが始まりました。1960年代に入ると米国では大学の事業が拡大したことを背景に多数の大学にIRが普及。1965年にIRの専門学会であるAIR（Association for Institutional Research）が設立され、現在では情報交換やIRER育成のためワークショップやプログラムが多数開催され､多くの参加者を得ています。（AIRとHP村上義紀『みんな私の先生だった』㈱霞出版社）

日本にIRが導入されたのは､2012年ごろとされています。情報公開などを目的とした評価IRと、教学マネジメントにかかる学生の学習効果測定等を目的とした教学IR、中長期計画や財務分析の策定・評価など経営に関わる経営IR等、様々な形のIRがあります。

5) 教学マネジメントとしてPDCAサイクルを実施している取組み

教育改善に関するＰＤＣＡサイクルの確立に取り組んでいる大学は、88.5％です。

(2)「教育マネジメント指針」にある項目以外の教育支援

①大学の国際化に向けた取組み

外国語教育の実施状況では、英、中、仏、独語のほか、韓国語等言語が多様化し、ネイティブスピーカー、L.L.やCALL教室の活用、目的別・能力別クラス編成、授業外の学習支援設備の設置、様々な取組みが見られます。また､近年話題のChatGTPも言語学習利用として注目されています。

（注　L.L.（Language Laboratory→P126）オーディオ、ビデオなどの機器を使って外国語を学ぶ。/　CALL教室（Computer Assisted Language Learning→P125））　ICT（→P123）を使って語学学習を支援するシステムが整備された教室/チャットGTP（→P123）　対話型AIによるテキスト検索と作成、教育にも影響があるため、文化庁では著作権を審議中。（文化庁）

＜大学国際交流の現況＞

「2022（令和4）年度外国人留学生在籍状況調査結果」が2023（令和5）年3月に公表されています。外国人留学生数は23万人（前年比 11,298人(4.7%)減）でした。留学生数の多い国・地域は中国、ベトナム、ネパールの順です。（独）日本学生支援機構「外国人留学生在籍状況調査」及び「日本人の海外留学者数」等調査）（在留管理庁は2024年3月22日、2023年末現在で、在留外国人数についての統計を公表した。そのうち、在留資格「留学」の人数は、34万883人となった）

「トビタテ！ＪＡＰＡＮ」（→P123)、JASSOによる「海外留学支援制度」の奨学金支援等によって海外留学を促進し、日本人留学生数は、2021（令和3）年度10,999 人（対前年度比 9,512 人（639.7%）増）となりコロナ禍後から再開が進んでいます。（文部科学省「外国人留学生在籍状況調査」及び「日本人の海外留学者数」等について2023.3.7）

＜日本語教育の適正かつ確実な実施を図るための日本語教育機関の認定等に関する法律の制定＞

日本語教育の適正かつ確実な実施を図るため、①日本語教育機関、日本語教育課程を設置する機関のうち一定の要件を満たすものを認定する制度と、②認定日本語教育機関の教員資格をの認定制度が創設され、令和６年４月１日（認定日本語教育機関の教員の資格等については経過措置を設ける）より施行されます。

②生涯学習時代に向けた大学改革─高等教育へのアクセスの拡大

現在、社会に開かれた高等教育機関を目指して、生涯学習への対応が重要な位置を占めています。

・社会人特別選抜 ・編入学 ・夜間部 ・昼夜開講制 ・科目等履修生 ・聴講生 ・研究生 ・通信教育・リカレント教育推進事業・リスキリング・大学公開講座・高等学校卒業程度認定試験

★「職業実践力育成プログラム（BP)」の公募。(2023.3.) https://www.mext.go.jp/a_menu/koutou/bp/

2．遠隔教育と実習授業

ⅰ「大学・高専における遠隔教育の実施に関するガイドライン」

（教育実習・介護実習は（→P106）令和５年3月28日文部科学省 高等教育局 専門教育課 大学教育・入試課）

1．大学・高専における遠隔教育の実施に関する基本的な考え方

(1)本ガイドラインの趣旨

授業科目の全部または一部を遠隔授業を、コロナ禍で実施した平均割合は，令和３年度が約６割，令和４年度が約４割であった（「高等教育段階における遠隔教育の実態に関する調査研究」)。

遠隔教育の利点と課題を踏まえ，遠隔教育の質保証や，「面接授業」（大学設置基準第 25 条第１項等で規定する面接授業）と「遠隔授業」（同令第 25条第２項等で規定する遠隔授業）を効果的に組み合わせたハイブリッド型教育の確立に資することを目的に、有識者の協力を得て策定する。

(2)これまでの通知等による遠隔授業の実施に関する主な留意点

① 遠隔授業による単位の上限（→P127）

大学設置基準27条の2で 60 単位が上限と規定されているため、原則として，遠隔授業の実施については、「卒業」に関する事項として学則に記載すること（学校教育法施行規則第４条第１項第６号に規定)。

ただし，当該遠隔授業を実施する旨を学則に定めた上で，具体的な実施方法や対象となる授業科目を学則ではなく履修規程等の他の規程に定めることは差し支えない。

② 面接授業と遠隔授業とを組み合わせて行う授業科目の取扱い

1)遠隔授業を実施する授業時数が半数を超えない範囲で行われる授業科目

→面接授業の授業科目として取り扱い，60 単位上限の算定に含める必要はない。

2)グループに分けて交互に対面と遠隔で受講するなど、全ての学生が半分以上の授業時数を対面で受講する機会を設ける場合　→面接授業として取り扱う。

3)面接授業と遠隔授業とを同時に実施し、いずれの形態により受講するかを学生自らが選択可能ないわゆるハイフレックス型で行われる授業科目

3)-1自由選択のばあい、半分以上の授業時数を対面で受講する機会が設けられているとは言えないことから→遠隔授業の取り扱い。

3)-2→半分以上の面接授業時だが、障害を有するなど学生個人の希望により，面接授業時数が半分未満となった場合→面接授業として取り扱う

③ 感染症や災害の発生等非常時における特例的な措置に関する取扱い

1)面接授業の全部又は一部が、非常事態により面接授業が困難な場合→面接授業の特例措置として遠隔授業を行うなどの弾力的な運用が認められる。この際に実施する遠隔授業は，面接授業として取り扱うことができ，遠隔授業 60 単位に算入しない。

2)非常時の状況における面接事業

通信教育以外の大学等は，学生がキャンパスに来て学ぶことが前提であり、感染症等の対策を十分に講じ、面接授業を適切に実施する。(各大学等は学生に寄り添った対応を講じ，学生が安心し，十分納得した形で学修できる環境を確保することが重要)

④その他の主な留意点

1）遠隔授業としての要件：　同時性又は即応性を持つ双方向性（対話性）を有し，面接授業に相当する教育効果を有すると認められるものであること。

つまり同時かつ双方向，毎回の授業の実施に当たって当該授業の終了後すみやかに指導を併せ行うもので，

当該授業に関する学生等の意見の交換の機会が確保されているもの

2）遠隔授業等の実施の検討を行う際の留意事項

・授業担当教員の各授業ごとのシラバス等の下に実施され、その講義数は全講義数の半分以下であること
・授業担当教員が、オンライン上での出席管理や課題の提出等により、当該授業の実施状況を十分把握していること
・学生一人一人へ確実に情報を伝達する手段や、学生からの相談に速やかに応じる体制の確保
・大学等として、どの授業科目が遠隔授業等で実施されているかなど、個々の授業の実施状況についての把握

3）「授業目的公衆送信補償金制度」（→P17,P121）に留意　ICTを活用した遠隔授業等を行う際の著作物利用に係る著作権等の取扱い

4）遠隔授業等の実施の留意事項

・面接授業の機会が著しく少ない場合等、面接授業を実施できない理由や、それに代わる学生の交流機会の設等の必要な情報について，学生に対し合理的な説明を丁寧に行うなどの配慮が求められること
・各授業科目の実施方法については，授業計画（シラバス）等に明示し，学生に対して丁寧な説明に努める
・実施方針等については，受験生の進学先の参考となるようインターネット等により公表すること
・学生の通信環境への配慮等（学生が自宅等において十分な通信環境を持たない学生がいる）
　学生の情報通信機器の保有状況や地域の感染状況等を考慮した上で、学生の通信環境に十分に配慮する
　a大学等の教室や PC ルームを開放する、b　PC やルータを貸与する、c通信回線への負荷に配慮した授業方法の組合せとする，d　画質調整等によるオンライン教材を低容量化する，e教材のダウンロードを回線の比較的空いている時間帯に指定するなど
・障害のある学生への受講に十分配慮すること
　障害のある学生を支援する学内組織等とも連携の上，個別に当該学生と費用な配慮を相談すること

（主な関連通知等）
・大学等における遠隔授業の取扱いについて（周知）（令和３年４月２日付高等教育局長通知）
https://www.mext.go.jp/content/20210402-mxt_daigakuc01-000014531_1.pdf
・学事日程等の取扱い及び遠隔授業の活用に係る Q&A 等の送付について（令和３年５月14 日時点）（令和３年５月 14 日付事務連絡）
https://www.mext.go.jp/content/20210514-mxt_kouhou01-000004520_1.pdf

2．授業運営について

（1）やり取り等の機会、学生同士の議論等による理解の深化等を確保するための方策

遠隔授業における双方向性の確保 …LMS（学修管理システム（→P126））やオンライン会議システムに備えられたチャット機能，投票機能，ブレイクアウトルーム機能等を活用し，学生の発言機会を確保することが効果的である。その際，学生からの意見等に対して，フィードバックを行ったり，学生との質疑応答等を取りまとめて受講者全体へ共有したりすることで，やり取り等の活発化を図ることができる。

①オンデマンド型（遠隔授業のうち，あらかじめ録画された映像等を使用した授業）授業においては、授業アン　ケート等に おける学生からの意見や質問等を踏まえながら授業教材等を作成することが有効。

②同時双方向型（遠隔授業のうち，教員や他の学生と同時・双方向で質疑やディスカッションを行う授業）授業　において学生同士の議論等を行う場合には，グループメンバー全員が同じ画面を共有し，リアルタイムで画面を編集することで発言が苦手な学生でも議論等に参加しやすくなる効果が見込まれる。

遠隔でオフィスアワー等を活用した学修支援の実施 …オフィスアワー等を実施する場合、ＬＭＳやオンライン会議システムに備えられたブレイクアウトルーム機能やホワイトボード機能等を活用することで，やり取り等の活発化を図ることができる。

（2）遠隔授業を活用した新たな取組事例

①国内外の他大学等との遠隔授業による連携
②メタバース上の同一バーチャル空間で学生と教員がアバターで面接授業を同期
③遠隔授業を活用し、合理的な配慮が必要な学生等の学修機会の確保
④カリキュラム・ポリシーに遠隔授業を位置づけることも可能

（3）面接と遠隔の組合せによる授業を実施するための留意点

①ハイフレックス型（面接授業と遠隔授業とを同時に実施し，いずれの形態により受講するかを学生自らが選択可能な授業）は，チャット機能，投票機能等を活用し，遠隔で受講する学生の発言機会を確保し参加意識に配慮する。

教員やＴＡ（ティーチング・アシスタント）・ＳＡ（スチューデント・アシスタント）による遠隔受講者への積極的な呼びかけや，面接受講者との意見交流も有効。

②ブレンディッド型（教室の講義とｅラーニング（→ 'P125）による自習の組合せ,講義とインターネット上でのグループワークの組合せ等による学修）の場合には，座学等を中心とする授業は遠隔で，グループワーク等を中心とする授業は面接で授業を実施するなど、面接授業と遠隔授業の特徴を踏まえて組み合わせることが望まれる。

３．学修評価について

（１）遠隔教育における適切な学修評価の実施のための留意点

①こまめな学修評価の実施…期末試験だけではなく，小テスト等をこまめに実施し，遠隔授業における学生の学修状況を把握し、適切な学修評価を実施する必要。その際フィードバックも有効である。

②遠隔で試験を実施する際の不正行為の防止…論述形式の試験，テキスト等の持ち込みを可能とした試験，学生ごとに異なる問題が出題される形式の試験，カメラオンでの試験等を実施する。

プレゼンテーション等の際には、学生同士で評価すること，レポート課題等の際には，ＬＭＳ等に剽窃チェック機能等を備えることも有効である。

（２）教育データの利活用方策（学生の学修状況，理解度等のデータを可視化）

①遠隔教育の効果検証 …遠隔授業の受講者数や学生の成績，授業満足度等の授業アンケート，ＬＭＳの使用頻度等の情報を集め，遠隔教育の効果検証を行うことが望まれる。

②学修成果の可視化 …ＬＭＳやオンライン会議システムに備えられた投票機能，ファイル共有機能、インサイト機能等を活用し，受講者のＬＭＳ等へのアクセス頻度や課題等の取組状況等を把握したり、受講者全員で課題の取組状況等を共有したりすることで，学修成果の可視化を行うことができる。

③教科書として扱う専門書の電子化 …電子教材の配信システム等による専門書の電子化を進め、学生が学修の際に書き込みを行った箇所や授業中に閲覧している箇所等のデータを分析することで、学生の学修状況や理解度等を把握し，授業改善に活用することができる。

なお，専門書の電子化に当たっては著作権(授業目的公衆送信補償金制度)の適正な取扱いに留意。

４．指導体制について

（１）学内組織（サポートスタッフ，専門組織，相談窓口等）の整備に向けた留意点

①サポートスタッフの配置 …情報システム担当部局の職員、ＴＡ、ＳＡ等（→104）によるチャット機能等を活用した学生との質疑応答等や、ＬＭＳ等に授業教材をアップロードする作業をサポートするなど，遠隔授業を実施する教員のサポートを行い、教員の負担の軽減を図る。

②専門組織や相談窓口の整備 …インフラの担当部局やＬＭＳの担当部局等，遠隔授業の実施をサポートする専門性の高い組織が連携することが重要である。また、相談窓口の整備については，学生向けと教員向けの相談窓口を分ける、学生が相談窓口対応を担う、相談窓口を一本化する、よくある問い合わせをチャットボットとしてまとめるなどの工夫が有効である。

（２）教職員の知見等の向上のための留意点

①学内研修等の実施 …FD・SD等の学内研修や教員同士での授業参観を実施し、遠隔授業を実施している教員の授業運営や学修評価等に関する知見等を共有、また教職員同士や学生との意見交換も有効。

②マニュアルやポータルサイトによる知見等の周知 …遠隔授業の実施をサポートする事務局等が、授業運営や学修評価等に関する情報や学内における好事例や失敗例、トラブル事例、問い合わせ事例等を、マニュアルやポータルサイトにまとめ、学内で周知することが重要である。

このような周知は、一度きりで終わりとするのではなく，学生や教員からの問い合わせ等を踏まえて、適宜更新することが望まれる。また他大学等における好事例等、関連する情報も含めるような工夫を講じることも有効である。

ii　実習等授業

(1)実習と2023（令和５）年５月８日以降の感染対策の取扱い

2023(令和5)年５月８日に新型コロナウイルス感染症の感染症法上の位置付けが第5種に変わるため、

今後は、各事業者の判断に基づいた自主的な取組となります。なお、各業界が必要と判断して今後の対策に関する独自の手引き等を作成することは構わないとされています。

(2)医療関係職種等の養成所等の実習について

医療関係職種等の各学校・養成所等に在学中の学生の修学等に不利益が生じることがないよう、学校養成所等へは感染症対応の取扱いが周知されておりますが、令和6年3月31日をもって廃止となりました（「新型コロナウイルス感染症の発生に伴う医療関係職種等の各学校、養成所、養成施設の対応及び実習施設への周知事項について」の廃止について」令和5年10月17日事務連絡）。

ただし、実習施設での感染者の集団発生等により、やむを得ず実習の実施が困難になった場合には2024（令和6）年３月31日以降も、当面の間は同様の対応を継続しても差し支えないとされています。

(3)教育実習ならびに介護等の実習について

①**教育実習**は、教員免許状取得のための必修単位です。2019（平成31）年度改正の教員免許法改正以降は、各大学の判断で学校インターンシップも単位取得として認められます。
（2009年（平成21）から導入された教員免許更新制は2022（令和4年）年7月より廃止されました。）

②**教育実習及び介護等体験の実施**については、2020（令和2）年度から2022（令和4年）度までの感染防止対策は、まん延防止措置の観点より、実施が困難な状況もあり得るため特例（「教育職員免許法施行規則等の一部を改正」通知）により2023（令和5）年度まで延長されていましたが、時例措置は終了しました。

３．研究支援

研究力向上のため、外部資金の獲得や、研究環境のDX（→125）等主に研究支援部署により様々な取組が図られています。

(1)　各種研究費の獲得とオーバーヘッド

科研費をはじめとする競争的資金や受託研究費や共同研究等どの獲得をサポートする役割を研究支援部門が担います。獲得した外部研究資金から総額の約15～30%分をオーバーヘッド（一般管理費）として徴収し、研究推進に関わる環境の整備・改善・維持・管理、光熱水費等に充当します。なお大学によって、オーバーヘッド率は違いがあります。

(2)　産学連携

IT化、グローバル化による環境の変化により、企業は大学を独創的技術シーズ創出のためのパートナーとして、また研究開発・人材育成の外部委託先としてニーズが生まれます。大学も公開講座や研究成果の事業化・技術移転等を通じて社会貢献する使命を有するため、産学官連携への国家的な期待・要請が高まっています。2016年より経済産業省は文部科学省とともに「産学官連携による共同研究強化のためのガイドライン」が、また2023年産学連携促進のため、経済産業省より「大学ファクトブック」がだされました。https://www.meti.go.jp/policy/innovation_corp/daigaku_factbook.html

(3)　知的財産の管理

産学連携の拡充に伴い、特許出願前の研究成果や、特許等とともに企業に移転しようとする技術情報、共同研究中に企業から取得した秘密情報、共同研究の過程で生じたノウハウ等については、大学による組織的な管理が必要です。外部人材の活用、TLOとの連携等により知的財産の組織的な管理・育成・活用を戦略的に進める体制（知的財産本部機能等）が整備され、大学発ベンチャーが誕生しています。（http://www.mext.go.jp/b_menu/shingi/gijyutu/gijyutu8/toushin/attach/1332043.htm）

(4) 研究不正、研究費不正、利益相反

研究成果の捏造、改ざん及び盗用等や競争的資金の不正使用を防ぐため、2014（平成26）年度より「研究機関における公的研究費の管理・監査のガイドライン（実施基準）」「研究活動における不正行為への対応等に関するガイドライン」が制定されました。①不正を事前に防止するための取組（コンプライアンス教育の受講義務化と受講管理（誓約書の徴取を含む）など）、②組織としての管理責任の明確化、③国による監視と支援について新たな基準が整備されました。

コンプライアンス違反は研究者個人のみならず、大学にもその管理責任が問われると定められています。（http://www.mext.go.jp/component/a_menu/science/detail/より）

(5) URA（University Research Administrator）（→P53,127）

研究開発内容について一定の理解を有しつつ、研究資金の調達・管理、知財の管理・活用等をマネジメントする人材で、2011（平成23）年より文部科学省のプロジェクトで急速に各大学に配置されました。またその役割も当初の研究プロジェクトの企画立案および進捗管理などの研究者をサポートする役割から、研究系のIR分析や大学等の経営会議に参画して大学等の研究戦略を提案するものにまで拡大・発展しています。今後は、大学等内コンセンサスの確立、およびURAの処遇とキャリアパスが課題となっています。

研究基盤の強化に携わるステークホルダー（教員・研究員、技術職員、事務職員、URA等）の人的交流を図るべく「研究基盤EXPO2023」が2023年1月25日から27日の3日間にわたり山口大学において開催され、URA、エンジニア等のキャリアパスの確立（URAの認定制度等）についても説明に上りました。（URA　www.mext.go.jp/a_menu/jinzai/ura/ 研究基盤EXPO2023　https://iris.kagoyacloud.com/riexpo2023/）

(6) ダイバーシティ研究環境実現イニシアティブ（→P122）

ダイバーシティ（diversity）は、国連の提唱するSDG s（持続可能な開発目標）の目標の一つに「ジェンダー平等の活躍の実現」等が掲げられています。文科省では、現在、女性研究者の数やライフ&ワークのバランスに配慮した研究環境を整備するダイバーシティ研究環境実現イニシアティブを進めています。国公私立大学及び国立研究開発法人等を対象に、教授・准教授等の上位職への女性研究者の登用推進を目的として、挑戦的・野心的な数値目標を掲げる大学等の優れた取組を支援するもので、2022（令和4）年度までに12件が採択・継続され、2023（令和5）年度は新規に6件程度、公募されています。　https://www.mext.go.jp/content/20230317_mxt_kiban03-000001972_1.pdf

(7) 研究力強化・若手研究者支援総合パッケージ

「研究力強化・若手研究者支援総合パッケージ」を2022年１月に策定。①若手の研究環境の強化、②研究・教育活動時間の十分な確保、③研究人材の多様なキャリアパス、④学生にとって魅力ある博士課程の実現により研究者等を生み出し、総合的・抜本的に研究力強化を図ります。

(8) 研究ＤＸ（研究活動のデジタル・トランスフォーメーション）の推進

付加価値の高い研究成果を創出することを目的に、研究ＤＸの流れが加速しております。ソフト面

では研究データの戦略的な収集・共有・活用、ハード面は研究施設・設備のリモート化・スマート化、次世代デジタルインフラの整備とＳＩＮＥＴ（Science Information NETwork：SINETとは、国立情報学研究所が運用している、超高速・大容量の情報ネットワーク）の構築が進められています。教育研究に携わる数多くの人々のコミュニティ形成を支援し、大容量データを含む多岐にわたる学術情報の流通促進を図るため、日本はもちろん世界の大学・研究機関と超高速ネットワーク網を形成、国内外の研究機関との共同研究や、データ収集・共有等を実現することにより、研究開発の効率化と活性化に寄与しています。（令和4年版科学技術・イノベーション白書　https://www.mext.go.jp/b_menu/hakusho/html/hpaa202201/1421221_00001.html）

４．学生支援

(1) 学生支援の業務

学生支援の業務は、学生の正課外教育、学生相談、経済支援、学生寄宿舎等、学生生活全般、就職支援、キャリア教育支援業務に係る支援業務など、学生に関わるすべての業務で多岐にわたります。主な業務は以下のとおりです。

- 生活支援：学生の生活支援、学生に対する事件・事故の防止等に関する指導・啓発
- 留学生支援：留学生の宿舎、健康管理、日本語、修学支援全般
- 就職支援：キャリア教育・就職支援 、キャリア教育の科目、就職ガイダンス・セミナー、インターンシップの実地等
- 修学支援
- 課外活動支援：クラブ・サークルサークル活動支援、ピア・サポート[注] 及びボランティア 活動の支援
  (注) ピア・サポート：仲間や同輩が相互に支えあい課題解決する活動（日本ピア・サポート学会HP）(→P.47)
- 学生相談 ：学生相談の内容、成績不振学生・不登校学生等への支援
- 障がい学生への支援
- 経済的支援：奨学金、授業料免除等、貧窮する学生に対する支援
- メンタルヘルス：カウンセラーおよび医師によるメンタル相談等
- ハラスメントへの対応等

(2) 学生への経済的支援 →P71，91

憲法および教育基本法に定める「教育機会均等」の理念に基づき、日本の奨学金事業は、1943年（昭和18)年より運用されています。当初は無利子の貸与型奨学金(第一種貸与奨学金)とから始まりました。その後、学生数や利用者数の増加、さらには貸与希望者の増大にすべく、1983（昭和58）年から財政投融資資金を活用した有利子の貸与奨学金（第二種奨学金）が創設されました。

また、2017（平成29）年からは、経済的困難により進学を断念することがないよう、給付型奨学金が導入。さらに無利子奨学金について、貸与基準を満たす希望者全員が貸与がうけられるよう拡充するとともに、所得連動返還方式導入により、返還負担の軽減が図られています。

さらに2020（令和2）年度から、授業料および入学金の免除または減額（授業料等減免）と、給付型奨学金を併せた高等教育修学支援新制度が運用されています。また、2024（令和6）年度からは、同制度が拡充した新たに第4区分の支援が運用されています。

給付奨学金の支援要件を満たす者のうち、多子世帯（生計維持者が扶養するこの数が3人以上である世帯）もしくは文部科学省に指定された私立学校の理工農系の学科等に在席している場合が該当します（詳細は右図参照）。

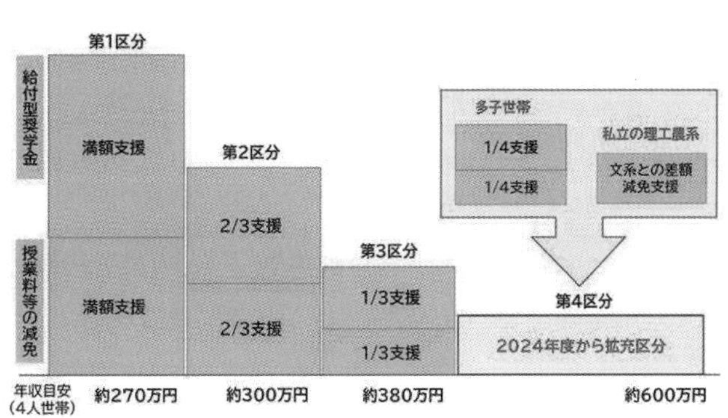

(3) 成年年齢の引き下げ

2022年4月1日の民法改正により成人年齢が20歳から18歳に引き下げられました。これにより、18歳、19歳の方は「未成年者取消権」が認められなくなります。また、親の同意がなくてもクレジットカード、高額ローン契約が可能となるため、マルチ商法、仮想通貨の詐欺等、巻き込まれるリスクが高まり、十分注意が必要です。

メリットとしては、これまで、20歳以上しか許されなかった10年間有効のパスポートが取得できます。また、公認会計士や司法書士、行政書士などの資格取得年齢も、18歳に引き下げられました。

ただし、飲酒、喫煙、競馬、競輪、オートレース、ボートレースは、健康上等（ギャンブル依存症等）の理由から禁止されています。国民年金基金への加入義務や大型・中型自動車免許の取得もこれまでと変わらず、20歳からとなります。

(4) 障がい者への学生支援業務

2016（平成28）年4月「障害者差別解消法」の施行により、文科省から国公立大学のみならず、私立の大学・短期大学・高等専門学校を含む関係事業者への「文部科学省事業分野における障害を理由とする差別の解消の推進に関する対応指針」が告示されました。

不当な差別的取扱いの禁止について、国公私立大学ともに法的義務があります。合理的配慮の不提供の禁止については、令和３年に障害者差別解消法が改正され、これまで私立大は努力義務とされていましたが、2024年（令和6年）4月より国公立大学同様に義務化の全面適用が施行されました。

①大学における合理的配慮の対象範囲

- 「学生」の範囲 … 大学等に入学を希望する者及び在籍する学生（科目等履修生・聴講生等、研究生、留学生及び交流校からの交流に基づいて学ぶ学生等も含む）
- 「障がいのある学生」の範囲 … 障害及び社会的障壁により継続的に日常生活又は社会生活に相当な制限を受ける状態にある学生
- 学生の活動の範囲 … 授業、課外授業、学校行事への参加等、教育に関する全ての事項を対象

※教育には直接に関与しない学生の活動や生活面への配慮は、一般的な合理的配慮として本検討の対象外。

②合理的配慮の考え方

合理的配慮は、当該学生からの申し出に基づいて、大学等が個々の学生の状態・特性等に応じて提供するものとされます。多様かつ個別性が高い点を考慮し、文部科学省は大学等において提供すべき合理的配慮の考え方を項目別に整理しています。

1) 機会の確保 … 障害を理由に修学を断念することがないよう、修学機会の確保と教育の質保証する。
2) 情報公開 … 障害のある大学進学希望者や学内の学生に対し、大学の受入れ姿勢・方針を示す。
3) 決定過程 … 権利の主体が学生本人にあることを踏まえ、学生本人の申し出に基づいた調整を行う。
4) 教育方法等 … 情報保障、コミュニケーション上の配慮、公平な試験、成績評価等における配慮の姿勢。
5) 支援体制　… 大学等全体として専門性のある支援体制の確保に努めることが重要。
6) 施設・設備 … 安全かつ円滑に学生生活を送れるよう、バリアフリー化に配慮。

「高等教育段階における障害のある学生支援について」文科省障害のある学生の修学支援に関する検討会（第一回）平成28年 http://www.mext.go.jp/b_menu/shingi/chousa/koutou/074/gijiroku/__icsFiles/afieldfile/2016/05/19/1370967

③ 障がいのある学生の合理的配慮等のハンドブック等の紹介　2019. 3月　独立行政法人日本学生支援機構

「合理的配慮ハンドブック ～障害のある学生を支援する教職員のために～」

(5) LGBTQとSOGI（ソギまたはソジ）

LGBTとは、Lesbian Gay Bisexual Transgender の頭文字をとったもので、セキュシュアル・マイノリティ呼ばれる人の総称として一般化しました。

最近は**LGBTQともいい、**Qの頭文字は、性的マイノリティを総称する言葉として用いられることがあるクィア(Queer)、または自分自身の性的指向や性自認がはっきりしていない人、または意図的に決めていない人を意味するクエスチョニング（Questioning）をつけたものです。「+」もつけて、LGBTQ以外の多様な性を表すこともあります。

SOGIとは、Sexual Orientation and Gender Identity、「性的指向および性的自認」の略です。「性的指向とは、性的な魅力をどのような相手に感じるか、感じないかという概念のことです。性的「嗜好」とよく誤解されるのですが、こちらは○○フェチというような、その人固有の特徴のある方向性や様式を意味します。「性自認」とは、自分が自分の性別をどのように認識しているかという認識のことです。（朝日新聞「SDG s ACTION」https://www.asahi.com/sdgs/article/14813603

SOGIは性的マイノリティだけでなく、異性愛者の人や身体的性別に違和感を持っていない人も含む全ての人が対象となる言葉です。人間は誰もが生物学的な身体の性、性的指向、性自認の組み合わせで自分のジェンダーを既定しています。ですから、LGBTQは、SOGIという概念の一つとして位置付けられます。

大学では、LGBTQへの対応について、下記のような配慮が求められています。

・授業や窓口対応における呼称について、当事者の要望に沿ったものを使用
・学籍簿の氏名・性別記載の変更
・大学の発行する証明の性別記載の変更
・体育実技及び課外活動が男女別要素がある場合の対応、更衣室の個別対応
・学生定期健康診断の個別受診
・だれでもトイレ（多目的トイレ）の設置…設置場所もガイドに明記

(6) ハラスメント

2019（令和元）年、職場におけるパワハラ防止を義務付ける法律（女性の職業生活における活躍の推進に関する法律等の一部を改正する法律）が成立し、厚労省が「事業主が職場における優越的な関係を背景とした言動に起因する問題に関して雇用管理上講ずるべき措置等についての指針」を策定しました。

これにより、労働施策総合推進法（パワハラ防止法）が改正され、「職場におけるパワーハラスメント対策」が事業主の義務となったことから「パワハラ防止法」とも呼ばれています。中小企業への猶予期間も終わり、2022年4月より全面施行されています。

ハラスメント防止施策として措置義務で定められている対策は以下のとおりです。

1）ハラスメントがあってはならない旨や懲戒規定を定め、周知・啓発すること
2）相談窓口を設置し周知するとともに、適切に相談対応できる体制を整備すること
3）ハラスメントの相談申し出に対する事実関係の確認、被害者への配慮措置の適正実施、 行為者への措置の適正実施、再発防止措置をそれぞれ講じること
4）相談者・行為者等のプライバシー保護措置とその周知、相談による不利益取り扱い　禁止を定め周知・啓発すること

改正労働施策総合推進法では、SOGIは個人情報やプライバシーであると明記され、SOGIへの差別であるSOGIハラと共に、アウティング（本人の許可無くSOGIを暴露すること）（→P119）もパワハラと見なされ、企業や大学等や自治体に、アウティング防止施策の実施を含めたハラスメント防止策が義務付けられました。（→P111）

一般に教員・学生・役職員で構成される大学は、それぞれの力関係があり、ハラスメントが起き

やすいといわれています。教員→学生、教員→教員、教員→職員、職員→職員、学生→学生、どのケースも生じる可能性があります。特にセクシャルハラスメント、パワーハラスメント、アカデミックハラスメント等が生じやすいことから、これらは「キャンパス・ハラスメント」と総称されます。

①セクシャルハラスメント

セクシャルハラスメント（セクハラ）は、2006（平成18）年に措置義務に強化され、事業主はセクハラに対して安全配慮義務など民事上の責任を負います。男女間、同性間、LGBTS（→P54）への言動等も対象です。

②アカデミック・ハラスメント

研究教育の場における権力を濫用し、ほかの構成員に対して修学・教育・研究ないし職務遂行上の不利益を与える不適切で不当な行動や言動などのハラスメントです。

③パワーハラスメント

職場におけるパワーハラスメント（以下、パワハラという）防止を義務付ける関連法（「改正労働施策総合推進法」等）が2019年成立したことに伴い、厚労省が「事業主が職場における優越的な関係を背景とした言動に起因する問題に関して雇用管理上講ずべき措置等についての指針」を策定し、2020（令和2）年から企業・大学はパワハラ防止も「措置義務」となりました。

(7) 一般社団法人 大学スポーツ協会（UNIVAS）

日本の大学スポーツは、大学内では課外活動として、学生を中心とする自主的・自律的な運営が行われてきた経緯から、大学の関与が限定的で、学内において組織化されていませんでした。学外においても、学生競技団体が競技毎に発展し、大学スポーツとしての統括組織が存在していない状況でした。

そこでNCAA（全米大学体育協会）をモデルに、大学や競技の壁も越えた横断的統括組織の創設が求められ、「一般社団法人 大学スポーツ協会」（通称UNIVAS）が、2019（平成31）年3月1日に設立され、現在、225大学（2024年4月1日時点）です。

UNIVASでは、学業充実（学修機会確保（日程確保・指導者セミナー）、成績管理・対策、キャリア支援等）、安全安心・医科学（事故防止、ガバナンス体制構築、ハラスメントや暴力等に関する相談・対応体制の構築、指導者研修）、事業・マーケティングに寄与します。入会しない大学も競技大会にでられますが、上記のサービスは受けられません（スポーツ庁HPより概略とQ&Aより）。

5．図書館業務

(1) 大学設置基準による取り決め

大学設置基準において、大学図書館は、学部の種類、規模に応じて教育研究上必要な資料を系統的に備えることと規定されています。また、学生、教員及び事務職員等へ提供するものとして、図書、学術雑誌のほか、2022（令和4）年の改正により「電磁的方法により提供される学術情報」が加わり、「閲覧室、レファレンス・ルーム等を備える」の規定は撤廃されました。この背景には、紙の図書のみを想定したような規定は見直し、電子ジャーナル等を含めた教育研究上必要とする、多様な資料の整備促進等を期待するものです（文科省　大学設置基準改正解説）。

また研究DX（→P125）により、ＳＩＮＥＴ等を活用した研究データの戦略的な収集・共有・活用、整備が求められつつあり、図書館もDXが求められております。なお、「大学設置基準改正解説」では、今ある閲覧室、レファレンス・ルーム等を撤廃するのではなく、大学の判断で充実を図ることを否定しておりません。

○（教育研究上必要な資料及び図書館）
第38条　大学は、教育研究を促進するため、学部の種類、規模等に応じ、図書、学術雑誌、電磁的方法（電子情報処理組織を使用する方法その他の情報通信の技術を利用する方法をいう。）により提供される学術情報その他の教育研究上必要な資料（次項において「教育研究上必要な資料」という。）を、図書館を中心に系統的に整備し、学生、教員及び事務職員等へ提供するものとする。
2　図書館は、教育研究上必要な資料の収集、整理を行うほか、その提供に当たつて必要な情報の処理及び提供のシステムの整備その他の教育研究上必要な資料の利用を促進するために必要な環境の整備に努めるとともに、教育研究上必要な資料の提供に関し、他の大学の図書館等との協力に努めるものとする。
3　図書館には、その機能を十分に発揮させるために必要な専門的職員その他の専属の教員又は事務職員等を置くものとする。

(2) 他大学との連携

他の大学との連携を図るため、国立、公立、私立それぞれの大学図書館協会を母体に、「国公私立大学図書館協力委員会」が設置されています。また、「図書館間相互貸借システム」などで図書館間で資料の相互補完が行われています。大学だけでなく、類縁機関である文書館、博物館、美術館との連携も求められています（文科省「大学図書館の機能・役割及び戦略的な位置付け」）。

(3) 教育・学修支援

現在、図書館は書籍や電子資料と向き合う“自学習”のほか、グループワークやディスカッションを通じた“ 協調学習”や“情報リテラシーやアカデミックスキルの育成”など、大学図書館には、多様な学びのカタチを支える「ラーニングコモンズ」としての役割が求められています。また、学生からの資料の照会に応答するレファレンス・サービスも行われています。（注）「ラーニングコモンズ」とは、主体的学びのために情報通信環境が整い、自習やグループ学習用の設備が整い、学びの相談係がいる開放的な学習空間）（→P124）

(4) 研究支援と電子ジャーナルと機関リポジトリ （→P.120）

教員に対する資料提供も大学図書館の役割です。近年、電子ジャーナルの普及により、電子化された学術論文雑誌が容易に検索・入手できるようになりましたが、そのサービスを提供する企業との契約料が値上げされたことにより、大学の財政が圧迫されています。

反面、大学による学内で発表された学術論文等を独自に保存・公開することを目的とする機関リポジトリが普及してきました。このシステムによって、博士論文の公開（学校教育法に基づく「学位規則」によって定められている）や、「研究活動における不正行為への対応ガイドライン」（文科省）で義務づけられた学術論文の10年間のデータ保存に役立つものと期待されています。

(5) 地域貢献

一般市民に対する開放をはじめ、展示会や講習会の実施など、保有する情報資源や人材を活用して、社会・地域連携に積極的に取り組むことが臨まれています。

6　学生・教職員のメンタルヘルスケアの充実

コロナ禍等により自粛やオンライン受講など友人との交流が減少したことから、自殺者が増えています。文部科学省では、COVID-19 感染拡大にともない、大学生のメンタルヘルスの悪化を契機に、これまで国立大学（学部、大学院）を対象に実施されている死亡実態調査を、2020（令和2）年度公立・私立大学について初めて実施。以後、2023年4-6月に調査を行い、「令和4年度 国立・公私立大学死亡学生実態調査―結果まとめ」を2023（令和5）年12月に公表しました。

留学生	身体的疾患をもつ学生
民族、国籍、宗教	発達障害の学生
メンタルヘルスの疾患の学生	自閉スペクトラム症（ASD）
うつ病	注意欠如・多動症(ADHD)
不安症	学習障害（LD）
適応障害	発達性協調運動症(DCD)
薬物依存	LGPTQの学生
統合失調症	マイノリティな性自認
身体的障がいをもつ学生	マイノリティな性的指向

回収率は、国立大学 86 校（100％）、公立・私立大学 832 校（79.5％）（短期大学、大学院大学を含む）

以下、報告書によると、「死亡学生数合計 538 人（男 360 女 178 、死因別死亡数 病死 133人（男 86女 47）、事故死 74人（男 55 女19）、自殺またはその疑い271人（男178 女 93）、他殺・不詳60人（男 41 女 19）で、自殺はコロナ禍時の過去2 年より減少しました。

学生の自殺防止には、自殺カウンセラーや医師等の専門家とも連携し、保健センター等だけでなく、研修やガイドラインの冊子で教職員一人ひとりによるメンタルヘルスの知識を持ち、学生一人ひとりへの目配りなどが非常に大事になってきます。鬱病等精神疾患のみならず、アスペルガーなどの障がい等、経済的困窮など、相談や医師を紹介するなど適切かつ早期の手当てが、学生の自殺や中退を防ぎます。

学生とともに、教職員のメンタルヘルス対応も大事です。ストレスチェックや離職防止のための職場環境改善、メンタルヘルスサポート、教職員向けのメンタルヘルス研修、事業者との連携を通じて、効果的なサポートなどを提供したり、教職員同士で情報共有や相互サポートを行い、メンタルヘルスに対する理解と意識を高めることが、持続可能な職場環境構築に繋がります。

7. 中退と休学

文部科学省は、全国の国公私立大学（短期大学を含む）及び高等専門学校における、2023（令和5）年3月末時点の学生の修学状況（中退者・休学者）に関する調査結果を公表しています。

2023（令和5）年度の中退、休学は、共に前年より増加しています。

学生の修学状況（中退者・休学者）に関する調査【令和5年 3 月末時点】：https://www.mext.o.j p/content/20220301-mxt_kouhou01-000004520_1.pdf 0_1.pdf

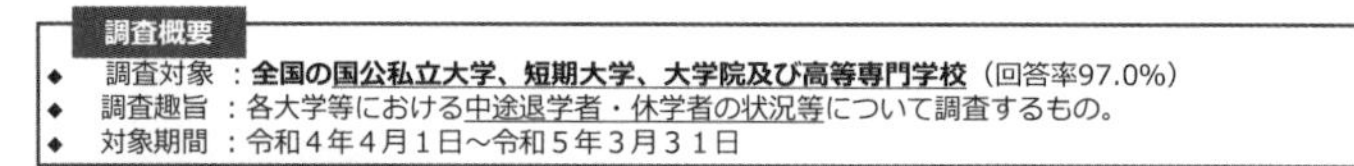
調査概要

◆ 調査対象 ：全国の国公私立大学、短期大学、大学院及び高等専門学校（回答率97.0%）
◆ 調査趣旨 ：各大学等における中途退学者・休学者の状況等について調査するもの。
◆ 対象期間 ：令和４年４月１日～令和５年３月３１日

1．中途退学者の状況

○中退者は、全体として令和３年度と比べて増加。
○主な中退理由は「転学等」「学生生活不適応・修学意欲低下」「就職・起業等」。
○R３に比べて「転学等」「学生生活不適応・修学意欲低下」が微増、「経済的困窮」が微減しているが、全体の内訳の傾向には変化はない。

令和４年度における学校種別中退者数及び中退者割合

学校種	中退者数	学生数に占める中退者数の割合
大学・短期大学	52,459人（48,694人）	1.94%（1.79%）
大学院	9,430人（9,181人）	3.55%（3.56%）
修士課程・専門職学位課程	4,923人	2.58%
博士課程	4,507人	6.02%
高等専門学校	1,209人（1,173人）	2.16%（2.03%）
合計	63,098人（59,048人）	2.09%（1.95%）

※括弧内はR３年度数値

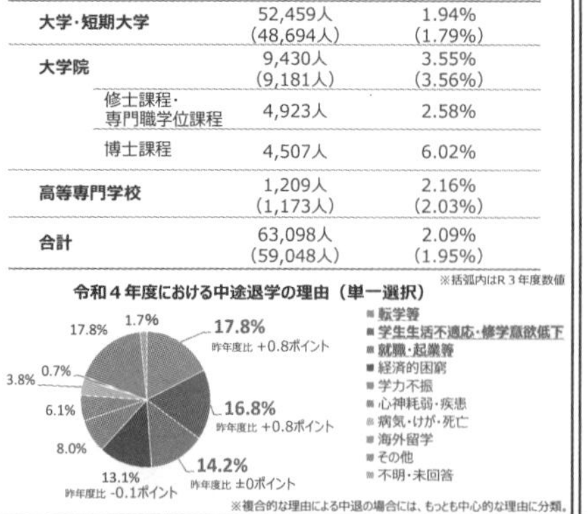

※複合的な理由による中退の場合には、もっとも中心的な理由に分類。

2．休学者の状況

○休学者は、大学・短期大学・高等専門学校については令和３年度と比べて増加している一方、大学院については減少。
○主な休学理由は「心身耗弱・疾患」「海外留学」「経済的困窮」。
○R3に比べて「心身耗弱・疾患」「海外留学」が増加し、「経済的困窮」が減少。

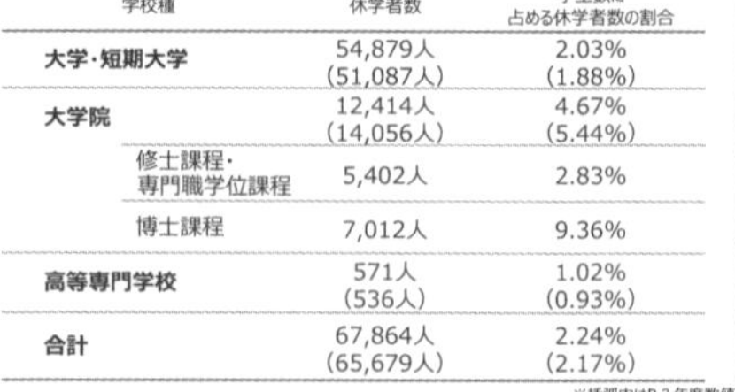
令和４年度における学校種別休学者数及び休学者割合

学校種	休学者数	学生数に占める休学者数の割合
大学・短期大学	54,879人（51,087人）	2.03%（1.88%）
大学院	12,414人（14,056人）	4.67%（5.44%）
修士課程・専門職学位課程	5,402人	2.83%
博士課程	7,012人	9.36%
高等専門学校	571人（536人）	1.02%（0.93%）
合計	67,864人（65,679人）	2.24%（2.17%）

※括弧内はR３年度数値

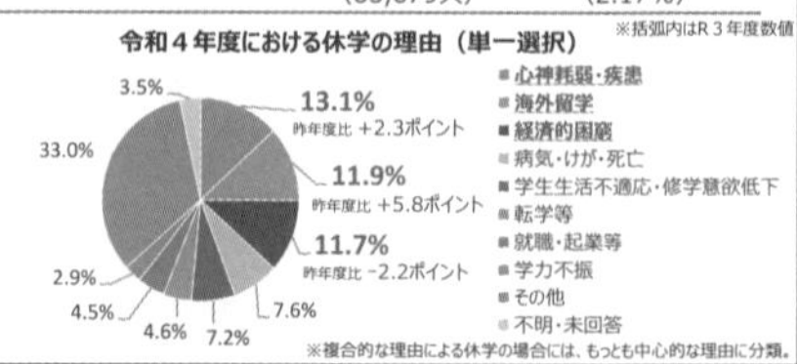

※複合的な理由による休学の場合には、もっとも中心的な理由に分類。

※修士課程については、博士前期課程の学生を含む。博士課程については、博士後期課程、医歯学、薬学、獣医学関係の4年一貫制課程の学生を含む。高等専門学校については、１年～５年生の学生を含む。
※本調査において、中途退学者・休学者は留学生を含めた正規生のみを対象。中退退学者数には、博士課程満期退学者は含まない。
※学生数に占める中退者数・休学者数の割合については、令和４年４月１日時点の学生数に対する割合を算出したもの。

X．大学の出口　～就職と卒業

１．就職支援（キャリアガイダンスの一部）

(1）就職支援とキャリアガイダンス（→P24）

キャリアガイダンスは、「一人一人の社会的・職業的自立に向け，必要な基盤となる能力や態度を育成」する教育課程の科目です。（中央教育審議会「今後の学校におけるキャリア教育・職業教育の在り方について(答申)」(平成23年１月31日))

2022（令和4）年改正大学設置基準第7条第3項に「大学は、学生に対し、課外活動、修学、進路選択及び心身の健康に関する指導及び援助等の厚生補導を組織的に行うため、専属の教員又は事務職員等を置く組織を編制するものとする。」と規定され、キャリアガイダンスは義務付けられています。

就職支援は、学生が就職できるよう様々なサポートとして、大学に寄せられたインターンシップ等や求人情報の提供や個別相談（①自己分析・志望企業等進路先、②エントリーシートや履歴書の添削、③送付状やお礼状の書き方その他就活に関わること））や、学生向けに就職活動に必要な心構えや業界研究ができる研修を実施したり、インターンシップ先の開拓を行います。

最近では、最初から諦めてチャレンジしない、1、2回のチャレンジで就職活動を止めてしまう、一度も就職支援センターに顔を見せない「就職を希望しない学生」への対処が課題になっています。

(2）2023年度の就職率

「令和5年度大学等卒業予定者の就職内定状況調査（令和6年2月１日現在）」（令和6年3月15日発表）では、大学生の就職内定率は91.6％(前年同期差+0.7ポイント)となりました。大学等の就職相談員と新卒応援ハローワークの就職支援ナビゲーター[※1]の連携による新卒者等の就職支援などを行っています。（25文科高第667号平成25年12月16日文部科学省高等教育局長通知　※1 就職支援を専門とするキャリアコンサルタント等の資格保持者など

(3）就職率の算定についての留意

就職率は本来、就職者数を卒業生数で割ったものとして一般的には考えられますが、各大学で発表している就職率は、全く就職支援センターへ相談に来なかった学生や進路について大学へ報告のなかった学生、あるいは大学院へ進学した学生等を「就職を希望しない者」とみなして除外し、分母から除いていることがあります。また、正規職員ではない任期雇用やアルバイトについても就職とみなすケースもあります。この場合では、就職率の見かけの数値は限りなく100％に近づき、実態とはかけ離れたものとなります。

(4）令和7年度の就活活動申し合わせ -「就職問題懇談会」・「就職・採用活動日程に関する関係省庁連絡会議」-

卒業・修了予定者の就職活動については、2018年に一社）日本経済団体連合会による「採用選考に関する指針」が廃止方針されたことから、就職問題懇談会（大学側の代表者）の声明等を踏まえ「就職・採用活動日程に関する関係省庁連絡会議」において検討を行い、就職・採用活動日程を決定しています。令和7年度の申合せは、2024（令和6）年4月16日に各大学等に周知されました。

2025（令和7）年卒業・修了予定者の就職・採用活動日程（令和6年4月16日）

①広報活動開始ｉ　：卒業・修了年度に入る直前の３月１日以降
②採用選考活動開始ⅱ：卒業・修了年度の６月１日以降
③正式な内定日　：卒業・修了年度の１０月１日以降

(5)「インターンシップ」ルール、One dayインターンシップのルール

-インターンシップを始めとする学生のキャリア形成支援に係る取組の推進に当たっての基本的考え方-

インターンシップとは、学生がキャリア教育の一環で、在学中企業等に出向き就業体験や社会貢献活動に参加することができる制度です。2週間以上の勤務でも、教育の一環として位置付けられるので無報酬であるケースが多く、また就活ルールが形骸化するなか、Onedayインターンシップは事実上の会社説明会となっていたことから、令和５年度から大学生等のインターンシップのルールについて３者（就職懇談会、経団連、文科省）で次のようにルールが確認されました。

①学生のキャリア形成支援に係る産学協働の取組みを4つのタイプに類型化

就業経験なし　❶オープン・カンパニー　❷キャリア教育　（❶、❷はインターンシップとしない）

就業経験あり　❸ 汎用型能力・専門活用型インターンシップ　❹高度専門型インターンシップ

②一定基準を満たすインターンシップで企業が得た学生情報を企業は採用選考等に使用できる。

【一定の基準とは】・就業体験要件（実施期間の半分を超える日数を就業体験に充当）

・指導要件（職場の社員が学生を指導し、学生にフィードバックを行う）

・実施期間要件（汎用能力活用型は５日間以上。専門活用型は２週間以上）

・実施時期要件（卒業・修了前年度以降の長期休暇期間中）

・情報開示要件（学生情報を活用する旨等を募集要項等に明示）

★基準を満たさない❶～❹のタイプは改めて採用選考のためにエントリーが必要。

★❹の高度専門型タイプは2026年度から、内定前倒しのルール—等弾力化を検討中（就職懇談会 2023.4.10 公表）

③インターンを受け入れる企業への留意事項は、a）インターンシップ実施の際の体制整備、b)安全、災害補償の確保 C）ハラスメント対応、d）労働関係法令の適用、e）受け入れ時の公正性等の確保、等

(5) 就職率でよく使われる総計の基礎　パーセント（%）とポイントの違い

パーセントは100を基準とした割合の単位ですが、ポイントは割合の差を表します。たとえば、就職率80％から90％になった場合、10％増えたというと80+10＝90％か80+80×0.1＝88 ％と解釈されるため誤解を防ぐために、パーセントよりも「10ポイント上昇した」というように使われます。

２．卒業生への対応

(1) 同窓会・校友会

同窓会・校友会はゼミや研究室など学部の「同窓会」と、法人による全学的「同窓会」の一本化が進んでいます。戦前からの歴史ある伝統校では、戦後の学校法人制度ができる前から、大学、高校、学部、あるいは部活動などで同窓会が確率し、あとから出来た学校法人本部の設立した同窓会とは別団体で動いている形態がよくみられます。

ですから、法人大学から独立した形で運営される同窓会（一般社団化等）もあれば、大学が関与する同窓会もあり、この場合、大学と同窓会との連携で卒業生へのサービス提供が行われる場合が見受けられます。

(2) 卒業生サービス

大学を取り巻く環境が厳しさを増す中で、同窓生間の親睦・懇親、母校・後輩への後援などを目的として、卒業生により組織される同窓会（校友会）との関係を強化する大学が増えています。今後の大学経営に卒業生の力添えが必要であることから、以下のような卒業生サービスが行われています。

大学施設の利用優待、大学記念事業への招待、卒業生の図書館利用の優待、全学同窓会会報等の発

行、同窓会の組織・運営支援、大学広報誌等の発送、ホームカミングデーの開催、ウェブサイトの開設、就転職支援、メールマガジン発信、メールアドレスの付与、卒業生名簿の刊行、卒業生会館（サロン）の設置・運営、クレジットカード発行、大学グッズ供与優待、学生スポーツ招待など大学の規模、資産、独自の校風や伝統を活かしたサービスが工夫されています。そのほか、校友にキャンパス・ウェディングの場を提供したり、結婚式に学長名で祝電を送るサービスも行われ、また、卒業生の子女の入学金を減額あるいは免除する大学もあります。

(3) 卒業生からの寄付

寄附を募るファンドレーザーがいる大学や、ふるさと納税を利用した寄附、コロナ感染禍で困窮する在学生への奨学金や食料配布などのために、卒業生から新たに寄付を募る、またはクラウドファウンドの活用等を行う大学もあります。遺贈、現物寄附などが寄せられる場合があります。

XI. 労働関連

1. 非正規職員と有期労働契約

専任職員の人事は、終身雇用、所定労働時間、ローテーション等が特徴です。教員人事は令和4年基準改正により、流動的になり専任以外の非正規職員（非常勤講師、任期付研究員、派遣職員、委嘱職員、パート職員など）は増加しており、非正規教員の雇用リスクが懸念されます。

有期労働契約は、労働契約に関して雇用者と被雇用者の契約についてトラブルがないよう定められた任意法規で、罰則はありません。労使トラブルが発生した場合に、都道府県労働局長による助言及び指導、審判などを利用し、解決が図られます。有期労働契約の濫用的な利用を抑制し、労働者の雇用の安定を図ることを目的としており、非正規者が雇用から5年経つと「無期転換」できるルールが2013（平成25）年4月から導入されました。

大学及び研究開発法人の場合、研究に携わる任期付研究者の雇用が多いことから、教育・研究力の強化・活性化のため、無期転換申込権の発生期間数の原則5年が10年に延長されました。研究に携わらない有期労働契約の被雇用者（非常勤講師等）は、原則のまま5年です。

（「研究開発システムの改革の推進等による研究開発能力の強化及び研究開発等の効率的推進等に関する法律及び大学の教員等の任期に関する法律の一部を改正する法律」（平成25年法律第99号）平成25年12月13日公布、平成26年４月１日施行。）

文科省では「研究者・教員等の雇用状況等に関する調査」を毎年実施しています。2023（令和５）年４月１日時点の有期契約の更新状況を公表しました（2023（令和5）年9月12日）。それによると、「無期労働契約を締結した者」と「有期労働契約を継続した者（無期転換申込権」を合わせると、特例対象者12,397人のうち9,977人（80.5%）の者が無期労働契約を締結した又は締結する権利を得たという結果でした。https://www.mext.go.jp/content/20230911-mxt_kiban03-000031781.pdf。なお、2024（令和6）年4月より労働基準法施行規則が改正され、労働条件の明示のルールが変更となり、無期転換ルール及び労働契約関係の明確化されました。（厚生労働省　https://www.mhlw.go.jp/stf/newpage_32105.html）

2. ハラスメント（→P111）

３．共済制度

共済制度とは、会員の職員を対象とした社会保障制度で、健康保険にあたる短期給付、年金にあたる長期給付、貸付や宿泊施設の経営などを行う福祉事業の三つを実施して、会員の福利厚生を図り相互扶助する制度です。

学校法人の教職員は私学共済制度。国立大学法人は法人化により身分は公務員ではないのですが、文部科学省共済組合に加入しています。公立大学法人は、公立学校共済組合、または大学を設立した自治体の職員共済組合（いずれも公立学校の教職員が加入するものと同じ）に入るケースもあります。

4. ストレスチェックとメンタルヘルス

労働者の心理的な負担を把握するため、ストレスチェックの実施が義務化されました。（労働安全衛生法の改正2015年12月施行）。主に産業医が行います。産業医は労働安全衛生法に基づき常時50人以上の労働者を使用する事業場において選任するよう、事業者に義務付けられており、職場のメンタルヘルスを管理します。コロナ禍で学部生もさることながら、院生・教職員の自殺者増という調査結果（公益社団法人全国大学保健管理協会　2021年10月公表）もあり、きめ細かい対応が必要です。

索引＆用語解説

※ 中央教育審議会答申、教学マネジメント指針の用語解説等を中心に掲載しました。本書の索引にもなります。

経営を理事長や学長などトップのリーダーシップのもと遂行する仕組み。→P16，28，29，45，50，59，61

ガバナンスコード　→P28，62

株式会社立大学　構造改革特別区域制度で認められた株式会社立の学校。→P31

科目履修　大学の定める一又は複数の授業科目を正規の学生以外の者が履修でき単位も取得できる制度→P58

カリキュラム・ポリシー（教育課程編成・実施の方針）→P18、70

カリキュラムツリー　カリキュラムにおける履修の体系性を相互の関係や学修の道筋等を表した図の総称。。→P100

カリキュラムマップ　期待される知識・技能・態度等、学修目標と授業科目との間の関係を示した図の総称。→ P 100

環境報告書　自校の環境保全に関する方針や目標、環境負荷の低減に向けた取組み等をまとめたもの。独立行政法人や国立大学法人では、2005（平成17）年4月施行の「環境配慮促進法」により発行を義務づけられている。

基幹教員　大学設置基準R4改正による専任教員の新たな職位形　→ P 21 ～ 23

機関リポジトリ　大学構成員が著した電子的資料の収集・保管、発信→ P 113

機関別認証評価　→ P 67

寄附行為　学校法人の根本規則。定款にあたる。→P32

基本金　→P80

キャップ制（CAP制）　学生が１年間（または一学期）に履修登録できる単位数の上限を定める制度。→P100

キャリアガイダンス（社会的・職業的自立に関する指導等）　社会的･職業的自立を図るために必要な能力を培うために、教育課程の内外を通じて行われる指導又は支援。履修指導、相談・助言，情報提供等が想定される。→P23、99、115

キャリア教育　学生社会的･職業的自立に向け, 必要な知識, 技能, 態度をはぐくむ教育。→P24、115

キャリア・パス　どのような学習歴・職歴や職種・地位を経てるか経路を示したもの。

教育課程編成・実施の方針（カリキュラム・ポリシー）→P18、70

教育成果　「学修目標」に定める資質・能力を備えた学生を育成した成果を示すもの。

教学IR　→P102

教学マネジメント　「三つの方針」に基づき大学がその教育目的を達成するために行う管理運営。→P1、59，98，100

教学マネジメント指針　→P41、67

クォーター制　→P100

くさび型教育課程　一般教育科目と専門科目をそれぞれ４年間で履修可能にする仕組み。１～２年生（教養課程）、３～４年生（専門課程）という区分を廃した柔軟な履修。

クラウドファンディング　インターネット経由で多数の人による少額の資金提供を得て事業を遂行する。→P86

クリッカー　個々の回答の集計する教育用機器。→P101

クロスアポイント　→P24、74

経営指導強化指標　経営悪化傾向にある学校法人に適切な経営改善に取組むための目安となる指標。

コア・カリキュラム　主として当該分野において中核をなす専門教育科目群をいう。

工業（場）等制限法　首都圏等の中心部への産業や人口の集中を防ぎ、都市環境の整備・改善を図るために一定の広さ以上の工場や大学の新増設を制限していた法律。2002（平成14）年に廃止され、大学の都心回帰の動きにつながった。

厚生補導　学生の人間形成を図るために行われる、正課外の諸活動における指導、援助などをいう。→P101

高大接続改革　→P18，20，44，。9、68、92，94

高等教育の無償化　→P71、91、109

高度専門職（業人）「理論と実務の架橋」を重視し、深い知的学識に裏打ちされた国際的に通用する高度な専門的知識・能力を必要とする職業に就く者。例えば、URA、IRer、ファンドレーザーなど。→P10、P52，53

コーオプ（co-op）教育　教室での学習と、学生の学問上・職業上の目標に関係のある分野での有意義な就業体験（インターンシップ）を通じた学習を融合する、組織化された教育戦略（全米コーオプ教育委員会による定義）。

国際バカロレア　→P94

国際卓越研究大学　→P74

個人情報の保護に関する法律　→P37

コンプライアンス・マネジメント　「法令の遵守」のみではなく、倫理や社会規範の遵守を含んだ「倫理法令遵守」に基づくマネジメント。

サービス・ラーニング　教育活動の一環として、一定期間、地域のニーズ等を踏まえた社会奉仕活動を体験することにより、それまで知識として学んできたことを実際のサービス体験に活かし、また実際のサービス体験から自分の学問的取組みや進路について新たな視野を得る教育プログラム。

サテライト・キャンパス　本校以外での教育の場

サバティカル制度　研究のための長期休暇。大学に勤務する教員の教育及び研究等の能力を向上させることを目的として設けられた制度。

自己点検・評価制度　→P17、21，56，66

実務家教員　専任教員・基幹教員のうち、専攻分野における実務の経験及び高度の実務を有する教員。例：法科大学院における法曹実務経験者、教職大学院における小学校教員実務経験者など。　→P22

指定国立大学法人　→P73

授業目的公衆送信補償金制度　教育機関において、一定額の補償金を支払えば、授業目的で必要と認められる範囲の著作物を公衆送信することができるもの。→P17、1035

授業目的公衆送信補償金等管理協会（SARTRAS サートラス）授業目的公衆送信補償金を各教育団体から預かり著作権者に分配する機関。→P17

社会人基礎力　組織や地域社会の中で多様な人々とともに仕事を行っていく上で必要な基礎的な能力。（経済産業省社会人基礎力に関する研究会 平成18年1月20日）

収容定員　→P26

収容力　実際に大学・短期大学に入学した者の数を全志願者数で割った値。これが100%となると、計算上はすべての志願者がいずれかの大学・短期大学へ入学可能となる。

主専攻（メジャー）・副専攻（マイナー）制　主専攻分野以外の分野の授業科目を体系的に履修させる取組み。

主要能力（キーコンピテンシー）　経済協力開発機構（OECD）が2000（平成12）年から開始したPISA 調査の概念的な枠組みとして定義。「単なる知識や技能だけではなく、技能や態度を含む様々な心理的・社会的なリソースを活用して、特定の文脈の中で複雑な課題に対応することができる力」（「教育課程部会におけるこれまでの審議のまとめ」）。

主要授業科目　→P23

ジョイント・ディグリー・プログラム　我が国と外国の大学が、教育課程を共同で編成・実施し、単位互換を活用することにより、双方の大学がそれぞれ学位を授与するプログラム。

ジョブ型雇用　採用に当たりあらかじめ従事する職務内容や労働条件に沿って雇用契約を結ぶ制度。→P51

ジョブ型研究インターンシップ　博士後期課程学生を対象に2ヵ月以上かつ有給の研究インターンシップで、単位科目として実施。採用選考活動に反映することが可能

情報公開　**教育**/→P65，110　**財務・管理**/→P329，38，54、56、63、66　**教管両方**/→P3、20、62、103

情報リテラシー　生涯学習審議会「社会の変化に対応した今後の社会教育行政の在り方について」（平成10年9月17日）を踏まえ、「情報及び情報伝達手段を主体的に選択し、活用していくための個人の基礎的な能力や態度」をいう。

職業指導　学生がその個性と能力に応じた職業に就くことができるよう、一定のまたは特定の職業に従事するために必要な知識、技能、態度を育む教育。→99

初年次教育　高校から大学への円滑な移行を図り、大学での学問的・社会的な諸条件を成功させるべく、大学新入生を対象に作られた総合的教育プログラム。　→P3、101

シラバス　各授業科目の詳細な授業計画。→P27、100

私立学校法　→P28～38、62～63

人工知能（AI）　AIは、artificial intelligenceの略。大まかには「知的な機械、特に、知的なコンピュータプログラムを作る科学と技術」と説明されているものの、その定義は研究者によって異なっている状況にある。→P3

スカラシップ入試　一般選抜での成績によって、入学金や授業料など学費の全部または一部を免除する制度。奨学金が初めから組み込まれた入試の制度である。→P97

スタッフ・ディベロップメント（SD）　事務職員や技術職員など教職員全員を対象とした、大学などの管理運営や教育・研究支援までを含めた資質向上のための組織的な取組みを指す。→P67，74，102

スチューデント・アシスタント（SA）Sutudent Assistant学生が大学のアルバイトのことで、後輩の面倒をみる。→P24

ステークホルダー

ストレスチェック　→P115

裁量労働制　仕事の進め方や勤務時間は従業員に委ねられており、実労働時間ではなく予め労使間で決めた「みなし労働時間」を基に賃金を支払う制度。大学では教授研究の業務（主として研究に従事するものに限る。）がこれに当たる。

生産年齢人口　経済学用語の一つで、国内で行われている生産活動に就いている中核の労働力となるような年齢の人口のことをいう。我が国では15歳以上65歳未満。

設置計画履行状況等調査　大学等の設置認可及び届出後、原則として開設した年度に入学した学生が卒業する年度までの間、当該設置計画の履行状況について、各大学の教育水準の維持・向上及びその主体的な改善・充実に資することを目的として、大学設置・学校法人審議会大学設置分科会に「設置計画履行状況等調査委員会」を設けて実施する調査。AC（After care）ともいう。　→P20

設置認可　大学、短期大学、高等専門学校を設置しようとする者が文部科学大臣に認可申請を行い、その設置の可否について大学設置・学校法人審議会の審査を経て、文部科学大臣が認可を行う。→P21、22

セメスター制　→P100

全国学生調査　→P72

専任教員　旧設置基準では「一の大学に限り専任教員となるもの」、「専任教員は専ら当該大学における教育研究に従事する」と規定されていたが、R4年の大学設置基準により、一定の条件を満たせばクロスアポイントを利用した基幹教員制度により、複数の大学または学内で複数の学部に跨って所属できる基幹教員となる。「専属の教員」
なお、「今回の改正では、現に設置されている大学等に対する基幹教員の規定の適用については、従前の例によることができることとしており、このことに特に期限はありません」（文科省Q＆A）。→P21

善管注意義務（民法）　経営の責任者など社会的地位などから考えて通常期待される注意義務のこと。この注意義務を怠り、履行不能などに至る場合は民法上過失があると見なされ、状況に応じて損害賠償が課される。→P37，62

総合振興パッケージ　→P75

卒業認定・学位授与の方針（ディプロマ・ポリシー：DP）　各大学、学部・学科等の教育理念に基づき、どのような力を身に付けた者に卒業を認定し、学位を授与するのかを定める基本的な方針であり、学生の学修成果の目標（学修目標）ともなるもの。→P18，70

大学設置基準の大綱化　1991年まで大学設置基準において定められていた科目の区分や必修単位数などに関する規定を撤廃したを大学設置基準の大綱化」と称する。→P21

大学の自治　→P6

大学収容定員増の抑制　→P67、89

大学入学共通テスト　→P94

大学ポートレート　大学ポートレートは、データベースを用いた大学の教育情報の公表・活用のための共通的な仕組み。大学改革支援・学位授与機構に置かれる「大学ポートレートセンター」が日本私立学校振興・共済事業団と連携・協力しながら運営する。私学版と、国公立版がある。→P66

大学ランキング　→P95

大学等連携推進法人制度　→P73

第三セクター方式　公的目的を有し、民間のノウハウを活用する事業に国や地方公共団体と民間が出資する(第三セクター)方式（内閣府HPより）→P12

ダイバーシティ（diversity）多様な人種・性別・志向・価値観・信仰などの人々の違った能力を活かそうとする考え方。1960年代の米国から始った。グローバル化が進み、顧客のニーズが多様化してきたことから、多様な人材の活用が組織の成長を促すと企業が認識しはじめ、その後、CSR（企業の社会的説明責任）導入から一気に潮流となった。→P56、108

ダイバーシティ＆インクルージョン（Diversity & Inclusion: D&I）とは、社会において多様な人材の活躍を推進するための概念で、国籍や性別、障がい、性自認や性的指向、言語など人それぞれの違いを受け入れて尊重すること。ダイバーシティとインクルージョンはそれぞれ異なる意味で、ダイバーシティは、「一人一人が違う」ということ。インクルージョン」とは、「包括」の意の名詞形。→P56

ダブル・ディグリー・プログラム　我が国と外国の大学が、教育課程の実施や単位互換等について協議し、双方の大学がそれぞれ学位を授与するプログラム。

単位（制度の実質化）　１単位は教室等での授業時間と準備学習や復習の時間を合わせて標準45時間の学修を要する教育内容をもって構成されている。

しかし、実際には授業時間以外の学修時間が大学によってさまざまであるとの指摘や、１回当たりの授業内容の密度が大学の授業としては薄いものもあるのではないかとの懸念がある。このような実態を改善するための種々の取組みを総称して「単位制度の実質化のための取組み」と言うことがある。→P26

単位累積加算制度　複数の高等教育機関で随時修得した単位を累積して加算し、一定の要件を満たした場合に、大学卒業の資格を認定し、学士等の学位を授与する制度。

知識基盤社会　knowledge-based societyに相当する語。第4期科学技術計画で使われたあるべき社会の理想像。第5期ではSociety5.0　第6期は、Society5.0の実現から「新しい資本主義」へ。

知的クラスター　地域の主導の下で、地域において独自の研究開発課題と能力を有する公的研究機関等を核とし、地域内外から企業等も参画して構成される技術革新システムをいう。平成13年第2期科学技術計画で使われた言葉。

チャットGPT　AIが自己学習し、人間と自然な対話形式でやり取りする。精度の高いレポート作成が可能なことから、大学は今、その対応を迫られている。→P1、103

中央教育審議会（中教審）　→P39、42、59、69、70

チューター制度　教員と学生の親密な個人的接触を通じて、よりよい学生生活を実現させるための制度。チューターは、教員（事務職員、大学院生又は学部上級生）が担い、学生（多くは新入生を対象）にとって学生生活全てのす良きアドバイザーになる。英国の寮にある制度。

中長期計画　→P37，65

昼夜開講制　同一学部・研究科において昼間・夜間の双方の時間帯に授業を行うこと。1991（平成3）年から昼間主コース・夜間主コースの定員化が実施された。

長期履修学生制度　職業を有している等の個人の事情に応じて、大学の定めるところにより、学生が大学の修業年限を超えた一定の期間にわたって計画的に教育課程を履修し卒業することを認める制度。2002(平成14)年度から実施。

聴講生　科目等履修生と同様に、特定の授業科目のみ履修する学生。単位を修得しない点が異なる。

調査書（内申書）調査書は毎年文部科学省「大学入学者選抜実施要項」も規定によって、 高校での3年間の学習成績、出欠の状況、活動の記録などを記載する。内申書とも呼ばれ、殆どの国公私立大学が提出を義務付けている。

通信制大学院　印刷教材等による授業、放送授業、面接授業、メディアを利用して行う授業のいずれかまたはこれらの併用により授業を行う大学院。

定員の厳格化　→P68、99

ティーチング・アシスタント（TA）Teaching Assistant 優秀な大学院生に対し、教育的配慮の下に、学部学生等に対するチュータリング（助言）や実験・実習・演習等の教育補助業務を行わせ、大学院生への教育トレーニングの機会を提供すると共に、これに対する手当の支給により、大学院生の処遇の改善の一助を目的としたもの。→P101

ティーチング・ポートフォリオ　teaching-portfolio大学等の教員が自分の授業や指導において投じた教育努力の少なくとも一部を、目に見える形で自分及び第三者に伝えるために効率的・効果的に記録に残そうとする「教育業績ファイル」、もしくはそれを作成するにおいての技術や概念及び、場合によっては運動を意味するもの。

ディグリー・ミル　正規の大学等として認められていないにもかかわらず、学位授与を標榜し、真正な学位と紛らわしい呼称を供与する者のこと。

ディプロマ・ポリシー（学位授与の方針：DP）　教育の実施や卒業認定・学位授与に関する基本的な方針。→18，70

データサイエンス　データに関する研究を行う学問。主に大量のデータから、何らかの意味のある情報、法則、関連性などを導き出すこと、又はその処理の手法に関する研究を行うこと。

テニュア・トラック制　若手研究者が、任期付きの雇用形態で自立した研究者としての経験を積み、厳格な審査を経て安定的な職を得る仕組み。

デュアル・サポート　高等教育機関への財政措置について、例えば「基盤的経費助成」と「競争的資源配分」という二つの方法を組み合わせるなど、複数の支援を適切なバランスの下で行うとする考え方。

テレワーク　情報通信技術（ICT）を活用した、場所や時間に捉われない柔軟な働き方

電子帳簿保存法　→P80

遠山プラン　2001（平成13）年に当時の遠山敦子文部科学大臣が経済財政諮問会議に提出した「大学（国立大学）の構造改革の方針」のこと。国立大学における再編・統合の推進、民間的な経営手法の導入そして大学トップ30の育成を提唱している。→P60

飛び級入学　→P94

トビタテJAPAN　官民協働で2014年から実施している海外留学支援制度。返済不要の奨学金や事前事後研修等の支援で、意欲ある学生の海外チャレンジを支援する。→P103

内部監査室　→P57

内部質保証　高等教育機関が自らの責任で自学の諸活動について点検・評価を行い、その結果を基に改革・改善に努め、その質を自ら保証することを指す。→P29、50、67

内部統制　意思決定機関（理事会）により策定された経営理念及び中長期計画を実現するために、経営者（理事長）によって学内に構築・運用される体制・プロセスであり、大学運営の目的の達成を阻害するリスクを低減させ、大学が持続的に発展するために不可欠なもの。

ナンバリング　授業科目に適切な番号を付し分類することで、学修の段階や順序等を表し、教育課程の体系性を明示する仕組み。
①大学内における授業科目の分類、②複数大学間での授業科目の共通分類という二つの意味を持つ。対象とするレベル（学年等）や学問の分類を示すことは、学生が適切な授業科目を選択する助けとなる。また、科目同士の整理・統合と連携により教員が個々の科目の充実に注力できるといった効果も期待できる。→Ｐ100

入学者受入れの方針（アドミッション・ポリシー）どのような入学者を受け入れるかを定める基本的な方針。受け入れる学生に求める学修成果（「学力の３要素」にどのような成果を求めるか）を示すもの。→18、20、69、94

日本学術会議　行政、産業及び国民生活に科学を反映、浸透させることを目的として、1949（昭和24）年1月、内閣総理大臣の所轄の下、政府から独立して職務を行う「特別の機関」として設立。→P54

認証評価　文部科学大臣の認証を受けた評価機関（認証評価機関）が、大学、短期大学及び高等専門学校の教育研究等の総合的な状況等について、各認証評価機関が定める大学評価基準に基づき行う評価。　→P17，67

ハラスメント　→P110

ピアレビュー　Peer Review。専門的・技術的な共通の知識を有する同僚や同分野の専門家による評価のこと。科研費の採択や大学設置審査で行われる。→P20

ピアサポートPeersupport　似た立場にある者からのサポート、大学では学生による学生のためのサポート。

ビッグデータ　デジタル化の更なる進展やネットワークの高度化、またスマートフォンやセンサー等IoT関連機器の小型化･低コスト化によるIoTの進展により、スマートフォン等を通じた位置情報や行動履歴、インターネットやテレビでの視聴・消費行動等に関する情報、また小型化したセンサー等から得られる膨大なデータ。

ファカルティ・ディベロップメント（FD）　教員が授業内容・方法を改善し向上させるための組織的な取組みの総称。具体的な例としては、教員相互の授業参観の実施、授業方法についての研究会の開催、新任教員のための高等教育に関するワークショップの開催などを挙げることができる。なお、FDという名称は必ずしも世界標準ではなく、Educational DevelopmentやAcademic Development などと呼ぶ国もある。→P60、P100

ファンドレーザー fundraiser　ファンド-レイジング（資金調達）を行う専門家。→P53

歩留率（ぶどまりりつ）
受験生の殆どは複数受験しているため他大学に入学する場合もあり、大学の合否判定を定員数のみにすると定員割れを起こす。逆に大目に合格者をだすと入学者が一定割合を越えてしまい、「私立大学等経常費補助金取扱要領」の不交付基準によって補助金カットとなる。そこで、何割入学するかを見極めることを「歩留まり」という。

ブレンディッド型学習　教室の講義とｅラーニングによる自習の組合せ、講義とインターネット上でのグループワークの組合せによる学習。→P101

プレＦＤ　博士課程（前期課程を除く）の学生を対象とした、学識を教授するために必要な能力を培うための機会。令和元年８月の大学院設置基準の改正において、大学は、プレＦＤに関する機会の設定、又は当該機会に関する情報提供に努めることとされた。

プロボスト（provost）大学全体の予算、人事、組織改編の調整権を持ち、学長を統括的に補佐する副学長（総括副学長）。→P16

ベンチマーク／ベンチマーキング　大学が収集・分析した各種の情報について、立地等の環境や学問分野等が共通・類似する大学や学位プログラムと比較すること。一般的には、ベンチマークでの比較の活用により、各種の改善や向上に繋げることができるとされている。

ポスドク(博士研究員)Postdoctoral Researcher　博士号を取得した後、大学教員の職を得る前の一時的な研究職。

モデルコアカリキュラム　学位プログラム単位において、習得すべき知識、技能、態度等を明確にし、到達目標並びにそのために必要なカリキュラムについて、授業科目や必要単位数等を定めたもの。

分野別参照基準　学士課程における各分野の専門教育が、その核として共有することが望まれる基本的な考え方を示し、各大学における教育課程編成の参考にしてもらうことを通じて、大学教育の質の保証に資することをその目的として、日本学術会議が作成したもの。（現在までに32野の参照基準を公表）→P68

分野別評価　専門職大学、専門職大学院等の課程に係る分野を評価単位とする認証評価。教育課程、教員組織その他教育研究活動の状況について評価する。専門職大学等又は専門職大学院を置く大学は、機関別評価のほか、５年以内ごとに本評価を受けることが義務付けられている。→P68

メンバーシップ型雇用　年功序列、終身雇用、新卒を一括して採用する雇用システムのこと

メンタルヘルス　→P57、113

メンター制度　先輩社員が後輩や新人に指導や支援を継続的に行うもの

ミッション　社会への貢献や人材育成など法令で定められた、高等教育機関に対し共通に課せられる恒久的な役割及びこの共通の役割に基づき、各教育機関が掲げる建学の精神や個別の使命を指す。

三つの方針（３つのポリシー）　卒業認定･学位授与の方針、教育課程編成・実施の方針、入学者受入れの方針を三つの方針あるいは３つのポリシ—という。　→P18、20、70，96，100

労働基準法　労働者の賃金、労働時間、休暇、安全などを守るための最低限の条件が定められた、全ての労働者に適用される法律で、これを監督するのが労働基準監督署。

労働安全衛生法　「職場における労働者の安全と健康を確保」するとともに、「快適な職場環境を形成する」目的で制定された法律で、安全衛生体制、危険防止と安全衛生教育、心身の健康など定めている。

夜間大学院　専ら夜間に授業を行う大学院。大学院設置基準第2条の2で特に定められている。平成元年度から修士課程に、1993（平成5）年度から博士課程に導入された。

有期雇用契約　→P 118

ユネスコ　国際連合教育科学文化機関（U.N.E.S.C.O：United Nations Educational, Scientific and Cultural Organization）国際連合の専門機関。人権及び基本的自由に対する普遍的な尊重を助長するために教育、科学及び文化を通じて諸国民の間の協力を促進することによって、平和及び安全に貢献することを目的とする。→P 54

ユニバーサル・アクセス　米国の社会学者マーチン・トロウは、高等教育への進学率が15％を超えると高等教育はエリート段階からマス段階へ移行するとし、さらに、進学率が50％を超える高等教育をユニバーサル段階と呼んでいる。→P11

ラーニング・コモンズ　複数の学生が集まって、電子情報や印刷物も含めた様々な情報資源から得られる情報を用いて議論を進めていく学習スタイルを可能にする「場」を提供するもの。その際、コンピュータ設備や印刷物を提供するだけでなく、学生の自学自習を支援する図書館職員によるサービスも提供する。→P113

リーディング大学院　広く産学官にわたって活躍できる、成長分野等で世界を牽引するリーダー（専門性、俯瞰力、国際性、創造力、構想力、行動力等を備えた博士人材）を養成する大学院。「博士課程教育リーディングプログラム」として、日本学術振興会を通じた支援がある。

リカレント教育　職業人を中心とした社会人に対して、学校教育の修了後、いったん社会に出てから行われる教育であり、職場から離れて行われるフルタイムの再教育のみならず、職業に就きながら行われるパートタイムの教育も含む。リカレント教育は、就職してからも、生涯にわたって教育と他の諸活動（労働,余暇など）を交互に行なうといった概念→P15、104

リサーチ・アシスタント（RA）　大学等が行う研究プロジェクト等に、大学院生等に手当を支給して研究補助者として参画させ、研究遂行能力の育成、研究体制の充実を図るもの。→P51，126

履修系統図　学生に身につけさせる知識・能力と授業科目との間の対応関係を示し、体系的な履修を促す体系図、カリキュラムマップ、カリキュラムチャート等。→P100

履修証明（学位以外）　学士・修士等の学位とは異なるが、一定の課程の修了を証明するものとして、大学等が発行する証書等。米国でいう certificate 等に相当する。→P58

履修証明プログラム　社会人等学生以外の者を対象とした一定のまとまりある学習プログラムを開設し、その修了者に対して法に基づく履修証明書を交付できるもの。→P58

リスクマネジメント risk management　大学の価値の維持・増大、持続的発展のために、事業に関連する内外の様々なリスク（不確実性）を適切に管理する活動。

リスキリング　DX関連の業務におけるスキルや知識の習得する、職業能力の再開発、再教育だが、リカレント教育の反復と違い、新たなスキルを修得する概念。→Ｐ104

リベラル・アーツ liberal arts　専門職業教育としての技術の習得とは異なり、思考力・判断力を養成するための一般的知識の提供や知的能力を発展させることを目標にする教育を指す。→P6

リメディアル教育　remedial教育　大学教育を受ける前提となる基礎的な知識等についての教育をいう。補習教育とも呼ばれる。→P1

ルーブリック　米国で開発された学修評価の基準の作成方

法であり、評価水準である「尺度」と、尺度を満たした場合の「特徴の記述」で構成される。記述により達成水準等が明確化されることにより、他の手段では困難な、パフォーマンス等の定性的な評価に向くとされ、評価者・被評価者の認識の共有、複数の評価者による評価の標準化等のメリットがある。国内においても、学部・学科の教育目標の達成度評価や個別の授業科目における成績評価などで活用されている。→P101

論文博士　当該大学の定めるところにより、大学院の行う博士論文の審査に合格し、かつ、大学院の博士課程を修了した者と同等以上の学力を有することを確認された者に対し授与される学位。

ワーク・スタディ　学生が大学の内外においてパートタイムの仕事に従事して必要な学費等を賄いながら学修を行うこと。

◆アルファベット略語◆（　）は読み方

AC（アフターケアー）Aftercare　設置計画履行状況等調査→P21、121

AI（エーアイ）　Artificial Intelligence　人工知能　→P1

AP（エーピー）　Admission　Policy　入学者受入れに関する方針→P18、20、69、94

AO入試（エーオー入試）“Admissions Office”（入試担当室（課））は、元来、アメリカの大学で行われていた入試制度で、日本では慶應義塾大学が平成２年度に導入したのがその始まりとされる。2021年入試から「総合型選抜」と名称変更。→P97

B/S（ﾌﾞｲｴｽまたはバランスシート ）balance sheet 貸借対照表→P84

CAP制（キャップ制）履修に上限を設ける。→P100

CALL教室（コール教室）Computer Assisted Language →P103

ChatGPT（チャットジーピーティー）→P1、103，122

CP（シーピー）Curriculum Policy　教育課程編成・実施の方針→P18、20

DX（ディエックス）Digital Transformationの略。デジタルトランスフォーメーション。英語圏では接頭辞「Trans」を省略しXと略します。経済産業省は、環境の激しい変化に対応し、データとデジタル技術を活用して、業務や、組織、プロセス、文化・風土を変革すると定義しています。（経済産業省「デジタルトランスフォーメーションを推進するためのガイドライン（DX推進ガイドライン）」2018年12月）→P78、107、113

DP（ディプロマポリシー）Diploma Policy　卒業認定・学位授与の方針　→P18、20

e ラーニング（イーラーニング）electronic learning
インターネットを介し、IT 技術を使った教育形態である。その特徴は、次の５項目が挙げられる。
(1) 講師の質のバラつきに影響されない
(2) 受講者のレベル・理解度に対応できる
(3) いつでも、どこでも好きなときに学習できる
(4) 学習の進捗・成績がリアルタイムに把握できる
(5) 同時に多くの人が受講できる。ただし、テレビやラジオの講座は含まないのが一般的である。CD-ROM を利用した学習法を含める場合とインターネット利用に限定する場合とがある。
eラーニングは、米国の企業では社員研修やスキルアップといった人材育成ツールとして利用され、WAN（LAN）環境が整備されたことが浸透した要因と考えられる。→P99，104

FD（ｴﾌﾃﾞｨまたはﾌｧｶﾙﾃｨﾃﾞﾍﾞﾛｯﾌﾟﾒﾝﾄ）Faculty Development →P60、P 100

GIGAスクール（ギガスクール）Society5.0時代を生きる子供たちに相応しい、全ての子供たちの可能性を引き出す個別最適な学びと協働的な学びを実現するため、「1人1台端末」と学校における高速通信ネットワークを整備する。→P4

GP（ジーピー）Good Practice。各大学が自らの大学教育に工夫を凝らした優れた取組みで、他大学の参考となるようなものを公募により選定し、支援する文部科学省の事業。国公私立大学を通じた大学教育改革の支援事業（競争的資金）として実施されてきた。
民主党政権時の「事業仕分け」により一時新規公募が中止されたが、現在は中教審答申や教育再生実行会議の提言を受け、地（知）の拠点大学による地方創生推進事業（大学COC 事業）や大学教育再生加速プログラム（AP）など、政策課題にマッチした形での充実・拡大が図られている。

GPA（ジーピーエー）Grade Point Average 。厳格な成績評価制度といわれ、世界標準的な大学での評価基準とされる。セメスター完結型の学期構成とアドバイザー制度の確立が前提となっている。GPA は成績を数値化するもので、不可を取ると全体の点数に影響する。また、数値が低くなれば卒業や進級などが厳しくなる。米国では奨学金取得でも利用されている。→P26、102

IT（アイティ）Information technology　コンピュータとネットワークを利用した情報技術の総称　→P6，16

ICT（ｱｲｼｰﾃｨ）Information and Communication Technology 情報通信科学の総称。SNSの普及によりITに通信も加わる。→P101，102

IoT（ｱｲｵｰﾃｨ）　Internet of Things　自動車、家電、ロボット、施設などあらゆるモノがインターネットにつながり、情報のやり取りをすることで、モノのデータ化やそれに基づく自動化等が進展し、新たな付加価値を生み出すというものである。これにより、製品の販売にとどまらず、製品を使ってサービスを提供するいわゆるモノのサービス化の進展にも寄与する。

IR（アイアール）　Institutional Research。大学内において企画立案、政策形成、意思決定を支援する情報の収集・分析をするために行う活動。学内に散在しているさまざまな情報を収集して数値化・可視化し、評価指標として管理し、教育・研究、経営、学生支援などの活動に分析結果を役立てる活動である。→P101
Investor Relations（ 企業が株主や投資家に示す財務状

況等）や Integrated Resort(総合リゾート）のIRに留意すること。

KPI（ケーピーアイ） Key Performance Indicator。「重要経営指標」、「重要業績評価指標」の意。企業、組織、個人などが達成すべき最終目標を定量的に表した指標をKGI（Key Goal Indicator）といい、KGI達成のために欠かせないプロセスを調査、選択し、それがどの状態で通過できれば目標達成に至るのか、またプロセスを「通過した」といえるか。それらを判断するための共通指標を数値化したもの。

LGBTS（エルジービーティエス）Lesbian Gay Bisexual Transgender Questioning →P56、111

L.L（エルエル） language laboratory。オーディオ、ビデオ、コンピュータなどの機器を使って外国語を学ぶ。→P103

LMS（エルエムエス） Learning Management System 。学習管理システム。e ラーニングの運用を管理するためのシステムのこと。学習者の登録や教材の配布、学習の履歴や成績及び進捗状況の管理、統計分析、学習者との連絡等の機能がある。→P18、103

M&A（エムアンドエー）Merger and Acquisition。一般的には企業の合併と買収を意味しているが、最近では大学をはじめとする学校にも波及している。

MBA （エムビーエー）Master of Business Administration 一般に「経営学修士」と訳される。

MDASH Approved Program for Mathematics, Data science and AI Smart Higher Education（エムダッシュ）→P74

MOOC（s）（ムーク(ス)） Massive Open Online Course（s)。インターネット上で誰もが無料で受講できる大規模公開オンライン講座のこと。代表的なプラットフォームとしては米国の大学で開発されたCoursera やedX があり、条件を満たせば修了証が交付される。
2013（平成25）年10月には日本初のMOOC コンソーシアムであるJMOOC（日本オープンオンライン教育推進協議会）が設立され、26年４月からコース配信を行っている。

NPO（エヌピーオー）Nonprofit Organization 。一般に「特定非営利活動法人」と訳される。継続的、自発的に社会貢献活動を行う、営利を目的としない団体の総称。

OECD（オーイーシーディ）Organization for Economic Co-operation and Development 。経済協力開発機構と訳される。世界経済の発展に貢献すること、経済発展の途上にある地域の健全な経済成長に貢献すること、世界貿易の拡大に寄与すること、の三つを目的とする。

OJT（オージェーティ） On-The-Job Training。日常業務を通じて、仕事に必要な知識・技術・技能・態度などを身に付けるよう指導する研修。現場の実践的な知識を学べるが、体系的ではないため汎用性に欠ける。

OFFJT（オフジェーティ）Off-The-Job Trainingの略。日常業務を離れて、講義形式やグループワークで、仕事に必要な知識を学ぶ研修。体系的に学べるため知識の整理ができ、土台がつくれる一方、現場に直接結びつかないため応用が必要。

PBL（ピービーエル）Project-Based Learning またはProblem-Based Learning の略。アクティブ・ラーニング手法により行われる課題解決型授業。

PDCAサイクル（ピーディシーエー サイクル） マネジメントサイクルの一つで、計画（plan)、実行（do)、評価（check)、改善（act）のプロセスを順に繰り返し実施し、業務改善・品質保持を図ること。

PFI（ピーエフアイ）Private-Finance-Initiative 民間の資金と経営能力・技術力（ノウハウ）を活用し、公共施設等の設計・建設・改修・更新や維持管理・運営を行う公共事業の手法（内閣府HP）

PISA（ピサ） Program for International Student Assessment OECD が2000年から開始した生徒の学習到達度調査。

RA（アールエーまたはリサーチアシスタント）Research Assistant→P53, 124

RA（アールエーまたはレジデントアシスタント） Resident Assistant）寮生活に必要な支援をする学生団体

RPA（アールピーエー） Robotic Process Automation ロボティック・プロセス・オートメーション ロボットに人の仕事を代替させる仕組みを指す言葉。従業員が行っている定型業務をソフトウェアとして導入されたロボットに記憶、代行させ人件費の削減や生産性の向上を目指す。

SARTRAS（サートラス） 授業目的公衆送信補償金等管理協会 Society for the Administration of Remuneration for Public Transmission for School Lessons.授業目的公衆送信補償金を各教育団体から預かり著作権者に分配する機関。→P17、103

SDGs （エスディジース） Sustainable Development Goals（持続可能な開発目標)。
2001（平成13）年に策定されたミレニアム開発目標（MDGs）の後継として、2015（平成27）年9月の国連サミットで採択された「持続可能な開発のための2030アジェンダ」にて記載された2016（平成28）年から2030（令和12）年までの国際目標。持続可能な世界を実現するための17のゴール・169のターゲットから構成され、地球上の誰一人として取り残さないことを誓っている。→P54

Society5.0（ソサエティ 5テンゼロ） サイバー空間（仮想空間）とフィジカル空間（現実空間）を高度に融合させたシステムにより、経済発展と社会的課題の解決を両立する、人間中心の社会（Society)。
狩猟社会（Society 1.0)、農耕社会（Society 2.0)、工業社会（Society 3.0)、情報社会（Society 4.0）に続く、新たな社会を指すもので、第5期科学技術基本計画（2016-2021）において我が国が目指すべき未来社会の姿として初めて提唱された。→P3

SOGI（ソギ）Sexual Orientation and Gender Identity 全ての人の性の所属 →P56, 111

SNS（エスエヌエス） Social Networking Service

SD（エスディまたはスタッフ・ディベロップメント）Staff Development →P26、63

STEAM教育（スティーム教育）Science（科学）、Technology（技術）、Engineering（工学）、Mathematics（数学）を統合的に学習する「STEM教育（ステム教育）」に、さらにArts（リベラル・アーツ）を統合する教育手法。

SWOT分析（スウォット分析）強み（Strength）、弱み（Weakness）、機会（Opportunity）と脅威（Threat）の4つの環境要因を分析・把握し、経営戦略や意思決定に用いられるツールの一つ。→P65

Student Support　学生生活支援　学生が安心して勉学に専念でき、有意義な学生生活を過ごすことができるために大学等が実施する事業。就職や生活相談窓口の開設、経済的支援、課外活動支援、災害補償制度等。また、留学生、障がいのある学生等、特別な配慮が必要な学生に対する支援が行われている。（https://niadqe.jp/glossary/5346/#enより）

Supplementary Review　追評価　学位授与機構の認証評価において、評価対象機関が大学評価基準に適合していないと判断されたときに、当該機関の求めに応じて実施する評価。評価実施年度の翌々年度まで評価を求めることができる。満たしていないと判断された基準について評価を実施し、当該基準を満たしていると判断された場合は、既に満たしている基準の評価結果と併せて、大学評価基準に適合していると判断し、その旨が公表される。https://niadqe.jp/glossary/5346/#enより）

TA（ティエーまたはティーチング・アシスタント）Teaching Assistant →P98

URA（ユーアールエー）University Research Administrator　研究開発内容について一定の理解を有しつつ、研究資金の調達・管理、知財の管理・活用等をマネジメントする人材 →P53，108

USR（ユーエスアール）Universityy Social Responsibility　大学の社会的責任として、社会（ステークホルダー）の要請や課題等に柔軟に応え、その結果を社会に説明・還元できる経営組織を構築し、教職員がその諸活動において適正な大学運営を行うこと。→P59

WG（ワーキンググループ）Work Group　特定の問題の調査や計画の推進のため作業するグループ機構の認証評価において、評価対象機関が大学評価基準に適合していないと判断されたときに、当該機関の求めに応じて実施する評価。評価実施年度の翌々年度まで評価を求めることができる。満たしていないと判断された基準について評価を実施し、当該基準を満たしていると判断された場合は、既に満たしている基準の評価結果と併せて、大学評価基準に適合していると判断し、その旨が公表される。

MEXT	メクスト	文部科学省	Ministry of Education, Culture, Sports, Science and Technology
JSPS	ジェーエスピーエス	日本学術振興協会	Japan Society for the Promotion of Science
JUCE	ジュース	公益財団法人私立大学情報教育協会	Japan Universities Association for Computer Education
JUAA	ジュア	公益財団法人大学基準協会	Japan University Accreditation Association
JIHEE	ジヒー	公益財団法人 日本高等教育評価機構	Japan Institution for Higher Education Evaluation
JAQUE	ジャキュー	一般財団法人大学教育質保証・評価センター	Japan Association for Quality of University Education
SCJ	エスシージェー	日本学術会議	Science Council of Japan
JAFSA	ジャフサ	特定非営利活動法人国際教育交流協議会	Japan Network for International Education
JABEE	ジャビー	一般社団法人日本技術者教育認定機構	Japan Accreditation Board for Engineering Education
N I A D	ニアド	大学改革支援・学位授与機構、	National Institution for Academic Degrees and Quality Enhancement of Higher Education
JST	ジェーエスティ	科学技術振興機構	Japan Science and Technology Agency
JASSO	ジャッソ	日本学生支援機構	Japan Student Services Organization
NCUEE	エヌシーユーイーイー	大学入試センター	National Center for University Entrance Examination
NEIR	ニア	国立教育政策研究所	National Institute for Educational Policy Research
NISTEP	ナイステップ	科学技術・学術政策研究所	National Institute of Science and Technology Policy
RIKEN	リケン	理化学研究所	Institute of Physical and Chemical Research
JSC	ジェーエスシー	日本スポーツ振興センター	Japan Sport Council
JAXA	ジャクサ	宇宙航空研究開発機構	Japan Aerospace Exploration Agency
JF	ジェーエフ	国際交流基金	The Japan Foundation
NEDO	ネド	新エネルギー・産業技術総合開発機構	New Energy and Industrial Technology Development Organization
JUAM	ジュアム	一般社団法人 大学行政管理学会	Japan Association of University Adoministrative Management
ANUM	アナム	大学マネジメント研究会	Association for Innovative University Management

SDのための 速解 大学教職員の基礎知識 ― 2024年度版 ―

2024年5月20日　発行

監修・編著　「速解 大学教職員の基礎知識」委員会
委員長　上杉　道世

発行　特定非営利活動法人 学校経理研究会
理事長　小野　元之
〒102-0074　東京都千代田区九段南4-6-1-203
Tel 03-3239-7903　Fax 03-3239-7904　E-mail gaku@keiriken.net

ISBN978-4-908714-53-5　C3034　イラスト　片木　愛実
印刷所　ヨシダ印刷株式会社